职业能力培养导向下的高职英语教学模式创新探究

韩彦林 著

汕头大学出版社

图书在版编目（CIP）数据

职业能力培养导向下的高职英语教学模式创新探究 / 韩彦林著 . -- 汕头 ：汕头大学出版社，2024. 7.
ISBN 978-7-5658-5382-1

Ⅰ．H319.3

中国国家版本馆 CIP 数据核字第 2024LL7017 号

职业能力培养导向下的高职英语教学模式创新探究
ZHIYE NENGLI PEIYANG DAOXIANG XIA DE GAOZHI YINGYU JIAOXUE MOSHI CHUANGXIN TANJIU

著　　者：	韩彦林
责任编辑：	汪艳蕾
责任技编：	黄东生
封面设计：	寒　露
出版发行：	汕头大学出版社
	广东省汕头市大学路 243 号汕头大学校园内　邮政编码：515063
电　　话：	0754-82904613
印　　刷：	河北万卷印刷有限公司
开　　本：	710 mm×1000 mm　1/16
印　　张：	17.5
字　　数：	240 千字
版　　次：	2024 年 7 月第 1 版
印　　次：	2024 年 8 月第 1 次印刷
定　　价：	98.00 元

ISBN 978-7-5658-5382-1

版权所有，翻版必究

如发现印装质量问题，请与承印厂联系退换

前　言

在高等职业教育体系中，英语教学的目标不单单是语言技能的传授，更需要将语言目标与职业情景结合，培养学生的实践应用能力和职业技能。因此，高职英语教学需要以职业能力培养为导向，教学模式要在传统语言教学模式的基础上进行优化和创新，强调语言技能与职业实践的结合，以使得学生更好地面对未来职场的挑战。这种模式的创新也能及时回应市场对于人才的需求，提升教育的针对性和实用性。

基于此，本书讨论了职业能力培养导向下高职英语教学活动的各个层面如何进行优化和创新，并针对每个层面提出了一些具有实用性的策略和建议。第一章介绍了高职英语教学的基本情况，包括教学的主要内容、特点以及其遵循的基本原则，分析了高职英语教学的发展趋势，为后续的教学模式创新提供了理论依据。第二章详细讨论了职业能力的构成及其培养的影响因素，阐述了职业能力培养的核心原则，并提出了具体的实施策略，以提升学生的职业核心竞争力。第三章探讨了高职英语教学模式创新的理论基础，强调了理论对于教学实践的指导作用，详细阐述了教学模式创新的必要性及其理论支撑，包括现代教育理论和语言习得理论，为后续的教学实践提供理论依据和指导原则。第四章聚焦于高职英语教学课堂教学模式的创新，包括情境教学、任务型教学、模块化教学和产出导向教学等多样化教学模式的应用,阐述了如何在实际教学中应用这些模式以促进学生英语能力的提升和职业技能的发展。第五章讨论了以职业能力培养为导向的高职英语实践教学模式的创新,重点分析了订单式校企合作教学模式、工学交替式人才培养模式、项目驱动式人才培养模式和"课证赛岗创五位一体"人才培养模式等新型实践教学模式,探讨这些模式如何更有效地连接教室学习与职场实践。第六章着重于师资队伍建设的创新,探讨了提升高职英语教师职业教育能力的策略和途径,分析了教师能力与素质的要求,以及专业化发展的具体途径,旨在建立一支高效、专业的教师团队。第七章分析了高职英语教学评价的创新,提出了以职业能力培养为导向的评价原则和构建高职英语教学评价体系的路径,强调评价体系的科学性和实用性,探讨如何通过有效的评价激励学生学习并真实反映其职业能力的提升。第八章讨论了高职英语教材建设的创新,着重于如何根据职业能力培养的需求进行教材设计,详细分析了高职英语教材需求的变化、教材建设的原则以及具体实施路径,旨在提供符合职业培养需求的教学资源。

　　本书通过对高职英语教学各个方面的深入分析与实践探索,为高职教育的创新发展提供了一些实践性的策略,可以为高职英语教师、高职教育管理工作者、高职英语专业学生提供一些具有参考性的借鉴。

目 录

第一章　高职英语教学 / 1

　　第一节　高职英语教学的内容 / 1

　　第二节　高职英语教学的特点 / 24

　　第三节　高职英语教学的原则 / 32

　　第四节　高职英语教学的发展趋势 / 42

第二章　职业能力培养 / 53

　　第一节　职业能力体系的构成 / 53

　　第二节　职业能力培养的影响因素 / 64

　　第三节　职业能力培养的原则 / 73

　　第四节　高职英语职业能力 / 81

第三章　高职英语教学模式创新 / 85

　　第一节　高职英语教学模式创新的理论基础 / 85

　　第二节　高职英语教学模式创新的原则 / 98

　　第三节　高职英语教学模式创新的策略 / 103

第四章 职业能力培养导向下的高职英语课堂教学模式创新 / 109

第一节 情境教学模式 / 109

第二节 任务型教学模式 / 127

第三节 模块化教学模式 / 140

第四节 产出导向教学模式 / 149

第五章 职业能力培养导向下的高职英语实践教学模式创新 / 159

第一节 订单式校企合作教学模式 / 159

第二节 工学交替式人才培养模式 / 173

第三节 项目驱动式人才培养模式 / 185

第四节 "课证赛岗创五位一体"人才培养模式 / 194

第六章 职业能力培养导向下的师资队伍建设创新 / 205

第一节 英语职业教育教师的能力与素质要求 / 205

第二节 英语职业教育教师的专业化发展途径 / 215

第七章 职业能力培养导向下的高职英语教学评价创新 / 231

第一节 职业能力培养导向下高职英语教学评价的原则 / 231

第二节 职业能力培养导向下高职英语教学评价体系的构建途径 / 237

第八章 职业能力培养导向下高职英语教材建设创新 / 245

第一节 职业能力培养导向下高职英语的教材需求 / 245

第二节 职业能力培养导向下高职英语教材的建设原则 / 250

第三节 职业能力培养导向下高职英语教材建设的路径 / 256

参考文献 / 267

第一章 高职英语教学

第一节 高职英语教学的内容

教学内容是教学过程中用以实现教学目标的知识和技能的集合，它包括了教师向学生传授的知识体系、技能、观点、原理及事实等。在教育活动中，教学内容不仅是简单的知识点传授，还涉及知识的深度、广度和实用性，以及如何将这些知识与学生的实际经验和需求相结合。教学内容的选择和组织，应该基于学生的学习需求、学科特点和社会发展的要求，旨在培养学生的综合素养，提高他们的实际应用能力。

在高职英语教学中，教学内容的设定和选取尤为关键，因为高职英语的教学内容不仅要涵盖英语语言的基本知识，还要结合学生的专业背景和未来的职业方向，需要满足学生未来职业生涯中的实际需求。因此，高职英语教学内容应既全面又具有针对性，主要包括以下五大类，如图1-1所示。

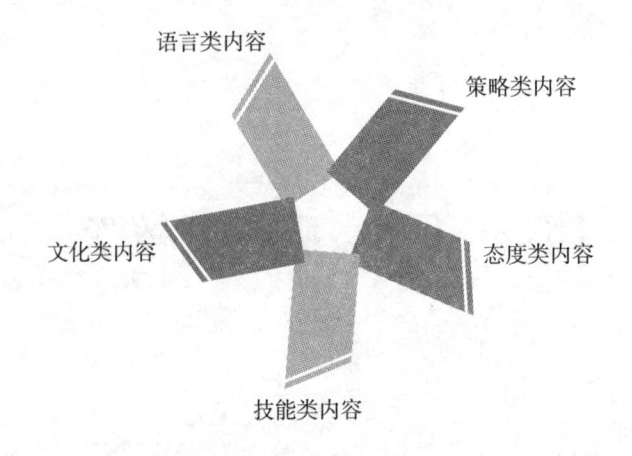

图 1-1 高职英语教学的内容

一、语言类内容

语言类内容的设置和传授是高职英语教学基础且核心的内容，主要包括语音、词汇、语法等语言基础知识。在教学中，教师不仅要讲授这些基础知识，还应将其与实际应用结合起来，提高学生的语言实际运用能力。

良好的发音可以使沟通更加顺畅，减少误解。高职英语教学中的发音训练应注重实际应用，不仅要帮助学生纠正发音错误，还要训练他们在不同职业场景中的语言表达能力，能够清晰、准确地表达自己的意思，跨越沟通障碍，从而进行有效沟通。语音学习不仅限于单纯的发音练习，还包括语调、重音、节奏等方面，这些都是有效沟通的重要组成部分。在高职英语教学中，应注重培养学生正确的发音和自然的语音节奏，使其在实际交流中能够清晰、准确地传达信息。

词汇是语言的基本组成部分，高职英语教学中的词汇学习不仅要覆盖广泛的基础词汇，还要从学生的专业背景和未来职业需求出发，重点教授与特定职业领域相关的专业术语和行业相关词汇，这样的词汇教学更能帮助学生在专业领域中有效沟通和理解专业内容。这要求教师对高职学生所在行业的语言需求有充分的了解。例如，对于工程类的学生，教师需要重点教授相关的技术和工程术语；而对于医疗护理专业的学生，教师则需要着重教授与医疗相关的专业词汇。这种具有针对性的词汇教学可以使学生在进入职场后更快地适应专业工作的语言环境。

语法是构建语言表达的框架，高职英语教学中的语法学习应侧重于实用性和实际应用。通过将语法知识融入真实的交流情境中，学生才可以更好地理解和掌握语法规则，并在实际使用中灵活运用。并且高职英语的语法教学不同于一般英语教育中的语法教学，它更强调语法知识在实际职业场景中的应用，因此应该更加注意这一点。教师需要根据高职学生将来可能进入的行业，选择和强调那些最为相关和常用的语法结构。例如，如果学生的未来职业与商务相关，教师应重点教授商务信函、报告、会议记录等文体中常用的语法结构。通过这种方式，学生可以更快地掌握语法知识，并能够直接将其应用于实际工作中。

为了提高学生的语言实际运用能力，高职英语教学应将语言类内容与实际应用相结合。通过情景对话、角色扮演、模拟交流等教学方式，学生可以在真实或近似真实的工作场景中练习和应用所学的语法、词汇和发音知识。这种教学方法不仅可以增强学生的语言实践能力，还可以提高他们解决实际问题的能力，为他们将来的职业生涯奠定坚实的语言基础。

二、文化类内容

文化类内容在高职英语教学中占据着至关重要的地位，它不仅是语言学习的一部分，还是连接不同文化、拓宽国际视野的关键。通过深入了解和体验英语国家及其他文化背景的习俗、价值观和社会行为，学生能够在全球化的职业舞台上更加自如地沟通与协作。文化教学内容包含了文化知识、文化意识、文化态度和文化能力等层面，旨在使学生能够在多元文化的环境中理解差异、尊重多样性并有效地参与跨文化交流。这不仅有助于学生的语言技能提升，还是他们职业发展和个人成长的重要基石。

第一，文化知识。文化知识作为高职英语教学的重要组成部分，主要指对英语国家历史、传统、习俗、社会制度、宗教信仰等方面的了解。在高职英语教学中，教师需要将这些知识融入语言学习，让学生在学习语言的同时，也能够深入了解英语国家的文化背景。例如，通过讲解英美的节日习俗、饮食文化、教育体制等内容，学生可以更全面地理解英语材料中的文化元素，从而在使用英语进行交流时更加得体和自然。此外，这种文化知识的学习还有助于学生建立起对英语国家社会和文化的正确认知，为他们将来的国际交流打下坚实的基础。

第二，文化意识。文化意识指的是认识并理解不同文化之间存在差异的能力。在高职英语教学中，培养学生的文化意识意味着帮助他们意识到，不同国家和地区的人们可能会有不同的思维方式、价值观和行为习惯。教学过程中，教师可以通过比较分析、情景模拟等方式，引导学生探讨和理解各种文化背景下的交际行为，从而培养他们的跨文化理解能力。这种文化意识的培养有助于学生在面对文化差异时能够采取开放和包容的态度，避免文化偏见和误解，促进不同文化背景下的有效沟通。

第三，文化态度。文化态度涉及学生对不同文化的态度和价值观的形成，它关系到学生如何看待和评价其他文化以及自身文化。在高职英语教学中，培养积极的文化态度意味着鼓励学生尊重多元文化，理解和欣赏不同文化的价值。教师可以通过分享多元文化的成功案例、组织国际文化交流活动等方式，激发学生的文化好奇心和探索欲，帮助他们形成一种积极、开放、包容的文化态度。这种态度不仅有助于学生在跨文化交际中建立起良好的互信关系，还能促使他们在未来的职业生涯中更加自信地面对全球化的挑战。

第四，文化能力。文化能力是指个体在跨文化环境中有效沟通和交际的能力，它是学生在文化知识、文化意识和文化态度基础上的进一步发展。在高职英语教学中，教师需要通过实际的语言使用场景，如跨文化谈判、国际商务交流等，来培养学生的文化能力。这包括学会使用合适的语言表达方式、理解和适应不同文化背景下的交际习惯、有效解决文化冲突等。通过这种实践导向的教学方式，学生可以在真实或模拟的国际交流中锻炼和提升自己的文化能力，为其未来在多元文化的工作环境中成功交流和协作打下坚实的基础。例如，通过参与国际项目合作、模拟国际会议或参加跨文化工作坊等活动，学生能够实际操作并体验跨文化背景下的工作流程和交流方式，从而增强他们适应国际工作环境的能力。文化能力的培养还需要学生能够主动寻找、分析和解决跨文化交际中可能遇到的问题。这要求学生不仅学会观察和反思不同文化之间的互动，还能够运用批判性思维来识别和调整自己的行为，以适应不同的文化环境。通过这种方式，学生可以发展出一套有效的跨文化交际策略，提升自己在全球化职场中的竞争力和适应力。

这种综合性的文化教育不仅有助于学生在语言上的流利表达，还能帮助他们在全球化的社会中理解不同文化，实现有效沟通和协作，从而在多元文化的工作环境中取得成就。

三、技能类内容

在高职英语教学体系中，技巧类教学内容占据了核心地位，它旨在全面提升学生的语言运用能力，以适应未来职场的多元需求。教学内容的设计和实施围绕听力、口语、阅读、写作以及翻译五个维度展开，如图1-2所示，旨在培养学生在不同语言环境中的应用和交流能力。这些教学内容不仅包含语言知识的学习，还包含了在职业环境下的实践技巧训练，以确保学生能够在未来的职业环境中有效地运用英语。

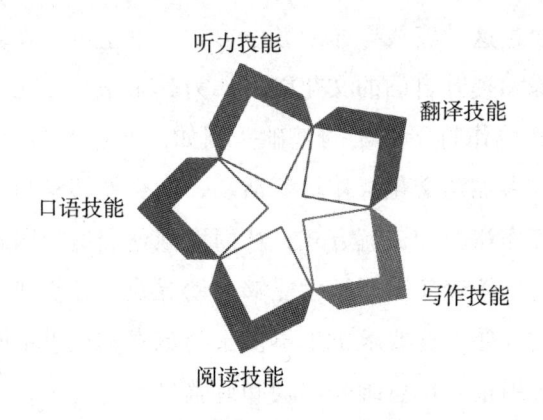

图 1-2 高职英语教学技能类教学内容

（一）听力技能

听力理解与听力是一个复杂而多层次的过程，它要求学生能够在不同层面上处理和解释听到的信息。这个过程不仅包括对语音、词汇和句子结构的直接解码，即自下而上的处理，如识别单词的发音、理解词义以及把握句子的语法结构，还涉及自上而下的处理，即使用经验和语境理解来推断和解释听力材料的意义。例如，通过对话的背景知识，学生可以预测接下来的话题或者说话者的意图，从而更准确地理解对话的含义。

在高职英语听力教学中，教师需要培养学生综合运用这两种处理方式的能力。这意味着教学不仅要帮助学生提升对语音和词汇的直接理解能力，还要教会他们如何结合个人经验、文化背景知识及语境信息来解释听到的内容。为此，教师可以设计多种类型的听力活动，如播放不同口音和风格的英语材料，进行情景模拟练习，以及讨论涉及多元文化背景的对话，以帮助学生在实际语言使用环境中锻炼和提高其听力解析能力。通过这样的训练，学生可以逐渐学会如何将听觉输入与内在知识结合起来，进行有效的意义构建。这种能力的提升将帮助学生在遇到未知词汇或复杂语句结构时，仍能通过上下文或相关经验来理解整体意义，从而实现更全面和深入的听力理解。

有效的听力策略对于提高英语听力理解能力至关重要。这些策略可以帮助学生在听力过程中更有效地筛选、组织和理解信息。猜测词义的策略让学生能够在不完全理解每个单词的情况下推断句子或语境的大致意思；关注关键词则帮助学生捕捉信息的核心，如人名、地点和时间等；通过理解过渡词和连接词，学生可以更好地把握句子或段落之间的逻辑关系；预测和推断策略则让学生能够根据已知信息和语境猜测接下来的内容或说话者的意图。在教学过程中，教师应该识别听力材料的特点和难度，为学生提供相应的策略训练。这可能包括教授如何利用前文提供的线索预测接下来的对话内容，或者如何根据说话者的语气和情境推断他们的情感和意图。此外，教师应教会学生如何进行有效的笔记，记录下听力过程中出现的关键信息，以便于后续深入分析和复习。通过学习和应用这些听力策略，学生将能够更快速、更准确地处理听力材料中的信息，从而提高他们的听力理解和学习效率。这些策略的运用不仅对应对学术听力材料有显著的帮助，也能增强学生在真实交际场景中的听力应对能力。例如，在理解英语新闻、电影、讲座或日常对话时，学生能够迅速识别重要信息，跟上讲话者的思路，并对所听内容进行有效的理解和回应。因此，听力策略的训练不仅限于课堂学习，还应延伸至学生的日常生活和实际使用英语的环境中，以实现听力技能的自然积累和提升。

在交际过程中，信息的传递不仅依赖语言的直接表达，还涉及大量的非言语元素，如语气、停顿、强调以及非语言提示等。这些交际信息对于完整理解对话和文本的意义至关重要。在听力教学中，教师需要强调这些交际信息的识别和理解，帮助学生提高解读对话和语篇的能力。例如，通过分析话题转换的标志语，学生可以更好地跟踪对话的流程和结构；理解话题终止的信号，则有助于他们把握对话的完整性和结束时的语言特征。此外，教师应教授学生如何解读篇章中的逻辑连接和衔接词，这些元素有助于揭示文本的内在逻辑和结构。通过对这些衔接性的语言元素的理解，学生能够更有效地组织和整合听力材料中的信息，形成连贯的理解和解释。

培养学生的英语语感也是听力技能教学的内容之一。这包括对英语的自然语流、语调变化和情感表达的敏感性。一个有良好英语语感的学生能够更快地理解英语听力材料，减少对词汇和语法细节的过分依赖。因此，教师应通过各种听力材料和活动，如角色扮演、情景对话和多媒体教学，来丰富学生的语言经验，提高他们的语言直觉和应变能力。

高职英语教学的听力培养不应仅局限于传统的听力练习，而应更多地融入实际工作的场景和需求。这意味着学生需要适应多样的口音和语速，掌握行业特定的术语和表达方式，并能在不同的职业情景中准确把握信息要点和细节。例如，在商务英语听力训练中，学生应学会如何在电话谈判中捕捉关键信息，如何在会议中理解并记录重要事项，以及如何通过听力分析来准备商业报告和计划。为了提升学生的职业听力技能，教学应引入真实的工作场景，如模拟国际会议、播放真实的行业讲座、使用专业访谈录音等。这种实践导向的教学方法可以帮助学生在接近真实的职业环境中训练听力，从而更好地适应未来的工作需求。通过模拟练习、听写、听力理解测试等多样化的教学策略，学生的听力分析能力和信息提取能力将得到显著提升。

（二）口语技能

在高职英语教学中，口语技能是一项关键的教学内容，旨在提升学生的英语交际能力，使他们能够在多种场合下流畅地使用英语进行口头交流。这部分的教学通常包括以下几个方面：第一，基础口语表达。这是口语技能教学的基础部分，涉及日常生活中常用的英语表达方式和基本对话。教学内容包括问候、自我介绍、表达感谢和道歉、购物对话、餐馆点餐等常见情景。目的是让学生掌握最基本的口语交流能力，能够在日常生活中用英语完成基础的交流任务。第二，语音和语调训练。正确的语音和适当的语调对于有效的口语交流至关重要。这部分教学旨在帮助学生纠正发音错误，学会使用正确的语调和节奏，使他们的英语听起来更自然、更地道。这通常通过听力练习、模仿练习和口语表达练习等方式进行，包括流利度、清晰度和准确性等。第三，话题讨论和情景对话。该部分教学内容更加注重话题的多样性和对话的深度。教师会选取与学生专业或兴趣相关的话题，如环保、文化差异、工作经验等，进行深入讨论。通过情景模拟和角色扮演等方式，学生能在更加复杂的交际环境中练习英语口语，提高语言组织能力和逻辑表达能力。第四，功能性语言运用。这一部分关注语言的实际应用功能，如提出请求、表示同意或不同意、表达意见、请求帮助等。通过具体的语境练习，学生学会在不同的交流情景中适当使用英语，能够更自如地进行意见交换和情感表达。第五，跨文化口语交际能力。鉴于英语是国际通用语言，高职英语口语教学还应涵盖跨文化交际能力的培养。通过学习不同文化背景下的交流习惯和礼节，帮助学生理解和适应不同文化背景下的交流方式，学生能够理解和尊重文化差异，学习如何在多元文化的职场环境中有效地运用英语口语进行沟通和协作，避免交流中的文化冲突，提高在国际环境中的交流效率。第六，在高职英语教学中，口语技能的培养不仅关注日常交流的能力，还要与学生的专业和未来职业发展紧密相连。这意味着口语教学内容应涵盖与专业相关的实际应用场景，以确保学生毕业后能在工作中有效运用英语口语。教师在教学过程中，应重视实用性和专业性的结合，设计与学生专业相关的口语交流活动。例如，对于旅游管理专业的学生，教学内容可以包括旅游咨询、客户服务、导游解说等专业实践活动，让学生通过模拟真实工作场景来提高口语交际能力。对于商务英语专业的学生，教学则可以重点练习商务谈判、会议交流、产品介绍等商业环境中的口语技能。第七，听说不分家，口语教学应重视听力理解和反应能力的培养。这包括训练学生准确捕捉对方言语中的关键信息，并能够做出快速且恰当的回应。通过听力训练、对话练习和团队协作游戏等方式，学生可以提高对英语口语的理解力和即时反应能力，从而在交际过程中更加得心应手。第八，非语言沟通也是口语技能的重要组成部分。教师应教授学生如何使用肢体语言、面部表情和眼神交流等非语言元素来增强口语交际的效果。通过视频录制和回放、镜面练习等方法，学生能够意识到非语言行为在口语交际中的作用，学习如何更好地运用非语言元素来支持和增强语言表达。可以看到，高职英语的教学内容涵盖非常广泛，这些教学内容旨在全面提升学生的口语交际能力，使他们能够在不同的社会和专业场合中自信、有效地使用英语进行沟通。通过系统的教学和实践，学生不仅能够提高英语口语水平，还能增强跨文化交流的能力，为未来的职业生涯和国际交往打下坚实的基础。

（三）阅读技能

在高职英语教学中，阅读技能的培养是一项重要内容，它不仅涉及学生对英语单词和语法结构的理解，还包括各种阅读策略和技巧的掌握。教学应从基础词汇与语法知识开始，确保学生能够理解常见的英语表达，并逐步引入不同类型的阅读材料，如新闻报道、科普文章、说明文等，以增强学生对不同文体的理解和分析能力。阅读策略的教学则侧重于如何快速把握文章大意、如何通过略读和寻读找到关键信息，以及如何运用推断和总结等技巧来深入理解文本内容。高职英语教学的一个显著特点是强调与学生的专业背景和未来职业相关联的实用性。因此，在阅读技能的培养上，高职英语教学特别强调专业领域的英文材料阅读。这意味着教学内容需要包括与专业相关的英文文献、行业报告、技术说明书等，以帮助学生提高在专业领域内的英语阅读和理解能力。这种具有针对性的教学使学生不仅能够更好地应用英语知识于实际工作中，还能够提前适应未来职业生涯中可能遇到的英语应用场景。随着学生阅读能力的提升，教学也应关注批判性阅读和分析技能的培养，教育学生不只是被动接收信息，还要主动评估和分析文本中的观点和论据。这种批判性阅读的训练有助于学生在日后的学习和工作中，对于各种信息进行更加深入和独立的思考，从而做出更加合理和客观的判断。

（四）写作技能

高职英语教学中的写作技能培养对学生的英语应用能力至关重要，

它不仅涉及语言的表达和运用,还包括思维的逻辑性和条理性。良好的写作技能能帮助学生在学术和职业领域中有效地表达思想和交流信息。在高职英语写作教学中,写作技能包含以下几个方面内容。第一,基础写作技能的培养是写作教学的起点。这包括句子结构、语法规则、标点符号使用等基础知识的教授。教学中要注重学生对英语句法的理解和应用,如主谓宾结构、主系表结构、时态、语态等,以确保学生能够写出语法正确、结构清晰的句子。同时,教学要通过不断的练习,帮助学生掌握基本的段落结构,如主题句、支撑句和结论句的编排,使学生能够组织简单的段落。第二,进阶写作技能的培养需要将注意力转向更为复杂的文本结构和内容表达。这涉及文章的组织结构、论证方法和写作风格等。在这一阶段,教学内容应包括如何构建论点、如何使用例证和数据支持观点、如何进行比较和对比分析等。学生需要学会如何规划和组织长篇文章,如论文、报告和议论文,使其在逻辑性和条理性上符合学术写作的标准。第三,高职英语写作教学还应注重实用性和职业导向。这意味着教学内容不仅要覆盖学术写作技能,还要包括商务写作、技术写作和职业相关文本的写作方法。例如,商务写作教学可以涵盖商业计划书、市场分析报告、商务信函等文体的写作技巧;技术写作则侧重于产品说明书、操作手册、技术报告的编写方法。通过这些实际的写作练习,学生能够在学习英语的同时,增强其职业技能和市场竞争力。第四,写作教学还应该包含批判性思维和创造性思维的培养。批判性思维在写作中的体现是能够独立分析问题、评估信息的真实性和相关性、构建有力的论证。创造性思维则有助于学生在写作中发挥想象力和创新性,表达独到的见解和创新的观点。教师可以通过案例分析、问题讨论和写作工作坊等形式,激发学生的思维活力,提高他们的分析和创新写作能力。第五,为了提高写作教学的效果,反馈和修订过程也非常关键。学生应该被鼓励对自己的作品进行多次修订,教师的详细反馈可以帮助他们认识到写作中的问题和不足,从而不断提高写作水平。同时,同伴评审也可以作为一种有效的互动学习方式,帮助学生从不同视角审视自己的作品，加深对写作技巧的理解和掌握。总之，高职英语写作技能的教学应从基础到进阶，从学术到职业，全面覆盖学生未来学习和工作中可能用到的各类写作技能。通过系统的训练和实践，学生不仅可以提高自己的英语表达能力，还可以培养逻辑思维、批判性思维和创造性思维，为他们的职业生涯和个人发展奠定坚实的基础。

（五）翻译技能

在高职英语教学中，翻译技巧的培养是一个综合性和层次化的过程。第一，基础翻译理论的教学可以为学生提供翻译活动的框架和指导原则，如"信达雅"原则，"信"即忠实，要求翻译者必须尽可能地忠实于原文的内容和意图，确保信息的准确传递，这不仅意味着逐字的忠实，还要传达原文的深层含义和情感色彩，保持作者的风格和语气，从而实现意义上的忠实。"达"即通顺，要求译文在目标语言中读起来自然流畅，语言表达清晰易懂，意味着翻译不应机械地逐词翻译，而应考虑到目标语言的语法、习语和文化背景，使译文符合目标语言的表达习惯，易于读者理解。"雅"即优美，强调翻译的艺术性和文学价值，译文应尽可能地保持原文的风格和美感，使读者在审美和文化层面上也能享受到原作的魅力，要求翻译者不仅具备语言技能，还需要有较高的文学修养和艺术感觉，能够在忠实和通顺的基础上，再现原文的文学美和文化韵味。这些翻译理论和原则不仅帮助学生理解翻译的目的和要求，还引导他们认识到翻译中的挑战，如如何处理文化背景的差异、语境的多样性以及语言的细微差别。通过对这些基本理论的学习，学生能够建立起正确的翻译观念，并在实践中不断探索和验证这些原则。第二，词汇与短语翻译技巧的掌握是学生进行有效翻译的基石。教学不仅要涵盖广泛的词汇范围，包括日常用语和专业术语，还要强调词汇在不同语境中的准确使用。特别是对于专业术语，教师需要引导学生理解术语的专业背景和应用场景，以确保翻译的准确性和专业性。此外，对于那些文化色彩浓厚的表达方式，如成语、俚语或特定领域的惯用语，教学应强调文化意识的培养，帮助学生掌握更为地道和精准的翻译方法。第三，句子和段落翻译技巧的教学则更加关注文本的结构和逻辑。这部分内容要求学生不仅要关注单个句子的翻译，还要理解整个段落乃至全文的组织方式。教学中应该讲解如何保持原文的逻辑结构和语义连贯性，如何进行语篇层面的翻译，以及如何在保证翻译准确性的同时，也保持文本的流畅性和可读性。通过对复杂文本结构的分析和翻译练习，学生能够提高对长篇文章和专业文档的处理能力。第四，文化差异与翻译策略的教学内容则强调了翻译作为跨文化交际活动的特点。这部分教学要求学生了解不同文化背景下的交流习惯和表达方式，以及如何在翻译中妥善处理这些差异。通过比较分析不同语言中的文化元素和表达习惯，学生能够更好地把握翻译时的文化敏感性，运用恰当的翻译策略既保证信息的准确传递，又尊重文化的多样性。例如，遵循等效原则，即指在不同文化和语言背景下，尽可能实现原文和译文在功能和效果上的对等，确保两种语言的读者能获得相似的理解和感受，翻译者在保持原文准确性和完整性的同时，也要考虑译文的可读性和接受度，平衡原文忠实度和译文通顺性的关系，实现跨文化交流的目的。第五，针对高职特点的专业领域翻译教学，则更加贴合学生未来的职业发展需求。这要求翻译教学不仅停留在语言转换的技巧上，还应涉及与学生专业密切相关的领域，如商务翻译、法律翻译等。这样的专业化教学能够帮助学生理解和掌握特定领域的翻译要求和技巧，使他们能够在未来的工作中更加高效和专业地进行语言转换和文化传递。

四、态度类内容

高职英语教学中的态度类内容，关注培养学生的学习态度和价值观，这些内容包括但不限于学习态度、自信心、责任感、合作精神和跨文化理解等方面，本书列出几条进行论述。这些态度的培养对于学生的全面发展和未来职业生涯具有深远的影响。

（一）学习态度

在高职英语教学中，培养积极的学习态度是至关重要的，它直接影响学生学习的积极性、效率和持续性。学习态度不仅包括对学习内容的兴趣和好奇心，也涉及学习过程的认真态度、持之以恒的学习精神以及适应变化和解决问题的态度。积极的学习态度能够驱使学生在学习英语的过程中主动寻找知识，勇于面对挑战，并且持续地进行自我提升。在高职教育的背景下，培养学生的学习态度尤为重要，这直接关系到学生能否适应快速变化的职业环境和未来的职业发展。良好的学习态度使学生能够更加主动地获取新知识和技能，这不仅限于英语学习，更延伸到专业知识和技能的学习。英语教学与学生的生活经验和职业兴趣相结合，可以使学习内容更加实用和贴近学生的需求，从而提高学习的吸引力和实际应用价值。此外，学习态度的培养还与学生的个人发展紧密相关。积极的学习态度能够帮助学生树立终身学习的观念，这对于他们未来的个人成长和职业发展至关重要。在知识更新换代加速的今天，只有不断学习和适应新知识、新技能，个人才能在竞争激烈的社会中保持竞争力。因此，在高职英语教学中对学习态度的培养应该被视为一个长期且系统的过程，需要教师通过创新的教学方法和学习方式，如项目式学习、案例分析、角色扮演等，激发学生的学习兴趣，同时通过持续的指导和反馈帮助学生树立正确的学习观念，培养他们的学习自主性和责任感。这种深度的教育不仅能够提高学生当前的学习效果，还能为他们的终身学习和职业发展打下坚实的基础。

（二）自信心

自信心在高职英语教学中的教授和培养具有深远的意义，它不仅关乎学生学业成就的提高，还影响到他们的个人成长和未来的职业发展。自信心的形成和发展是一个复杂的心理过程，需要通过连续的成功体验和积极的反馈机制来逐步构建和强化。在英语学习的过程中，学生能够有效地完成学习任务，如正确回答问题、完成一个难度适中的项目或成功进行一次口头表达，并得到教师的正向反馈、认可和鼓励，这会对于学生自信心的培养起到至关重要的促进作用，会强化学生的成功体验，这种体验可以使他们意识到自己的努力是有价值的，能极大地增强学生对自己能力的信任和认可，从而逐步建立起自信心。特别是在学生克服了一定的困难后的成功，这种自信心会更加巩固。因此，在教学过程中，教师可以通过设定"跳一跳，摘个桃"类的学习目标，让学生进行挑战，在达成这些小目标的过程中逐步建立自信心。自信心在英语学习过程中一点一滴建立之后，学生会在后续的英语学习中进行认知上的转变，变得更加主动、积极，因为他们相信自己能够理解和掌握这门语言。这种信念促使他们在后续的高职英语学习中更愿意参与课堂讨论，不畏惧犯错，从而在实践中不断提高语言技能。自信心还能够帮助学生克服学习中不断遇到的挫折和困难，使他们在面对复杂的语法结构和大量的新词汇时，能够持续努力，不轻易放弃。

这种自信心的培育和建立，同样会对学生毕业后的职业生涯产生影响。职场竞争日益激烈，职场中的挑战往往需要个人不仅具备专业技能，还要具备自信心。自信心会使得个体在面对职业挑战时更加主动，更可能主动承担任务，勇于接受挑战，并在团队中发挥积极作用，展现出解决问题的能力和良好的职业素养。此外，自信心还能帮助个体在职业规划和个人目标设定中更加明确和坚定，从而在长远的职业生涯中保持持续的发展动力和进步。

（三）责任感

责任感的培养关键在于使学生意识到他们的学习和行为不仅对自己有影响，还会对周围的人和环境产生影响，然后帮助他们形成正确的价值观，树立正确的职业道德，进而培养他们的社会责任感。高职英语教学中的责任感的培养可以从个人责任、学术责任、职业责任和社会责任四个方面着手。

在高职英语教学中，个人责任感的培养是至关重要的。它涉及学生对自己的学习过程、行为表现和个人发展的责任。个人责任感使学生认识到，他们的学习成果和个人成长在很大程度上取决于自己的努力和自我管理能力。

高职英语学习不仅是获取语言知识的过程，还是培养自我驱动、自我反省和自我改进能力的过程。学生需要为自己设定学习目标，制订学习计划，并对完成这些计划负责。这包括定时复习、主动参与课堂讨论、完成作业和准备考试等。个人责任感的培养还意味着学生需要对自己的行为和决定承担后果，学会从错误和失败中学习，不断调整和优化自己的学习方法和策略。个人责任感的培养强调让学生对自己的学习和行为承担责任。在高职英语学习中，这意味着学生需对自己的学习进度、成果负责，主动寻找学习资源，解决学习中遇到的问题。这种自我管理和自我驱动的能力是学生个人成长的基石，也是未来职业成功的关键。此外，个人责任感还关联到时间管理和情绪调节。学生应该学会如何合理规划时间、平衡学习和休闲，以及如何在面对学习压力时保持情绪稳定和积极态度。这种能力的培养有助于学生在高职学习及其后的职业生涯中，更有效地履行自己的职责和迎接挑战，实现自我潜能的最大化。

学术责任感的培养旨在使学生认识到学术诚信的重要性，包括尊重知识产权、避免剽窃和确保研究的真实性。在英语学习过程中，这涉及正确引用资料、独立完成作业和项目，以及在学术交流中展现诚实和尊重。高职英语教学应当强调学术责任的重要性，使学生明白在学术环境中维持诚信的必要性。学术责任感的培养有助于学生形成正确的学习态度和价值观，使他们学会如何基于自己的努力和理解来获取知识，而不是通过不诚实的手段来达成目的。这种责任感的培养还涉及批判性思维的发展，学生需要学会如何评估信息的可靠性、如何独立思考和形成自己的观点。在学术活动中，责任感还体现在对学习过程的认真态度上。学生应该了解到学术活动不仅是为了达成短期的学习目标，如通过考试或完成课程，还是为了长期的知识积累和技能发展。因此，学术责任感促使学生投入深度学习，追求更深层次的理解和应用。

职业责任感的培养是高职英语教学中态度培养的关键方面，它指导学生认识和理解在职场中所承担的责任和义务。在高职教育中，通过模拟职业场景和讨论实际职业案例，学生能够了解到职业责任的多重含义，包括对工作的投入、对职业标准的遵守，以及对团队和组织目标的贡献。职业责任感的培养使学生认识到，工作中的每一个决定和行为都需承担相应的责任。这不仅涉及完成个人的工作任务，还包括如何在团队中协作、如何对工作结果负责，以及如何在面对职业道德困境时做出正确的决策。在高职英语教学中，引入实际的职业场景和挑战，如客户服务交流、商务谈判模拟等，可以帮助学生在实践中学习和体验职业责任感。培养职业责任感还有助于学生在进入职场后快速适应职业角色，提高职业成就感和职业满意度。它促使学生在职业生涯中不断追求卓越，主动寻求职业发展和学习新技能的机会，为职业生涯的成功奠定坚实基础。

社会责任感的培养强调学生对于社会的责任和贡献，使他们意识到个人行为对社会的影响，并鼓励他们为社会做出贡献。在高职英语教学中，可以通过讨论全球化问题、环境保护、社会公正等主题，让学生了解和思考这些问题，并探索如何通过个人或集体的努力来解决这些问题。社会责任感的培养有助于学生建立全球视野，认识到作为"地球村"一员的责任，从而在个人和职业生涯中采取更加负责任和可持续的行为。通过在英语学习中融入社会责任的内容，学生不仅能提高语言能力，主动参与社会公益活动，还能增强自己的社会责任感，为成为负责任的全球公民奠定基础。

（四）合作精神

在高职英语态度类的教学内容中，合作精神的培养占据了极其重要的位置。这种精神不仅涉及学生在学习过程中与他人共同工作的能力，还关乎他们走出校门，在未来职业生涯中如何与同事、客户和其他利益相关者进行有效合作，这是一项非常重要的能力。培养合作精神的教学内容应该致力提升学生的团队协作能力、沟通技能和共同解决问题的能力。

高职英语教学可以引入小组讨论、团队项目、角色扮演等互动教学形式，引导学生在需要与他人协同工作的情况下共同完成任务。这种教学方式不但有助于学生实践语言技能，而且促进学生学习如何在团队中有效沟通、协商和解决冲突，学会倾听他人的意见和尊重他人的贡献。这种团队合作的经验对学生未来在多元化的职场环境中与不同背景的人共事具有重要意义。合作精神的培养涉及沟通技能的提升，良好的沟通是有效合作的基础。在高职英语教学中，教师可以通过组织团队演讲、协作写作等活动，让学生可以在实践中提升自己的听说读写能力，尤其是口语交流和听力理解能力，这对于他们将来在工作中进行有效沟通至关重要。跨文化沟通的训练也是合作精神培养的重要方面，学生通过学习和理解不同文化背景下的沟通方式和习惯，能够更好地与国际同事或客户合作。合作精神的培养还包括共同解决问题的能力。在高职英语教学中，教师可以设计一些需要团队合作解决的问题或项目，让学生在完成任务的过程中，共同分析问题、提出解决方案和实施计划。这种共同解决问题的过程不仅能培养学生的批判性思维和创新能力，还能教会他们如何协调不同的意见和资源，共同达成目标。合作精神的培养还与学生的职业发展紧密相关。在现代的工作环境中，团队合作已经成为必不可少的一部分。通过在英语学习中培养合作精神，学生不仅能够提高自己的语言应用能力，还能够为未来的职业生涯中的团队工作和项目管理打下基础。具有良好合作精神的员工能够更好地融入团队，促进工作效率和创造力的提高，从而在职业生涯中取得更大的成功。

（五）文化态度

语言是文化的载体，学习一门语言，离不开对其背后文化的学习和理解。文化态度直接关系到学生如何理解、尊重和适应不同的文化背景，这对于他们在全球化环境中的有效沟通和成功非常关键。文化态度的教学内容旨在培养学生的文化敏感性和跨文化交际能力，帮助他们在理解自身文化的同时，欣赏和尊重其他文化的差异性和多样性。

首先，文化态度教学的目的是使学生认识到文化多样性的价值，并理解不同文化之间存在的差异。这不仅涉及风俗习惯、传统节日、艺术形式等显性文化元素的学习，还包括对价值观念、思维方式、沟通风格等隐性文化特征的理解。高职英语教学通过引入跨文化交际的理论和实例，如案例分析、角色扮演和文化研讨会等，让学生在实际语境中体验和分析不同文化背景下的交际情景，从而提高他们的文化理解和适应能力。

其次，文化态度教学需要强调批判性思维的培养，使学生能够超越文化偏见和刻板印象，客观地评价和分析文化现象。这要求学生在了解不同文化的同时，能够批判性地反思自己的文化背景，认识到任何文化都有其优点和局限性。通过讨论、辩论和反思等教学活动，学生能够从多角度、多层次理解文化差异，培养成为跨文化理解的促进者而不仅仅是观察者。

最后，文化态度教学还应关注培养学生的文化自信和身份认同。文化自信源于对本国文化深入的理解。高职英语教学应将文化教学融入语言教学，介绍本国的历史、文学、艺术、哲学和社会发展等，使学生对自己的文化有全面的认识。这不仅应包括对文化成就的展示，还应包括对文化问题的批判性思考，帮助学生认识到任何文化都是在不断发展变化中的，都有其优势和需要改进的地方。通过这样的学习，学生能够建立起对本土文化的自豪感和自信心，同时能够更加客观、理性地看待自己的文化。身份认同则是个体对自己在文化、社会和国家中位置的认识和感受。高职英语教学中的文化内容，应鼓励学生探索和表达自己的文化身份，理解自己在本土文化和世界文化中的角色。这种身份认同感让学生在面对全球化的挑战时，能够保持自己的独立性和主体性，不会盲目模仿或附和他国文化，而是能够基于对自己文化的理解和自信，与其他文化进行平等、互鉴的交流和合作。培养文化自信和身份认同也有助于提升学生的跨文化交际能力。自信的学生更能够在跨文化沟通中自如地表达自己的观点和文化,更能够理解和尊重不同文化的表达方式,促进不同文化背景下人们的有效沟通和理解。

(六)终身学习态度

终身学习态度的培养在高职英语教学中占有重要位置,它涉及激发学生对知识探索的持续热情和自主学习的能力。这种态度的培养旨在使学生认识到学习不仅限于学校教育阶段,还是一个终身的过程,对个人职业发展和适应社会变化具有关键意义。终身学习态度要求学生具备主动探索新知识的意愿和能力。高职英语教学应通过引入最新的行业动态、实用技能培训和跨学科知识,鼓励学生跳出传统的学习模式,主动扩展学习领域和挖掘学习深度。此外,教学方法的创新,如自主研究项目、在线学习资源和开放式课堂讨论,可以促进学生的自主学习和批判性思维能力的发展,培养他们自我驱动的学习习惯。终身学习态度还包括对未来职业生涯的持续规划和自我完善。在高职英语教育中,通过与行业实践紧密结合的教学内容,学生可以更好地理解未来职业道路上可能遇到的挑战和机遇,从而意识到持续学习和自我更新的重要性。教师应鼓励学生制订长期的学习和职业发展规划,提供职业生涯规划的指导和支持,帮助他们制订终身学习的策略。

综合而言,高职英语教学中的态度类内容培养,不但关注学生的即时学习效果,而且着眼于学生未来的发展需求。通过对这些态度的系统培养,学生不仅能在英语学习上获得成功,还将在个人成长和职业道路上受益匪浅。

五、策略类内容

策略类内容在高职英语教学中扮演着至关重要的角色,因为它们直接影响学生如何更有效地学习英语知识,如何进行自我激励、学习监控、态度调整等，进而影响其未来的职业道路和个人发展。这些策略不仅包括具体的学习技巧，如记忆、理解和应用知识的方法，还包括更广泛的自我管理和交际能力，如时间管理、自我评估、跨文化沟通以及合作技能等。总结来看，高职英语的策略类教学内容包括四大类，如图1-3所示。

图1-3 高职英语教学的策略类教学内容

（一）学习策略

高职英语教学不仅要教授学生英语知识，还要教会学生用什么方法进行英语学习。"授之以鱼"的同时也要"授之以渔"，学习方法策略涵盖认知策略、元认知策略和情感策略等多个方面，可以帮助提升学生的英语学习效率。例如，认知策略关注于学生如何处理和理解学习材料，包括总结、分类、推理、记忆技巧等。通过这些策略，学生可以更有效地吸收新知识，提高理解和记忆能力。例如，在英语阅读学习中，教师可以引导学生使用图表、心智图等工具来梳理文章结构，帮助他们更好地理解文章内容和主旨。元认知策略则涉及学生对自己学习过程的规划、监控和评估。这种策略使学生能够自我反思，评价自己的学习方法和进度，从而更有针对性地调整学习计划。例如，学生可以通过设置具体的学习目标、定期检查学习成果，以及反思学习方法的有效性，来提高自己的学习效率。情感策略则着眼于学生英语学习过程中的情绪、态度和动机的自我调节，如如何降低学习焦虑、增强学习兴趣、提高自我效能感等。情感策略的应用有助于创建积极的学习环境,提升学生的学习动力和参与度。例如,组织有趣的学习活动、建立积极的师生互动,可以减轻学生的学习压力,激发他们对英语学习的热情。此外,社会策略也是学习方法策略的一个重要部分,涉及学生如何通过与他人的互动来促进学习。这包括团队合作、交流讨论、模仿他人的成功经验等。社会策略强调了学习的社会性和互动性,通过这种策略,学生可以在与他人的交流和合作中学习新知识,提升自己的语言运用能力和社交技能。

(二)时间管理策略

时间管理策略在高职英语教学中的重要性体现在如何教会学生有效地规划和利用时间,这不仅关乎学习效率的提升,还关系到学生能否实现生活和学习的和谐平衡。通过时间管理策略的学习,学生可以系统地规划自己的日常活动,确保在紧张的学习任务中仍有充足的时间进行休息和娱乐,从而维持良好的身心状态。时间管理的核心在于优先级的设定。学生需要学会区分任务的紧急性和重要性,优先完成最为关键和紧迫的任务。这种能力的培养有助于学生在面对多重任务时做出有效决策,避免拖延和时间浪费。例如,学生在学习计划中合理分配时间给英语听说读写各项技能的训练,确保全面均衡地学习发展。此外,时间管理还涉及如何高效利用碎片时间。在高职学生繁忙的学习和生活中,碎片时间如果利用得当,可以极大地提高学习效率。学生可以利用零散的时间进行单词复习、听力练习或短文阅读,这些活动虽然时间短暂,但长期坚持会呈现出显著的学习效果。时间管理策略的学习还应包含对学生自我控制能力的培养。自我控制能力强的学生能够有效地抵制干扰和诱惑,专注于学习任务。通过设定明确的学习目标和自我监督的学习计划,学生可以逐步提高自我管理能力,主动掌控自己的学习过程。良好的时间管理能力不仅有利于学生的学习,还能为他们未来的工作和生活奠定基础。在职场中,能够有效管理时间的员工通常能承担更多的责任,展现出更好的工作表现和职业发展潜力。因此,时间管理策略的教授不仅提高了学生的学习效率，还为他们未来的职业生涯和个人发展提供了重要的技能支持。

（三）资源利用策略

在当今的信息爆炸社会中，资源利用策略的掌握对高职学生而言，是高效学习和工作的关键。这种策略不仅涉及如何获取和利用传统的学习资源如图书和期刊，还涉及如何在互联网和数字媒体时代有效地筛选、评估和利用网络资料、多媒体教材等。学生需要学会使用各种搜索工具和数据库，识别和选择高质量的学习资源，如权威的在线课程、学术论文、专业网站等，同时要具备辨别信息真伪和重要性的能力，避免被不准确或不相关的信息所误导。在这个过程中，学生的信息处理能力得到提升，他们学会如何从大量信息中提取对学习有用的知识点，如何整合不同来源的信息，形成完整的知识结构。这不仅有助于提高学习效率，还培养了学生的批判性思维能力，使他们能够在复杂和多变的信息环境中做出合理的判断和决策。资源利用策略的学习还促进了学生的学习自主性。在高职英语教学中，通过鼓励学生自主寻找和利用资源进行学习，学生能够根据自己的兴趣和需要，定制个性化的学习计划，从而在学习过程中形成主动探索和自我驱动的习惯。这种自主性不仅对学习英语有益，还对学生未来的自我发展和终身学习具有长远的意义。同时，掌握资源利用策略为学生提供了解决复杂问题的能力。在面对各种学术或职业任务时，有效利用各种资源进行信息整合和关键信息提取的能力，将直接影响到问题解决的效率和质量。这种能力的培养使学生能够在未来的学习和工作中，面对挑战时更加从容不迫，能够基于充分的信息和深入的分析做出合理的决策。因此，资源利用策略在高职英语教学中的重要性不仅体现在提升学习效率和质量上，还体现在它对学生综合能力的培养上，特别是在信息获取、处理和应用方面的能力，对于学生适应未来社会的发展和挑战具有不可替代的作用。

（四）考试技巧策略

考试技巧策略首先涉及对考试结构的深入理解。这不仅指学生需要了解考试的格式和类型，还指学生要理解各种题型所考察的核心能力，如分析能力、批判性思维和逻辑推理能力。通过这种理解，学生可以在备考过程中更加有针对性地进行复习，不仅是记忆知识点，还是培养解决问题的能力。时间管理是考试技巧中的关键组成部分。在考试过程中，学生需要学会如何合理分配时间，确保所有题目都能在限定时间内完成。这要求学生在平时的学习中就培养良好的时间管理意识，通过模拟考试等方式实践和优化自己的时间分配策略，从而在实际考试中能够有效地掌控时间，提高答题效率。此外，考试技巧策略还应包括如何在压力下保持冷静和集中注意力的能力。考试通常伴随着一定的心理压力，学会在压力下保持冷静，可以帮助学生更加专注于题目，减少粗心和错误。通过练习放松和调节情绪的技巧，学生可以在考试中更好地发挥自己的实际水平。考试技巧策略的教授还应关注如何有效地总结考试经验。通过对每次考试过程和结果的反思，学生可以识别自己的强项和弱点，进而调整学习计划和策略，不断提高自己的学习和考试能力。

总起来说，高职英语教学内容的定位应当围绕学生未来的职业需求进行，既要有针对性地提供必要的语言知识和技能，又要为学生以后的个人成长和职业生涯发展奠定基础，为学生提供全方位、多层次的支撑。

第二节　高职英语教学的特点

高职英语教学不同于其他教育层次英语教学，它拥有自己的特征，这些特征包括教育层次上的高等性、课程设置上的职业性、教学方法上的实践性、教学设计上的开放性和师资队伍建设上的双师性，如图1-4所示。这些元素相互作用，共同塑造了高职英语教学的全貌，为学生提供了专业化和实用性强的学习体验。

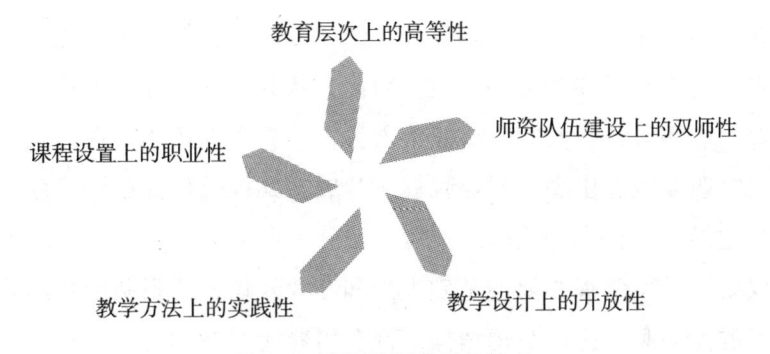

图 1-4　高职英语教学的特点

（特点包括：教育层次上的高等性、师资队伍建设上的双师性、教学设计上的开放性、教学方法上的实践性、课程设置上的职业性）

一、教育层次上的高等性

人们对于高职教育的认知有以下几种：高职教育属于职业教育领域，强调其职业性和应用性，高职教育与高等教育是分开的，不将其视为高等教育的重要组成部分；所有高层次的职业技术教育都可归入高等教育。这些不同的视角反映了对高等职业教育边界和特性的不同理解，也凸显了高等职业教育在教育领域内的独特定位和作用。为了明确高职教育的定位，学者们围绕高等职业教育的定义、定位、与普通高等教育的区别、培养目标、发展途径、招生对象、办学模式和教学过程等问题展开了广泛讨论，本书认为，从本质上来看，"高等职业教育"是将"高等"与"职业教育"两个概念进行了结合，因此高职教育既包含了高等教育的层次性，也融入了职业教育的特定目标和功能，理应将其视为高等教育体系中的一部分。而高职英语教学是高等职业教育体系的一部分，因此也具有高等性，它区分于专注于技术工人培养的技工教育。具体而言，首先，高职英语教育的高等性体现在其教学目标上。高职英语教学的目标不仅是让学生掌握英语这门语言，还是进一步培养学生的语言应用能力和跨文化交际能力，这种教育目标与普通高等教育类似，但其实用性在高职英语教学中表现得更为突出。因为高职英语教学目标要求学生必须具备将英语知识应用到实际职业场景中的能力，这意味着学生需要能够在专业领域内有效地运用英语进行沟通、协作和解决问题。为了达到这个目标，高职英语教育强调语言学习与职业实践的结合，这不仅包括与职业相关的专业英语词汇和表达方式的学习，还包括了解和适应不同职业背景下的交流习惯和语用规范，因此，从其教学目标上来看，高职英语教育具有高等性。其次，高职英语教育的高等性还体现在其人才培养上。高等职业教育由高等职业院校所开展，其核心目标在于培育以职业技能为主导、以技术型或高级技能为培养方向的人才。这种人才培养目标不仅要求学生掌握必要的基础理论和专业知识，还强调创新能力、终身学习的能力和良好的品德情操，旨在培养能够持续发展的专业技术人才。与中等职业教育相比，高职教育在人才层次上更高一层，它追求的不仅是学生技能的培养，还包括批判性思维、独立分析和解决问题的能力，这也与高等教育人才培养目标一致，并且高职英语教育侧重于培养具有高级综合素质的专门人才，鼓励学生主动学习、探索知识，并能够对所学知识进行深入分析、批判性评价和创新性应用，在学习过程中形成自己的见解和判断。通过这样的学习过程，学生能够在不断的实践和反思中提高自己的英语能力和专业技能，最终成为既懂得如何使用英语进行有效沟通，又具备良好职业素养和创新能力的高级专门人才。

二、课程设置上的职业性

与高等英语教育的学术性相比，高职英语更加注重职业的实用性和市场需求的适应性，致力提高学生的职业英语应用能力，以便于他们未来在职业生涯中可以将英语作为工具，应对职业场景中的各种挑战。因此，其课程设计紧密围绕职业展开，具有强烈的职业导向性。

（1）高职英语课程紧密跟随行业发展和市场变化，通过精准分析职业市场的需求，设计并开设与之对接的课程。例如，对于旅游、国际贸易等行业的英语需求，高职院校会特别设置旅游英语、商务英语等专业课程，确保教学内容与职业需求紧密相关，并且课程设置不仅涵盖了基础英语语法、听说读写等基础英语技能的培养，还特别强调专业术语、行业文化以及与特定职业相关的交流技巧的学习，以适应不同行业的具

第一章 高职英语教学

体需求。这种课程职业导向性的设计不仅保证了课程的针对性，而且有利于学生在毕业后能够直接进入与其专业领域相对应、对口的工作岗位，实现教育与就业的精准对接，确保学生能将所学知识和技能直接转化为职场实践，从而提高他们的职业适配度、满意度以及工作效能。高职英语课程设置还注重与职业市场的动态化对接，定期更新课程内容和教学方法，以适应职业市场的最新需求，课程会根据行业发展趋势、新兴职业以及市场需求的变化进行调整和优化，这种灵活性确保了教育内容的时效性和前瞻性，使学生能够学习到最新的行业知识和职业英语应用技能。

（2）高职英语课程设置强调和重视职业资格认证。职业资格认证不仅是职业教育体系的一个重要组成部分，还是衔接学生与职业市场需求的桥梁。通过将职业资格认证融入课程体系和课程目标，高职英语教育能够更有效地促进学生的职业技能培养和专业知识学习，为他们未来的职业生涯发展提供坚实的支撑。课程设置上引入职业资格认证有助于明确学生的职业发展方向。通过参与各类与英语相关的职业资格认证项目，学生可以更清晰地了解不同职业领域的具体要求和标准，从而做出更为明智的职业选择。例如，学生若参与商务英语或翻译类的资格认证，就能深入了解这些领域的专业知识和技能需求，对其职业规划有具体的指导作用。此外，职业资格认证过程中的学习和准备活动能显著提高学生的专业能力和实践技能。在准备职业资格认证的过程中，学生需要深入学习专业知识，参与实践活动，通过模拟考试、案例分析、专业研讨等形式加深对专业领域的理解。这些活动不仅增强了学生的英语应用能力，还提升了他们分析问题和解决问题的能力，为其未来在职业领域中的专业工作打下坚实基础。职业资格认证为学生提供了宝贵的实践经验和职业接触机会。许多职业资格认证项目要求参与者必须具备一定的实习经验或工作经验，这促使学生走出课堂，到真实的工作环境中去学习和实践。在这个过程中，学生不仅能够将理论知识应用到实际工作中，还能与行业内的专业人士进行交流合作，拓宽职业视野，建立行业网络。成功获取职业资格证书对于学生的就业具有显著的促进作用。职业资格证书是学生专业能力和技能水平的重要证明，能够大幅提升学生在职业市场中的竞争力。雇主通常倾向于招聘那些具有相关职业资格证书的应聘者，因为这些证书代表了应聘者已经达到了行业认可的专业标准。因此，持有职业资格证书的学生更容易获得优质的就业机会，可以实现职业生涯的顺利起步。因此，这也是高职英语教育职业导向性的一方面体现。

（3）高职英语课程的设置充分考虑了学生的职业素养和能力的培养，通过结合理论学习和实践应用，确保学生不仅掌握英语语言技能，还能培养职业素养和能力，在职业领域中展现出卓越的综合素质和能力。这样的课程设计旨在让学生在完成学业后能够顺利过渡到职业环境，有效应对各种职业挑战，从而全面提高学生的职业竞争力。首先，在职场中，清晰有效的沟通能力是不可或缺的，它包括能够明确表达思想、倾听理解他人观点以及有效地在多元文化背景下交流。同时，团队协作能力强调的是在团体中有效工作的能力，包括与不同背景的同事共事、协调不同的意见和工作方法，以及共同解决问题以达成团队目标。高职英语课程通过团队项目、合作任务和角色扮演活动，模拟真实的工作环境，让学生在实践中学习如何有效地沟通和协作，这些活动不仅帮助学生提升英语口语和听力理解能力，还培养他们在团队中有效交流和解决冲突的能力，为日后的职业生涯打下坚实的基础。其次，问题解决能力和适应能力也是职业素养的重要组成部分。在快速变化的工作环境中，员工需要能够独立思考，面对复杂和未知的情况时能够迅速做出决策。这要求学生能够分析问题，评估可能的解决方案并有效执行决策。同时，适应能力要求个人能够快速适应新环境、新技术和新工作方式，这对于在现代多变的职业世界中取得成功至关重要。高职英语课程通过案例分析、实际问题解决任务和模拟工作挑战，培养学生的分析和判断能力，在这些活动中，学生需要运用他们的英语能力和专业知识来分析情境、提出解决方案，并在小组讨论中共同寻找最佳策略，从而提高他们应对工作中问题的能力。最后，高职英语课程强调诚信、专业态度等职业道德和对社会责任感的培养。通过讨论职业道德案例、探讨工作中的道德困境，以及参与社区服务活动，学生能够理解和实践职业道德的重要性，并培养对自己工作和对社会的责任感。这涉及诚实、正直、尊重他人和对工作的承诺。在职业生涯中，这些品质不仅塑造个人的职业形象，也对维护组织的声誉和实现职业成功发挥着关键作用。

通过将这些关键领域整合到英语教学和职业技能培训中，高职英语教育可以确保学生毕业时不仅具备语言能力，还拥有成功进入并发展于职业领域所需的综合素养和全面职业能力，使他们具备成功融入职业环境所需的核心素质和竞争力。

三、教学方法上的实践性

高职英语教育的实践性体现在其教学方法的多样性和实用性上，通过模拟真实的应用场景和增加实践环节，有效地提升了学生的英语运用能力和实际工作技能。这种教学模式使学生能够在实践中学习英语，为他们未来的学习和工作提供了有力的支持和准备。首先，在教学方法上，高职英语常采用互动式教学、案例分析和项目驱动学习等，这些方法不仅提高了课堂的动态性和趣味性，还使学生能够在类似实际环境的情境中学习英语。例如，通过团队合作项目，学生可以在模拟的商务环境中运用英语进行交流和谈判，这样的教学活动有助于学生理解和掌握英语在实际应用中的功能和价值。其次，高职英语课程的职业性导向充分强调了实践的重要性。通过设置如模拟商务谈判等活动，学生有机会在职业实践中运用英语沟通、解决问题，从而提高其实际操作能力和语言应用水平。这种亲身体验的学习方式有利于学生更深入地理解语言在各种情境中的应用，并增强他们运用语言解决实际问题的能力。再次，高职英语教育强调实验、实训等实践环节，使学生能够通过参与校内外的实践活动，深入了解和掌握语言技能的实际应用。这些实践环节的设置使学生能够将课堂上学到的理论知识与实际操作相结合，提高他们的动手能力和实际工作技能。最后，为了加强实践教学的效果，高职院校通常与企业和行业机构建立合作关系，开发符合市场需求的实训项目。这种校企合作模式使教学内容更加贴近实际工作需求，学生在参与中可以获得宝贵的行业经验和职业技能，为未来的职业生涯做好准备。这种校外实习活动为学生提供了将课堂学习与职场实践相结合的机会。通过在企业或机构进行实习，学生能够亲身体验职业工作环境，将所学的英语知识和技能应用于实际工作中，提升其职业适应性和职业技能。实习不仅使学生能够了解企业的运作流程，还能加深他们对专业领域的理解，提高解决实际工作问题的能力。总而言之，高职英语教育强调实践教学和实习经验，将实践性教学作为提升学生英语应用能力和工作技能的核心环节，确保学生能够在真实的工作环境中应用所学知识和技能。

四、教学设计上的开放性

第一，高职英语教学设计的开放性体现在其紧密跟随市场需求和行业动态进行课程内容的更新和调整。这种开放性意味着教学不再是封闭的、一成不变的体系，而是一个动态变化、能够迅速响应外部环境变化的系统。例如，根据国际贸易、跨文化交流等领域的发展，高职英语课程会及时调整教学内容，加入新的商务英语术语、国际交流策略等，以满足学生即将面对的职业需求。第二，高职英语教学的开放性还体现在与企业的深度合作上。通过校企合作模式，教育机构能够直接融入行业实践，将企业的实际需求和最新发展趋势引入课程设计中。这种合作不仅限于提供实习机会，还体现在共同开发课程、共同组织培训项目、企业家进校园讲授实务经验等方面，这些都使得高职英语教学能够直接受益于行业的最新发展，提高教育的适应性和前瞻性。第三，开放性还体现在高职英语教学方式的灵活多样性上。传统的课堂教学被打破，线上教学、混合式学习、翻转课堂、项目式学习等多种教学模式并存，学生可以根据自己的学习习惯和需求选择最合适的学习方式。这种教学方式的多样化和灵活性，使得高职英语教育能够为学生提供更加个性化、定制化的学习体验。第四，高职英语教学设计的开放性也体现在其全球化的视野融入上。在教学内容和材料选择上，高职英语教学不仅关注本国文化和语言环境，还广泛吸纳国际视角，包括世界各地的文化差异、国际商务惯例等，为学生在全球化的工作环境中有效沟通和交流做准备。

第五，在职业生涯中，随着工作角色的变化和行业发展的需要，学生或教师可能需要不断更新和提升自己的英语技能。高职英语教学设计的开放性体现在为终身学习者提供适应性强、灵活的学习路径。例如，高职英语教学设计借助现代信息技术，如在线课程、开放教育资源（OER）、大规模在线开放课程（MOOCs）等，为广大学习者提供了方便快捷的学习渠道。这种技术的应用大大拓宽了教育资源的获取范围，降低了学习的门槛，促进了终身学习的实现。此外，高职英语提供了不同层次和强度的英语课程、灵活的学习时间安排等，使得学习者可以根据个人需求来调整或补充学习计划，促进个人和社会的持续发展。

五、师资队伍建设上的双师性

双师性即"双师型"教师，指那些既具有丰富的专业理论知识，又具有实际工作经验和技能的教育工作者。这类教师不仅在学术上有深入的理解和研究，还在实际工作中积累了丰富的行业经验，能够将理论与实践有效结合。与普通高等教育或基础教育中更注重理论与学术教学的英语教育相比，高职教育旨在培养应用型人才，强调专业知识与实践技能的结合，与商业、技术、职业实践等领域结合起来，培养学生的职业能力。这就要求教师不仅要有理论教学的能力，还要有将知识应用于实际工作的能力。"双师型"教师恰恰可以来满足这种教育模式的需求，因此，"双师型"教师队伍建设是高职教育的必然要求和趋势。具体到高职英语教学，"双师型"高职英语教师指的是那些既有深厚英语语言和文化理论知识，又具有实际应用经验（如商务英语交流、翻译实践和国际贸易经验）的专业人士。这类教师能够把英语作为工具，在教授语言技能的同时，结合自己的行业经验，向学生展示语言在实际工作中的应用，这使得他们能够在教学中将抽象的语言理论与实际使用场景结合起来，让学生在具体的语境中学习和应用英语,从而更有效地提升学生的英语实际应用能力。此外,由于"双师型"教师了解行业需求和工作场景,他们还能够根据自己的实践经验设计课程和教学活动,使得教学内容更加贴近实际工作的需要,并且他们还能够根据市场变化和职业要求更新教学内容,将最新的行业发展趋势引入课堂,为学生提供符合职业发展趋势的英语教学。这样的教学方式不仅能够有效提高学生学习的积极性和参与度,让学生在学习过程中获得更多的实际操作经验,提高学习的针对性和实效性,还能够帮助学生了解未来职场的实际需求,增强学生的职业适应性和市场竞争力。

第三节 高职英语教学的原则

高职英语教学不仅是语言知识的传递,还是一个涉及教育理念、方法和目标全面融合的过程。在这个过程中,遵循一系列教学原则成为确保教学效果和学生发展的关键,这些原则包括了以学生为中心原则、实践性原则、层次化原则、输入优先原则、职业导向原则、激发兴趣原则等,如图1-5所示。其中,以学生为中心原则强调以学生的需求和能力为教学的出发点,确保教学活动围绕学生的个性化发展进行。实践性原则,则通过各种实践活动,增强学生将理论知识应用于实际的能力。层次化原则考虑到不同学生的学习基础和能力,提倡按能力分层教学,确保每个学生都能在适合自己的水平上进步。输入优先原则和激发兴趣原则则分别强调了教学内容的丰富性和吸引力,以及激发学生学习英语的内在动力,共同促进学生在英语学习旅程中的持续成长和发展。职业导向原则侧重于教学内容与学生未来职业生涯的紧密结合,准备他们进入职场。这些原则共同构成了高职英语教学的框架,指导着教学活动的设计和实施,确保教学过程既高效又有意义。

图 1-5　高职英语教学的原则

一、以学生为中心原则

以学生为中心的教育观念不管在中国教育史上还是在西方教育史上都源远流长，这一理念在各个时代的教育实践中都有所体现。中国古代孔子"有教无类"的论述，就强调了教育要不分高低贵贱，对哪类人都一视同仁，指出了教育的普遍性和包容性。同样，在《礼记·学记》中，"教也者，长善而救其失者也"这一观点，强调了教育应促进学生积极特质的成长并克服其不足，深刻阐述了教育的本质。在西方教育历史上，苏格拉底的对话式教学法强调了教师引导学生自我发现和自我实现的过程，这是以学生为中心教育观念的早期体现。这些历史实例表明，尊重学生的个体差异和主动探索精神，是教育应当遵循的普遍原则。

对于以学生为中心原则一定要有正确的认知，首先以学生为中心强调的并不是教师与学生之间的地位上的转变，这一原则并不意味着否定教师的作用和角色，教师的角色仍然至关重要，他们为学生的学习旅程提供必要的指导和支持。相反以学生为中心强调的是将学生本位以及学生学习的主动性和内化过程作为核心，教师在其中的作用可以比作一面镜子，帮助学生清晰地看到自己的学习状态和发展需求。正如人难以直接看到自己的眼睛，学生也需要外部的反馈和指导来更好地认识自己。教师通过引导学生超越当前的认知限制，从更广阔的视角审视自己，帮助他们认识到自身的潜力和挑战。因此，在以学生为中心的教学框架下，教师的角色变得更加多元和复杂，需要更多的创造性和努力来满足学生的学习需求，促进其全面发展。这种教学方式要求教师具备更高的敏感性和适应性，以有效支持每位学生的学习过程。此外，以学生为中心和原则也并不意味着完全摒弃讲授法。讲授法依然是重要的教学方法之一。但是应用方式需要与以往有所不同，讲授不应该是单向的知识传递，而应该是激发学生参与和互动的过程，教学方法要具有多样性和灵活性，以适应学生的学习需求和促进其全面发展。具体来说，以学生为中心原则倡导教育应以学生的学习经历和发展为核心，这意味着教学策略和方法应当从学生的需求出发，为他们提供最适宜的学习环境和条件。在这种情境下，讲授法变成了一种双向的互动模式，教师在讲授过程中不仅传达知识，还应设计互动环节，激发学生的思考和讨论，促进他们对知识的深入理解和内化，教师和学生共同参与知识的探索和理解。这种方法使得讲授不再是教师的独白，而是成为一场师生共同参与的对话，让学生在学习过程中发挥主动性和创造性。在教学实践中，教师应当利用讲授法引入新的概念和理论，同时结合案例分析、小组讨论、实验操作等多种教学方法，以丰富教学内容和形式。这种综合应用不仅有助于学生从不同角度和层次理解知识，还能够提高他们的学习兴趣和动力。此外，教师在运用讲授法时还应考虑到学生的个体差异，调整教学速度和深度，确保每位学生都能跟上学习进程并充分理解教学内容。这可能需要教师对学生的学习状态进行持续的观察和评估，以便及时调整教学策略，确保教学活动能够满足学生的学习需求。可以看到，在以学生为中心的教育模式中，讲授法仍有其独特价值和作用，关键在于如何将其融入多元化的教学策略中，创造一个更加丰富和动态的学习环境，促进学生的全面发展和深入学习。

  学生为中心原则强调教学、管理和服务理念的转变以及教学方法和评价手段的变革，强调教育的核心要从"教"转向"学"，从"教师传授知识给学生"向"学生自主发现和创造知识"转变，从"传授模式"向

"学习模式"转变,从"课堂、教师、教材"这"老三中心"向"学生、学习过程、学习成效"这"新三中心"转变,去真正关注学生的学习需求。具体而言,以学生为中心原则强调教育过程中应关注三个关键领域:第一,关注学生的个人成长和发展。这一点认识到教育的核心是促进学生的个人和社会能力的成熟。教育的目的是引导学生的成长,帮助他们实现个人潜能。在这一过程中,认识到人的成长遵循一定的生物、心理、社会规律是重要的。例如,学生的认知和情感发展与其神经生理结构的成熟过程紧密相连,而这一过程又会随着他们的年龄增长和环境变化而演进。学生的发展既是连续的,也是分阶段的,每个阶段都有其独特的需求和特点。因此,教育应该适应学生不同发展阶段的具体需求,确保每个阶段的成功过渡为下一阶段的发展奠定基础。特别是在高等教育中,了解并支持大学生在这一生命阶段面临的特殊挑战和机遇,对于他们的健康成长至关重要。第二,要关注学生的学习过程。实现学生发展的途径主要通过激发和支持他们的学习过程。学生的成长和进步是在不断的学习中实现的,其中学习本身是一种深层次的精神活动,体现了人的内在需求和对知识探索的渴望。在强调学生的学习时,教育应首先满足学生对知识的需求,这不仅涉及学术知识的获取,还包括职业技能和个人发展的需求。学习需求的满足为学生的个人成长和职业发展奠定了基础。进一步地,教育应遵循学习的自然规律,将"学习"置于"教授"之上,认识到学习是一个主动探索和内在理解的过程。建构主义学习理论为理解这一过程提供了框架,认为学习是一个学生通过主动参与和基于自己经验来构建知识的过程。这种理论强调,学习活动应该基于学生自己的知识背景和经验,并通过与外界的互动来构建新的意义和理解。这种观点认为,学习不仅是个体的认知活动,还是一个社会互动过程,学生在这个过程中不断地通过新旧知识的整合来构建意义。因此,在教育实践中,应重视学生的主动学习和探索,将学生现有的知识和经验视为新知识构建的出发点。教师的角色应转变为引导者和促进者,帮助学生通过主动的探索和学习,不断地扩展和深化他们的知识和技能。这样,学生的学习过程就成了一个自主构建、相互作用和持续增长的过程，其中每个学习活动都是学生个人经验和理解的自然延伸。第三，要关注学生学习成效的提升。教育过程应遵守个体发展和学习的自然规则，并适应教育本身的规律。教育过程是复杂且动态的，其中教师的授课和学生的学习成效之间并不存在简单的因果关系。知识的获取和理解需要经过个体的内部化过程，转化为个人的认知结构和思维模式。这一转化过程是个人主导的，无法被他人替代。当前教学中的挑战之一是，有些教师可能误认为，只要教授了内容，学生就会自动理解和吸收。这种观念忽略了学习的主体性和个体差异性，即每个学生的理解和接受方式都是独特的。因此，教师在教学过程中应深入了解每个学生的特点和需求，实施个性化的教学策略。同时，教学评价应集中在学生的学习成效上，而非单纯的教学活动。通过对学习成果的评估，教师可以获得关于自己教学方法有效性的反馈，进而调整和优化教学策略。这种反馈机制有助于教师更好地理解学生的学习进程和成效，从而提高教学质量和改善学生的学习体验。

二、实践性原则

高职英语教学的实践性原则是一项重要的教学理念，其核心在于将学习与实际应用相结合，培养学生的实际操作能力和解决问题的能力，遵循这一原则对高职英语教学具有深远的意义。首先，实践性教学的核心价值在于它连接了理论学习和实际操作。在传统的教学模式中，学生往往被动接受知识，这种学习方式可能导致他们难以将学到的理论知识应用于实际情境。实践性教学通过模拟真实工作环境，如通过实验室实践、项目管理、实地调研等，使学生在真实或模拟的工作条件下运用所学知识。这种方法不仅促进学生对理论知识的深刻理解，还通过实际操作经验的积累，增强了他们的职业技能。例如，在工程课程中，通过实际搭建项目，学生能够理解理论与实践的联系，发现问题并寻求解决方案。这样的教学方式不仅增加了学习的趣味性，还提高了学生解决实际问题的能力，从而为他们未来的职业生涯奠定了坚实的基础。其次，实践性原则在高职英语教学中的应用，重点强调了职业适应性的培养。这不仅是为了提高学生的语言技能，还是为了让学生在真实的职业环境中能够有效地运用这些技能。通过模拟职场的语言使用场景，如商务会议、客户沟通以及报告撰写等，学生能够在实践中学习和应用英语。这种教学方式帮助学生建立起将英语作为工作工具使用的意识和能力，从而提高了他们的职业竞争力。例如，在模拟的商务谈判中，学生不仅能学习到专业术语，还能在实践中锻炼自己的谈判技巧和团队协作能力。这种以实践为基础的学习方法能够有效地促进学生的全面发展，帮助他们更好地理解并适应将来的职业环境。最后，实践性教学极大地促进了学生的问题解决能力和创新思维的发展。在面对实际工作中的挑战时，学生需要动用自己的知识和技能进行分析和解决问题，这种过程是对他们综合能力的重要考验。通过参与到真实的项目管理和问题解决过程中，学生不仅能够实践和巩固理论知识，还能够在实践中学会如何创新思考和灵活应对各种情况。例如，在处理一个技术难题时，学生需要调研相关信息，设计解决方案，实施并评估结果。这种经历不仅锻炼了他们的技术能力，还培养了他们的创新意识和领导力。通过这样的实践性教学，学生可以逐步建立起解决复杂问题的能力，培养面对未知挑战时的适应性和创新性，为他们成为未来行业的领导者打下坚实的基础。

三、层次化原则

层次化原则是根据学生的差异性及教学内容的内在规律来设计和实施教学活动的重要原则，要求教育工作者深入理解学生群体的多样性，并根据这种多样性设计和实施教学活动。这一原则的实施是为了满足不同学习需求和能力水平的学生，优化他们的学习过程，并最终达到提高教学效果的目的。

首先，从学生差异的角度看，高职学生的能力差异、兴趣差异、学习风格差异以及未来发展的职业需求差异是显著的。这些差异要求教育不应采取单一的教学模式，而应采用分层次、个性化的教学策略。例如，学生的学习风格多种多样，包括视觉型、听觉型、动手操作型等。层次化原则强调教师需要根据学生的学习风格设计教学策略，以提高学习效率。例如，对于视觉型学生，教师可以使用丰富的视觉材料，如图表、图片和视频，来帮助他们更好地理解和记忆英语知识。对于听觉型学生，教师则可以增加听力训练和口语交流的机会，使其能够在听觉上获得更多的语言输入。对于动手操作型学生，教师通过角色扮演、游戏和实践活动等方式，可以使他们在实际操作中学习和应用英语。其次，从课程内在规律的角度看，英语作为一门语言学科，具有其特定的学习规律，如递进性、螺旋上升性和交际性。层次化原则要求教师在教学设计和实施中，遵循这些规律，以确保教学活动既符合语言学习的内在规律，又能适应不同学生的学习需要。例如，对于英语学习的递进性原则，教师应设计从简单到复杂、由易到难的教学内容和活动，使学生能够在掌握了基础知识和技能后，逐步过渡到更高层次的语言应用和交际活动中。同时，考虑到英语学习的交际性，教师应为学生创造丰富的语言实践环境，使他们有机会在真实或模拟的交际情境中使用英语，从而提高他们的交际能力。此外，层次化原则还要求教师在教学过程中实现教学内容、教学方法和评价方式的个性化适配。这意味着教师需要根据不同学生的学习特点和需求，选择合适的教学资源和方法，以及设计相应的评价标准和方式。例如，对于初学者，教师可能需要使用更多的图像、视频和实物等直观教学资源，采用直接教学法、记忆法等教学方法，并通过形成性评价来监测学生的学习进度。对于高阶学习者，教师则可以引入更多的案例分析、项目式学习和研究性学习等方法，通过综合性评价和自我评价来促进学生的深层次学习和批判性思维能力的发展。

在遵循层次化原则时，教师还应充分考虑教学环境的支持。这包括建立适应不同学习层次的教学资源库、利用信息技术手段支持个性化学习、建立灵活多样的教学组织形式等。例如，教师可以通过线上学习平台提供不同层次的学习材料和活动，使学生能够根据自己的学习进度和兴趣选择适合自己的学习内容和方式。高职学生的学习目标和职业规划存在差异，这要求教师在教学设计时考虑到这些差异，提供符合学生个人发展目标的教学内容。例如，对于未来希望从事国际贸易的学生，教师可以增加商务英语的教学内容和实践练习，帮助他们掌握相关的专业知识和技能。而对于那些希望提高综合英语应用能力的学生，教师则应提供更广泛的语言学习资源和机会，如文化交流、阅读理解和写作训练等。

四、输入优先原则

在高职英语教学中，输入优先原则是一个关键的教学策略，它强调通过听和读来获取英语知识，为语言输出提供坚实的基础。这一原则认为，丰富和高质量的语言输入是学习者语言能力发展的先决条件。因此，教师在教学设计时需要特别关注如何有效地提供这种输入以促进学生的语言吸收和理解。遵循输入优先原则首先需要确保所提供的语言材料对学生来说是可理解的。这意味着材料的难度应适中，既要能够挑战学生，促使他们扩展现有的语言知识，又不能过难以致超出他们的理解范围。为此，教师需要对学生的语言水平有一个准确的评估，以确保教学内容既能吸引他们的注意，又能在他们的认知能力范围内。其次，教学材料的趣味性和恰当性成为遵循输入优先原则的另一个重要考虑因素。教材应当与学生的生活经验和兴趣相结合，从而激发他们的学习热情。这种策略不仅能够提高学生的学习动机，还能帮助他们更好地理解和吸收语言知识。此外，确保足够的语言输入量对于语言学习同样至关重要。语言能力的提高依赖大量的语言接触，因此，教师应通过多种教学活动和材料，提供广泛的听力和阅读机会，帮助学生接触到不同风格的语言。这不仅能够增加学生的词汇量和语法知识，还能够促进他们对语言的整体理解。为了更有效地遵循输入优先原则，教师还需要采用多样化的输入内容和形式。利用现代教育技术，如互联网资源、多媒体教学材料等，可以大大丰富教学内容，提供更为生动和实际的语言学习环境。这种多样化的输入内容和形式不仅使学习过程更加有趣和互动，还能帮助学生在多种语境中练习和运用英语，从而加深他们的语言理解和应用能力。在语言学习过程中，理解能力的培养是不可忽视的。教师应重视学生对语言材料的深入理解，采用互动讨论、案例分析等方法来促进学生的认知和语言能力发展。这样的教学方法不仅能够提高学生的理解水平，还能够促进他们批判性思维和创造性思维的发展。最后，尽管输入优先原则强调了语言输入的重要性，但语言学习是一个动态的双向过程，包括输入和输出两个方面。因此，在确保丰富的语言输入的同时，教师也应为学生提供充分的机会进行语言输出，如口语交流和写作练习。这种均衡的教学方法能够帮助学生将所学的语言知识转化为实际的沟通能力，从而全面提升他们的英语水平。通过这种循序渐进的教学策略，输入优先原则在高职英语教学中能够发挥其最大的效用，有效促进学生的语言能力和综合素养的提升。

五、职业导向原则

首先，在高职英语教学中遵循职业导向原则，要求教学内容与学生的专业和未来职业生涯紧密相关。这种对接不仅体现在使用职业专业术语和实例来讲授英语，更在于如何将英语作为工具服务于专业学习和职业实践。在教学过程中，教师应收集真实的行业资料，如专业书籍、期刊文章、行业报告等，将这些材料引入课堂，让学生在学习英语的同时，了解行业的最新动态和专业知识。通过这种方式，学生可以更好地理解专业术语的用法，提高他们分析和处理专业信息的能力。教师还可以邀请行业专家进入课堂，分享他们的职业经验和行业见解，帮助学生建立起将英语应用于专业领域的意识。其次，在职业导向原则的指导下，高职英语教学活动应尽可能模拟真实的职业环境和工作任务。通过创建与真实职场相似的学习情境，学生可以在安全的环境中尝试使用英语进行专业沟通和问题解决。例如，教师可以设计模拟公司的项目管理活动，让学生扮演不同的角色，如项目经理、技术专家、市场分析师等，通过英语协作完成项目计划、报告撰写和结果展示。这种模拟活动不仅限于课堂内部，还可以扩展到课堂外的实践中。教师可以与企业合作，安排学生参加工作坊、实习或项目研究，使他们有机会在真实的职业环境中使用英语。这样的实践机会能够帮助学生将课堂学习与职业实践相结合，提升他们的英语应用能力和专业素养。最后，职业导向原则还要求高职英语教学与行业实践紧密结合。这种结合意味着教学内容、方法和活动不仅要反映行业的实际需求，还要帮助学生适应未来职场的挑战。为了实现这一点，教师和教育机构需要与行业界建立密切的合作关系，了解行业的发展趋势、技能需求和职业标准。通过这种合作，教育机构可以获得行业的支持和资源，如最新的行业资料、实习岗位、项目合作等，这些资源对于丰富教学内容、更新教学方法具有重要意义。同时，学生能够通过实习和参与行业项目，直接接触职业实践，了解职业生涯的真实要求和挑战。这种经验不仅能够增强学生的职业技能和英语应用能力，还能帮助他们制订对未来职业生涯的清晰规划和目标。

六、激发兴趣原则

在高职英语教学中，遵循激发兴趣原则至关重要，因为兴趣是激发学生学习动力的核心因素，它可以引导学生积极探索、深入学习，并持续提高英语能力。这一原则的核心在于认识到兴趣对学生学习态度、持久性以及最终学习成果的深远影响。首先，从心理学角度看，兴趣是推动个体进行某项活动的内在动机。当学生对英语学习产生兴趣时，他们更容易投入更多的精力和热情，变被动接受为主动探索。在这个过程中，兴趣作为一种内在的驱动力，促进学生超越初始的学习目标，探索更广阔的知识领域。例如，一个对英语歌曲感兴趣的学生可能会主动去了解歌曲的背景，从而学习到更多关于语言表达和文化差异的知识。其次，兴趣对学习效果有着直接的正面影响。研究显示，当学生对所学内容感兴趣时，他们更容易进行深度学习，不仅停留在记忆事实的表层，还能够理解和整合新旧知识，形成更加全面和深刻的理解。这种深度学习有助于提高学生的批判性思维和创新能力，使他们能够在未来的学习和工作中更灵活地应用所学的英语知识。在教学实践中，激发兴趣原则要求教师创造一个充满活力的学习环境，鼓励学生发现自己的兴趣点，并将这些兴趣点与英语学习相结合。教师可以利用多媒体教学工具、实际案例分析、角色扮演游戏等多种教学方法，使课堂活动更加生动有趣。同时，教师还应关注学生的个性化需求，提供个性化的学习路径和选择，以满足不同学生的兴趣和学习风格。此外，兴趣还与学生的自主学习能力紧密相关。一个对学习内容感兴趣的学生更有可能成为终身学习者，不断寻求新知识和技能的提升。在这个过程中，学生不再仅仅依赖课堂教学，而是会主动利用各种资源进行学习，如在线课程、英语论坛、专业书籍等。这种自主学习的习惯有助于学生在未来的职业生涯中不断适应新的挑战和要求。最后，高职英语教学中的兴趣原则也会对于学生的未来职业规划具有深远的影响。通过兴趣原则激发的积极学习态度，学生可以更好地了解自己的兴趣和倾向，从而做出更符合自己职业规划和发展目标的决定，更加理性地选择未来所从事的职业和领域，这种自我认知的提升有助于学生选择更适合自己的职业道路，实现个人职业生涯的成功。并且兴趣原则还能增强学生的创新和解决问题的能力。兴趣驱动的学习过程鼓励学生探索新思路和方法，这种探索精神在职业生涯的成功中同样重要。具备创新思维的个体能够更有效地应对工作中的挑战，发现新的解决方案，推动个人和组织的发展。

第四节　高职英语教学的发展趋势

随着全球化的加速和科技的快速进步，高职英语教学正站在新的历史起点上。展望未来，信息化、复合化、国际化以及地方特色化将成为推动高职英语教学进步的关键方向，如图1-6所示。这些趋势不仅预示着教育模式和内容的重大转变，还指向了教育理念和实践方法的创新升级。

第一章　高职英语教学

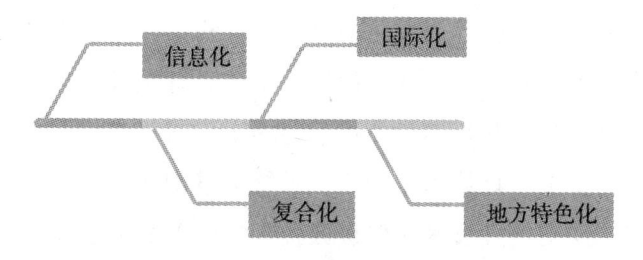

图 1-6　高职英语教学的发展趋势

一、信息化

信息技术的飞速发展对包括教育界在内的各行各业产生了巨大的影响，慕课、微课、翻转课堂、移动学习和手机云班课等形式多样的新兴教学方式和学习方式层出不穷，不仅为师生提供了更加灵活便捷的信息获取途径，方便了教育资源的获取、交流与共享，还改变了传统教育模式，使得教学方法更加丰富化、多元化、创新化。尤其自中华人民共和国国务院于 2010 年发布《国家中长期教育改革和发展规划纲要（2010—2020 年）》（以下简称《规划纲要》）以来，教育信息化在中国得到了迅速发展和广泛应用，《规划纲要》特别提到加快教育信息基础设施建设，强调信息技术对教育发展的革命性影响，并将教育信息化的实施纳入国家信息化发展的整体战略之中，要建成能够覆盖城乡各级各类学校的教育信息化体系，实现教育内容、教学手段和方法的现代化。教育部随后制订的《教育信息化十年发展规划（2011—2020 年）》进一步强调了利用现代信息技术的优势，推动信息技术与教育领域的深度融合。在这些政策的推动下，教育界开始广泛采纳新的信息化的教学模式。

而对教育信息化的定义，各位学者虽对其有不同的定义，但是其核心内容基本一致。例如，龚美霞教授认为，教育信息化的核心在于广泛开发和利用现代信息技术，以推动教育事业的发展，满足社会对信息化的需求。[1] 李克东教授则从更广阔的角度出发，强调教育信息化不仅包括新技术的应用和信息资源的开发，还应培养适应信息化社会的创新型

---

[1] 龚美霞. 加快教育信息化建设的思考[J]. 电子出版，1999（7）：38-40.

人才，将其视为实现教育现代化的系统性工程。① 南国农教授的视角认为，教育信息化是普遍运用现代信息技术于教育领域，旨在开发教育资源，优化教育过程，并培养学生的信息素养，推进教育现代化进程。② 傅德荣教授则看重信息技术作为教育系统的基础元素，在教育各领域中的广泛应用，强调信息技术在促进教育现代化方面的重要性。③ 综合这些学者的观点，可以看到，教育信息化被普遍认为是利用现代信息技术优化教育资源和过程的过程，旨在培养能够适应信息社会需求的人才，推动教育全面现代化。教育信息化不仅是技术工具的简单引入，还涉及教育理念的更新、教学方法的改革、教育资源的优化以及培养学生的信息素养等多个方面。它要求教育系统快速响应信息技术的发展，有效利用现代信息技术提高教育质量和效率，最终实现教育的现代化和国际化。

尽管目前许多教育机构已经实现了教育信息化的初步应用，如使用数字资源、开展在线教学等，并且已经有成熟的信息化教学模式可供参考，但信息化作为高职英语教学未来发展的趋势之一，其重要性和发展趋势并未因为当前的普及程度而减弱。相反，教育信息化的深度和广度还有很大的拓展空间，会随着科技的不断进步和社会需求的不断演变，在教育领域发挥更大的作用。首先，技术的持续创新会为教育领域带来新的变革机遇。例如，人工智能、大数据分析和云计算等先进尖端技术的普及和应用，会赋能高职英语教学向更加个性化和智能化发展，帮助教师更好地理解学生的学习需求，优化教学策略和内容。这些都是未来高职英语教学可以利用的信息化手段，而如何在高职英语教学中应用这些不断更新的信息化手段，如何使其更加高效赋能高职英语教学，等等，都有待未来更多的探索，信息化是高职英语教学不竭的发展方向。其次，

---

① 李克东. 知识经济与现代教育技术的发展[J]. 电化教育研究，1999（1）：11，13，15.
② 南国农. 我国教育信息化发展的新阶段、新使命[J]. 电化教育研究，2011（12）：10-12.
③ 傅德荣，傅利华，靳灵芝. 信息技术教育的目标、内容和方法[J]. 中小学信息技术教育，2004（7）：15-17.

信息化能够突破传统教育模式的限制，为学生提供更为灵活多样的学习方式。在全球化和网络化日益加深的今天，高职学生需要具备跨文化交际能力和国际视野，信息化教学能够为学生提供更加丰富的接触全球英语使用环境的机会，如通过国际远程教育项目、在线交流平台等，这些项目和机会随着时间的推移会不断进行完善和升级，使学生在未来有更多的不同类型的体验，保证学生在学习英语的同时，持续增强对不同文化的理解和适应能力。再次，随着社会对于高素质技能人才的需求不断增长，高职英语教育需要与时俱进，培养学生的实际应用能力。信息化教学能够通过模拟真实的工作环境、提供职业场景下的语言应用练习等方式，加强学生的职业技能培训，提高他们的就业竞争力。最后，信息化教学本身也在不断演进中，从最初的教学辅助工具到现在的互动协作平台，未来可能会发展出更加高级的虚拟现实和增强现实教学环境，这些都需要高职英语教育领域不断探索和适应。因此，尽管教育信息化已经相对普及，但其在高职英语教学中的深入应用和创新发展仍然是未来的重要趋势。

二、复合化

在全球化和知识经济快速发展的大背景下，中国高等教育面临前所未有的发展机遇。但同时，这一进程伴随着众多挑战，如国际人才竞争加剧、全球经济一体化进程加快、高新技术的迅速更新、知识经济的崛起、多元文化的融合以及经济体制的转型等。为了应对这些挑战，培养能够适应这些综合性变化的复合型人才成为我国高等教育发展的必然趋势。复合型人才是一种具备跨学科知识和多技能的人才，他们能够在多个领域内工作和研究。这类人才超越了传统教育对单一专业知识的侧重，展现出更为全面和多元的能力。他们不仅深入掌握自己的专业领域，还了解其他领域的知识，使其能够全面地理解和解决问题。此外，复合型人才具有多种实践技能，如技术、管理、沟通等，能够适应不同的工作环境。具备创新和解决问题的能力是他们的另一特点，他们能运用自己的知识和技能创新性地解决问题，展现出强大的分析和批判思维能力，在复杂情境中找到有效的解决方案。并且复合型人才的适应性和灵活性使他们能够快速应对变化的工作环境和挑战。他们通常具有终身学习的态度，能够不断更新自己的知识体系，适应新的发展需求。因此，复合型人才在知识经济和全球化的背景下成了传统人才培养模式的重要补充和改革方向。

英语在经济实践、创新思维、国际商务沟通、人文精神与创意产业、体验经济等方面发挥着重要的支撑作用，提升了语言研究的实际应用价值，也为外语的研究和教学开辟了更广阔的视野和实践平台。英语教育的重要性不可忽视，但其教育模式已经逐渐显示出改革和优化的必要。中国社会科学院发布的《2015年中国大学生就业报告》将英语专业列为"红牌"专业，这显现了传统英语教育与社会需求之间存在一定的脱节，传统英语教育，包括高职英语教育的教育观念、人才培养方式、课程设置、教学内容、学生知识和能力结构、教学管理等方面都需要与时俱进，进行改革或优化去适应社会需求的变化。教育部也早在20世纪90年代末就提出了复合型外语人才培养的建议，强调外语教育应与其他相关学科知识结合，以满足市场经济对外语专业人才的需求。并且随着全球化的深入和中国经济对外开放程度的提高，英语教育的复合化成为一种必然趋势，尤其是在实用型专业领域。

综合来看，复合化显然是对当下社会经济和文化变迁的一种积极回应和前瞻性适应，也是教育改革的必然选择。为此，高职教育需采取积极探索和创新，将英语语言学习与实践和其他学科进行结合，培养复合型的英语人才。这种复合化教育模式不仅限于语言知识与技能的结合，还体现在培养学生的跨学科思维方式和解决问题的能力上，从而培养出既具有专业深度又拥有跨界广度的复合型人才，让他们在激烈的国际竞争中占据有利地位，为社会的发展做出更大的贡献。

三、国际化

高职英语教育国际化的发展趋势和需求源于英语的全球普及性和通用性。英语作为国际通用语的属性，本身就要求高职英语教育必须向国际化方向发展，并且在全球化加速的今天，英语成为连接不同国家和文化的桥梁，是国际层面进行商务、贸易、交流、科技和文化互动的主要媒介。高职英语教育的国际化是对这一全球趋势的回应，它体现了教育的前瞻性和适应性。从经济和社会发展的角度看，随着世界经济的一体化和市场的全球化，大环境对国际化的英语人才需求显著增加，对于拥有流畅的国际交流能力的人才需求日益增长，企业和组织也越来越多地寻求那些既能够使用英语进行沟通，又能够在跨文化背景下理解和解决问题的人才。这种国际、社会上的人才需求变化直接推动了高职英语教育向国际化的方向发展，以满足国际化劳动力市场的需求。国际化英语人才及其国际交流能力在当今世界已成为衡量个人和国家竞争力的关键指标。随着全球经济的融合和国际交往的加深，流利的英语沟通技能和有效的国际交流能力不仅对个人的职业发展至关重要，还对国家的国际地位和影响力有着深远的影响。在个人层面，掌握国际化英语技能意味着能够跨越语言和文化障碍，与世界各地的人们进行有效沟通和交流。这不仅扩展了个人的视野，还为其在全球化的职业市场中提供了更多的机会和选择。具备国际交流能力的个人能够更容易地融入跨国公司、国际组织或海外项目工作，展现其专业能力和文化适应性，从而在职业生涯中取得更大的成功。对于国家而言，培养国际化英语人才和强化国际交流能力直接关系到其在全球舞台上的竞争力和影响力。国家的国际交流能力体现在其能否有效参与国际事务、推动跨国合作、吸引外国投资和促进文化交流等方面。具有强大国际交流能力的国家能够更有效地宣传自己的文化和价值观，增强国际合作，提升国家形象，从而在国际社会中占据更有利的地位。此外，国际化英语人才的培养和国际交流能力的增强还对国家的经济发展具有重要意义。在全球经济体系中，能够流畅进行国际交流的人才是促进国家经济增长、参与国际分工和提升国家竞争力的关键因素。他们能够促进国际商务、科技创新、教育交流和文化传播，加强国与国之间的联系，推动国家经济和社会的全面发展。因此，高职英语教育的国际化不仅是对个人职业发展趋势的适应，还是实现国家长远发展战略的必要条件。提高英语教育的国际化水平，可以培养更多具备国际视野和国际交流能力的人才，为个人的全面发展和国家的国际竞争力提供坚实的支撑。

在这个过程中，高职英语教育的国际化不仅是教学语言本身的国际化，还是教学视野、内容和方法、思维方式的国际化。在这一背景下高职教育要能够帮助学生理解并适应多元文化的国际环境，培养他们的全球视野和跨文化沟通能力，重视跨文化交流、国际合作意识和全球责任感的培养，以适应国际社会的复杂多变和广泛需求。进一步，英语语言的国际通用性促使高职英语教育必须在学科跨度上进行创新，打破传统的语法和词汇教学，将高职英语教学扩展到国际商务、法律、国际文化交流等实际应用领域，使学生能够更好地理解和运用英语进行有效的国际交流，理解不同文化之间的差异，增强在全球化背景下的竞争力。

四、地方特色化

地方特色化指的是教育内容和方法与特定地区的经济、文化、社会和产业特点紧密结合的教育模式。它强调根据地方的实际需求来设计和实施教育计划，以促进学生对本地经济环境、文化传统、市场需求和社会规则的深刻理解和适应。地方特色化教育旨在培养能够在地方经济社会中发挥关键作用的专业人才，这些人才不仅具有必要的专业知识和技能，还拥有对本地特色的深入理解和应用能力。

高职英语教育地方特色化的必要性来源于几个方面。首先，从经济角度看，地方特色化的高职英语教育能够更好地服务于地方经济发展的实际需求。随着经济全球化的深入，地方经济的发展越来越依赖与国际市场的互动和合作。因此，地方不仅需要掌握专业英语技能的人才，还需要这些人才具备对本地经济环境、产业特征、市场需求的深入理解，以便更有效地将地方产品和服务推向国际市场，吸引外资和技术，促进地方经济的全球融合和升级。例如，一个以出口制造业为主的地区，高职英语教育应当强调相关的商务英语技能、国际贸易规则以及跨文化沟通能力，帮助学生为地方企业在国际市场上的竞争和合作提供语言和文化支持。其次，从文化角度考虑，地方特色化的高职英语教育有利于地方文化的传承与创新。在全球化的浪潮中，地方文化面临着消失和同化的威胁。将地方文化元素融入英语教育，不仅可以加深学生对本地文化的认识和自豪感，还可以通过国际交流和合作的机会，将地方文化推广到世界，实现文化的传播和创新。这样的教育策略不仅有助于保护地方文化遗产，还能激发文化创新，为地方经济发展增添独特的文化资源和竞争力。再次，地方特色化的高职英语教育能够优化教育资源配置，更有效地服务于社会。针对地方特定需求定制教育计划，可以避免资源浪费，确保教育投入能直接转化为地方发展的动力。地方教育机构通过深入了解地方产业和文化特点，可以开发出更符合地方需求的课程和教学方法，提高教育的实用性和效率。同时，这种教育模式还能增强学校与地方企业和社区的联系，促进校地合作，共同推动地方经济和社会的发展。最后，地方特色化的高职英语教育还能促进教育公平和多样性。不同地区的经济和文化条件存在差异，地方特色化的教育能够为不同地区的学生提供更加公平的学习机会和资源，帮助他们发挥本地优势，实现个人价值和职业发展。这种教育模式鼓励多样化的教育路径和个性化的学习计划，有助于挖掘和培养各具特色的地方人才。综合来看，高职英语教育的地方特色化是对全球化时代地方经济和文化需求的积极响应。它能够有效地将教育资源与地方发展需求对接，促进经济和文化的全面发展，优化教育体系，实现教育的社会服务功能。因此，地方特色化不仅是高职英语教育未来发展的重要趋势，还是地方可持续发展战略中不可或缺的一部分。

高职英语教育在地方特色化中具有显著优势，首先，地方高职院校对本地经济环境和文化背景有着深刻的理解和洞察。这种深入的本地文化认知，相对于中央等级的高校，会使得地方高职院校在培养英语人才时能够精准识别地方经济的关键领域和需求，定制符合地方特色的教育内容和培养方案。例如，地方高职院校可以根据当地的主导产业或新兴产业的需求，开设特定的地方性高职英语课程，如扎染工艺品外贸专业，强化学生在相关领域的专业知识和实践技能，从而为地方产业培养出具有专业能力和地方市场适应性的英语人才。其次，地方高职院校在促进教育与地方经济发展的紧密结合方面具有优势。地方教育部门与地方企业、政府部门、行业协会的合作较为便捷，更利于地方高职院校能够直接参与到地方经济活动中，获取实时的行业信息和需求，并将这些信息反馈到教育教学中。这种多方联动和实时互动确保了教育内容和培养目标与地方经济发展的实际需求高度一致，能够快速响应地方经济的变化，为地方提供所需的专业人才。再次，地方高职院校在提供实践学习机会方面具有明显的优势。借助地理位置上的便利，地方高职院校可以联系当地企业，为学生提供更多与地方产业相关的实习和实践机会，如企业项目合作、实地考察和社会服务等。这些实践活动不仅有助于学生深化对专业知识的理解和应用，还能够增强学生的职场适应能力和创新思维，为他们毕业后顺利融入地方经济发展提供坚实的基础。最后，地方特色化的教育模式还能够促进文化传承和创新。地方高职院校可以将地方的历史文化、社会习俗和传统价值融入商务英语教学之中，不仅丰富了教学内容，还能够让学生更好地理解和传播本地文化。这种文化的传承和推广，对于提升地方文化的影响力和吸引力、促进文化产业的发展具有重要意义。

需要注意的是，高职英语教育的地方特色化和国际化两种发展趋势并不冲突，二者不仅不矛盾，还相互促进，共同塑造了一种综合型的人才培养模式。其中，国际化趋势强调培养能够在全球舞台上有效沟通和工作的人才。这类人才能够理解国际商务惯例、跨文化交流原则，具备全球经济趋势的洞察力。他们通过自身的国际视野和专业知识，为地方企业开拓国际市场、吸引外国投资、促进技术和知识的全球流动提供支持。国际化人才的培养有助于地方经济与全球市场的接轨，为地方经济的国际化进程注入新的活力。地方特色化趋势则强调培养深刻理解本地经济、文化、社会和市场需求的人才。这些人才不仅具备专业的商务英语技能，还能够根据地方产业发展的特点和需求进行知识和技能的本土化调整与创新。地方性人才能够在促进地方经济发展的同时，保持地方文化和社会特色，实现地方产品和服务的地方化创新，并通过自身的努力将地方特色推广至全球市场。这两种趋势的结合，为地方经济发展提供了全面的人才支持。国际化人才打开了地方经济与全球市场的通道，而地方特色化人才则确保了这种开放不会脱离地方实际，保持了地方经济的独特性和可持续性。通过这种双轨并行的人才培养模式，高职英语教育不仅能够提升学生的国际竞争力，还能保证地方经济的特色和自主性得到发展和强化。因此，高职英语教育的国际化趋势与地方特色化趋势是相辅相成的。国际化为地方经济提供了全球视野和资源，而地方特色化则确保了国际化进程中地方经济和文化的独特性和连续性。这种相互促进的关系使得高职英语教育能够更好地服务于地方经济的国际化与本土化发展，培养出既具国际视野又深植地方根基的综合型人才。

第二章 职业能力培养

第一节 职业能力体系的构成

一、职业能力的概念和内涵

"能力"是指个体在特定环境下运用知识、技能及态度有效地执行任务和解决问题的综合能力。心理学界将"能力"定义为个体在面对环境挑战时的行为适应性和多样性,这一定义强调了能力的情境敏感性和行为表现的可变性。教育学将"能力"解释为个体整合知识和技能,以及运用理解力来高效完成相关任务的能力,这种观点将能力视为一个多方面的构成,包括认知元素(知识和理解力)、技能元素(技能的应用)和情感元素(态度和价值观)。而在管理和职业发展领域,"能力"通常被定义为个体在职业环境中展示的知识、技能、态度和行为的集合。它不仅反映了个体的职业技能和理论知识,还涉及能够基于标准和实际需求有效工作的能力。可以看到,虽然关于"能力"的确切定义不同,但都认为"能力"是一个多维构建的概念,它不仅涵盖了个体的知识和技能,还包括了情感、态度、理解力和判断力等方面,是一种综合性技能,这种技能能够在不同情境中有效地指导个体行为,是个人在特定情境中的应用和适应能力,也是评估教育成果和职业发展的关键指标。

而职业能力由"职业"和"能力"两部分组成,指的是个体在特定职业环境中应用知识和技能并采取一定的态度，有效地完成工作任务和解决问题的综合能力。它涵盖了多个维度，包括专业知识、技能应用、心理特质、思想品质和职业道德等。从性质上看，职业能力是个体内在的心理特征，直接影响其职业活动的成效。这种定义强调了个体在职业环境中展示出来的能力本质和内在素质，突出其对职业绩效的直接作用。从条件的角度出发，职业能力是完成特定职业任务所必需的知识、技能和态度的集合。这一定义强调了在特定职业环境中有效运用知识和技能的重要性，并指出了适宜的态度在职业表现中的作用，体现了职业能力的功能性和目的性。从结构上看，职业能力包含多个能力单元的系统，这些单元涵盖了思想品质、职业道德、身心素质、知识和技能等。此视角下的职业能力强调了其内在的多元性和层次性，认为构成职业能力的各个方面都是完成职业任务不可或缺的组成部分。从过程的角度看，职业能力是一种在特定职业活动中，通过对已有知识和技能的应用、迁移并与个人经验整合而发展形成的稳定综合能力。这种定义突出了职业能力的动态性和发展性，认为职业能力是在实际工作过程中逐渐建构和完善的。综合以上各种角度的阐释可以看到，职业能力不只是简单的知识和技能应用，它是一个复杂的多维构造，涉及个体在职业环境中的知识运用、技能表现、心理调适、品质修养和道德准则，它直接关联到个人的工作表现和职业成就。职业能力的培养和发展是一个持续的、动态的过程，需要个体在实际职业实践中不断学习、适应和进步，这种持续性的进步对于促进个人职业发展和提高职业绩效具有重要的意义。

那么具备何种能力或者职业能力达到何种标准才能符合职业要求呢？这就有了职业能力标准。职业能力标准是对这些能力需求的具体量化和规范化，它提供了一系列明确的评价准则和发展目标，是个体职业成长和发展的指导框架，也是衡量个人工作能力和职业发展能力的标尺，更是指导职业教育和培训的基准。职业能力标准的制订通常基于行业内的共识，旨在确保从业人员具有完成工作所需的基本和高级能力。这些标准详细描述了特定职业所需的技能、知识水平和行为准则，确保个体能够在其职业生涯中达到并维持所需的能力水平。达到这些标准，个体不仅能够确保其工作表现和职业成就，还能够在不断变化的行业环境中保持竞争力。

二、高职教师职业能力体系

我国高等职业教育自开展以来已逾三十年，其间，关于高职教师职业能力的研究和讨论持续深入，特别是在师资队伍建设及教师职业素养与能力方面，已取得显著成就。这些成果不仅来源于国内外的理论研究，还得益于实践经验的积累与反思。高职教师的职业能力是其完成教育教学任务所必需的职业素质与能力的总和，这种能力体系的形成和发展，得到了国家政策的支持和引导。根据《国务院关于印发国家职业教育改革实施方案的通知》，高职教育作为一种独特的教育形式，其师资队伍建设和职业能力提升被赋予了新的要求和目标。高职教师的核心职业能力不仅包括与教学相关的基础技能和知识，还包括与产教融合、校企合作等相关的专业实践能力。在此背景下，高职教师核心职业能力的内涵逐渐丰富，已经从单一的教学技能扩展到包括师德、职业道德、教学设计与研究、教学组织与实施、教学资源开发、科研能力、校企合作、产教融合、专业实践能力、职业规划与团队合作等的多维度能力。这些能力的提升，旨在使高职教师能够更好地适应职业教育的特点和需求，促进学生的全面发展，并引领职业教育的创新与进步。概括来说，高职教师职业能力体系包括基本职业能力、关键职业能力、专属职业能力三方面，如图 2-1 所示。

基本职业能力　　关键职业能力　　专属职业能力

图 2-1　高职教师职业能力体系

（一）基本职业能力

基本职业能力是高职教师在日常教育教学活动中必须具备的基础核心能力，它涉及教育教学理论的掌握、专业知识的运用、教学设计与实施，以及师德师风的塑造等多个方面。对于高职英语专业教师而言，基本职业能力的培养尤为重要，因为它直接影响到教学质量和学生的学习效果。首先，高职英语专业教师需要具备扎实的语言学习理论和英语教学方法的知识。这不仅包括传统的语言教学理论，如交际语言教学法、任务型语言教学法等，还包括数字化教学技术的应用，如在线学习管理系统、互动式白板使用等。这些理论和技术的掌握使教师能够根据不同学习者的需要和学习情境设计有效的教学活动。其次，专业知识的深厚积累对于高职英语专业教师而言至关重要。这包括广泛的英语语言知识（如语法、词汇、发音等），以及文化、文学、翻译、商务英语等相关领域的知识。教师的专业知识不仅应在教学中传授给学生，还应能够指导学生进行实践活动，如角色扮演、情景对话、商务谈判模拟等，以增强学生的实际应用能力。再次，在教学设计与实施方面，高职英语专业教师应能够根据教学目标和学生特点，设计包括课程目标、教学内容、教学方法、评价方式等在内的教学计划。教师应具有将理论知识与实际应用相结合的能力，通过灵活多样的教学活动，激发学生的学习兴趣和动机，培养其自主学习和批判性思维能力。最后，师德师风的建设是高职英语专业教师基本职业能力的重要组成部分。教师应以身作则，展现出高尚的职业道德和正直的品格，尊重学生、公正评价、维护教学秩序，为学生树立良好的榜样。此外，高职英语专业教师还应具备较强的跨文化交际能力，能够在教学中有效地传达不同文化背景的知识和理解，帮助学生构建全球视野。总之，基本职业能力对于高职英语专业教师来说是其职业生涯的基石，要求教师在专业知识、教学技能、师德建设等方面都达到一定的水平。通过不断学习和实践，高职英语专业教师可以不断提升自己的基本职业能力，更好地适应职业教育的需求，有效地促进学生的全面发展。

（二）关键职业能力

关键职业能力是高职教师在其教育教学活动中所需展现的高级能力，它要求高职教师在基本职业能力的基础上，具有教学创新能力、科研能力、产教融合实践能力以及团队合作和职业发展规划能力。这些能力对于教师个人的职业发展和高职教育质量的提升都至关重要。首先，关键职业能力要求高职教师能够进行深入的教学研究和创新。这意味着教师不仅要掌握现有的教学理论和方法，还要根据教育实践的变化和学生的需求，不断探索和实验新的教学策略和技术。例如，高职英语教师可以结合信息技术工具，如在线教育平台、多媒体教学软件等，开发新的互动教学模式，以提高学生的学习积极性和效果。此外，高职教师应具备能够独立设计和实施教学研究项目的能力，通过系统的调查研究和实验，分析教学过程中的问题，评估教学策略的有效性，从而不断优化教学内容和方法。其次，关键职业能力强调高职教师的科研能力。高职教育强调理论与实践的结合，因此教师的科研能力不仅关乎学术研究，还涉及将研究成果转化为实践指导和教学内容的能力。高职教师应积极参与或主导相关领域的科研项目，通过科学研究探索行业发展趋势，将最新的行业知识和技术应用于教学实践中，从而提高教学的时效性和前瞻性。再次，产教融合是高职教育的显著特征，关键职业能力要求高职教师能够有效实施校企合作和产教融合项目。这不仅需要高职教师具备行业的专业知识和技能，还要求其能够建立和维护与企业的合作关系，了解行业需求和标准，将企业实践、项目经验和案例引入课堂教学中。通过这种方式，高职教师能够为学生提供更加真实的学习环境和实践机会，使学生的技能训练更加贴合行业需求，增强其就业竞争力。最后，关键职业能力还包括高职教师的团队合作和职业发展规划能力。在高职教育的背景下，教师往往需要与同事、行业专家和企业人员协作，共同开展教学和科研活动。因此，高职教师应具有良好的团队协作精神和沟通协调能力，能够在团队中发挥积极作用，共同推进教育教学项目的成功实施。同时，教师还应关注个人职业发展，通过终身学习和职业规划，不断提升自己的专业水平和职业能力。综上所述，关键职业能力是高职教师在专业领域内实现教学创新、科研成果转化、产教融合实践和团队合作的高级能力。这些能力的培养和发展对于提高教师个人的职业素养、促进学生的全面成长，以及推动高职教育整体质量的提升都具有重要意义。

（三）专属职业能力

专属职业能力对高职英语教师而言，应当体现在其能力的独特性和针对性上，这些能力使他们能够有效地适应和满足特定行业领域的英语应用需求。专属职业能力应深入行业的核心，是指教师能够根据特定行业的实际情况和需求，设计和实施具体的教学策略和活动。在专属职业能力的构建上，高职英语教师需要具备以下几个方面的深度能力：第一，行业深度知识与应用。高职英语教师需要超越通用英语教学，深入掌握特定行业的术语、工作流程、文化和实际需求。例如，如果教师专注于航空英语教学，他们需要了解航空行业的基本知识，包括航空术语、空中交通控制、机组沟通等，以便将这些专业知识融入英语教学中，提供真实的行业语境。第二，定制化教学材料与方法。专属职业能力要求教师能够根据特定行业的需求定制教学材料和教学方法。这不仅要求教师具有高度的创新能力，还需要他们能够结合行业特点进行教学内容的选取和设计。例如，在教授酒店管理英语时，高职英语教师应能够设计出符合酒店行业实际操作的教学案例和模拟活动，如前台接待的英语对话练习、客户投诉处理的角色扮演等。第三，实践与实际工作的结合。高职英语教师的专属职业能力还应体现在实践上。教师应能够组织学生参与真实的工作场景模拟，或与企业合作，为学生提供实习和实训机会。这种能力不仅能够帮助学生将英语知识应用于实际工作中，还能够增强学生的职业身份认同和工作技能。

三、学生职业能力体系

学生职业能力体系是高职教育中至关重要的组成部分，包括职业知识、职业技能与职业品质三个方面,如图 2-2 所示。这些元素共同构成了学生全面发展的基础,不仅为其职业生涯奠定了坚实的基础,也对其个人成长和社会贡献产生深远影响。

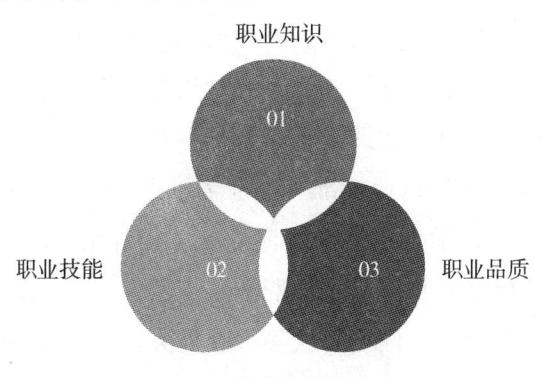

图 2-2 学生职业能力体系

(一)职业知识

高职教育着重培养学生的职业能力,其中职业知识的掌握是关键。职业知识体系分为基本知识和专业知识两大板块,旨在为学生的职业发展和实践工作提供坚实的理论基础和技能支持。

基本知识作为职业知识体系的底层框架,对于高职学生来说,具有至关重要的作用。这部分内容不仅涵盖了数学、物理等基础科学领域,还包括语言运用、信息技术、经济学、管理学等多个方面。这些知识为学生日后的专业学习奠定了坚实的基础。例如,良好的数学和物理知识能够帮助技术类专业的学生更好地理解机械原理和电子工程;而扎实的语言能力则对于商务、管理等专业的学生进行国际交流、撰写商业报告等具有重要意义。此外,信息技术知识在当今数字化时代对于任何职业领域都是不可或缺的,能够有效提高工作效率和质量。基本知识的掌握还促使学生发展批判性思维,能够对所学的专业知识进行深入分析和综合运用。在实际教学过程中,高职教师应通过集成教学、案例分析等方式强化这些基本知识的教学,使其不仅仅停留在书本上,而是能够与实际问题相结合,提高学生的应用和创新能力。

专业知识是职业知识体系中更为核心的部分，直接关联到学生未来的职业生涯。专业知识的学习不仅要求学生掌握理论，还要注重实践能力的培养。以工程类专业为例，学生不仅需要学习机械设计原理，还要通过参与实际的项目设计、机械加工和测试，来深化对知识的理解和应用。在会计专业中，学生除了要学习会计理论知识，还要通过模拟公司的财务管理、税务筹划等实践活动，来提高自己的职业技能。高职教育中的专业知识学习应与行业标准和企业需求紧密结合，通过校企合作、实习实训等方式，让学生在真实或模拟的工作环境中学习和应用知识。这种教育模式不仅能够增强学生的职业适应性和专业技能，还能够培养其团队协作、项目管理、问题解决等综合能力。随着技术的发展和市场的变化，专业知识的内容也应不断更新和优化，以适应新的职业要求，保证学生的知识和技能能够与时俱进。

高职教育在职业知识体系的构建上，强调理论与实践的结合。教育过程中学生不仅要学到知识，还要通过实训、项目驱动教学等方式，能够将所学知识应用于实际工作中，提高其解决实际问题的能力。此外，随着技术的发展和行业需求的变化，职业知识体系也需要不断更新，以适应新的职业要求和技术标准。综上所述，高职学生应掌握的职业知识体系，既包括为各类职业领域提供基础支撑的通用基础知识，也包括具有强烈行业特色和应用导向的专业知识。这一体系的建立旨在培养学生的职业适应性、专业技能和持续学习能力，为其未来的职业生涯奠定坚实的基础。

（二）职业技能

职业技能是职业能力体系的组成部分，技能不同于能力，能力更侧重于个体的内在潜力和稳定性，是一种稳定的个性心理特征，它代表了一个人在特定领域或任务上的潜在表现。举例来说，领导能力可以理解为一个人在组织和激励团队方面的内在潜能，而这种潜能并不直接等同于具体的领导行为或技能。技能则更加关注于具体行为方式和操作能力。

它是能力在实际行动中的具体表现,是个体通过训练、学习和实践获得的具体能力。以领导技能为例,这包括了如何有效地沟通、如何制订目标和计划、如何处理冲突等具体行为。虽然能力和技能有明显的区别,但它们之间又存在着紧密的联系。个体的能力为他们学习和掌握技能提供了内在条件和可能性。一位具备较强领导能力的人,在学习领导技能时可能会更加迅速和高效。反过来,技能的掌握又是能力发展的表现和推动力。通过实际运用和不断训练技能,个体可以进一步完善和发展自己的能力,实现个人发展的更高水平。能力与技能相辅相成,能力为技能的发展提供了基础,而技能的掌握又反过来促进能力的进一步提升。因此,在教育和培训中需要综合考虑个体的能力和技能,通过合适的方法和策略,促进其全面发展和提高综合素质。

高职学生应掌握的职业能力体系包含多个方面,如终身学习能力、沟通表达能力、职业规划与发展能力、技术应用能力、适应与转换能力以及创新与竞争能力、实践操作能力等。

其中,终身学习能力是指个体持续获取新知识、新技能的能力,以适应不断变化的工作和生活环境。高职学生需要具备主动学习、自我驱动的精神,能够通过各种渠道和方法不断地更新自己的知识库。这不仅包括专业领域的学习,还涉及跨领域的知识拓展。终身学习能力的培养可以通过设置跨学科课程、鼓励参与在线开放课程、实施项目式学习等方式实现。

沟通表达能力涉及清晰、有效地将思想、信息和情感传达给他人的能力。这包括书面和口头沟通,也涵盖非语言沟通如肢体语言和视觉表达。高职学生应能够在不同的沟通场合和文化背景下,有效地进行信息交流和意见表达。团队合作项目、公共演讲训练和多媒体表达课程等,可以增强学生的沟通表达能力。

职业规划与发展能力指个体理解自我、设定职业目标、规划职业路径的能力。高职学生需要识别自己的兴趣、价值观和能力,结合职业市场的需求,制订个人职业发展规划。职业指导课程、职业生涯规划研讨会、实习实践活动等，可以促进学生的职业规划与发展能力的提升。

技术应用能力是指运用专业知识和技术解决实际问题的能力。这不仅包括具体的操作技能，还包括应用理论知识分析和解决问题的能力。高职学生应通过实验室操作、工作场景模拟、企业实习等方式，将理论知识转化为实践技能。

适应与转换能力指个体适应新环境、新角色的能力，以及在变化中寻找新机会的能力。在职业生涯中，面对行业变化、技术更新或职位调整，高职学生需具备快速适应和灵活转换的能力。跨专业学习、多岗位实习、案例分析等教育方法，可以增强学生的适应与转换能力。

创新与竞争能力是指创造新思想、新方法，并在竞争中突显个人或团队优势的能力。创新不仅包括发明新产品，还包括改进工作流程、优化解决方案等。高职教育应鼓励学生的创新思维，提供实验室研究、项目开发、创业指导等平台，培养学生的创新精神和竞争能力。

实践操作能力在高职学生职业技能体系中占据了极其重要的位置。这种能力强调学生能够将所学的理论知识转化为实际的操作技能，同时在实践过程中发展问题识别和解决问题的能力。在高职教育中，实践操作能力的培养不仅限于对专业设备的操作熟练度，更涵盖了如何在真实工作环境中应用这些技能，如何面对和解决实际工作中遇到的问题。高职学生通过参与实验、实训、实习等活动，能够在实际操作中深化对专业知识的理解和应用。例如，在工程专业中，通过实际操作机械设备和参与工程项目，学生可以将理论知识与实际操作技能结合起来，从而更好地理解机械原理和工程技术。在商业管理专业中，通过参与市场调研、企业管理实践，学生能够理解管理理论在实际工作中的应用，提高解决商业问题的能力。实践操作能力的培养还需要学生具备良好的问题解决能力，这包括识别问题、分析问题、制订解决方案和实施方案的能力。在实际操作过程中，学生可能会遇到各种预期和非预期的问题，如何快速有效地解决这些问题，需要学生运用所学知识和技能进行综合分析和应对。此外，实践操作能力的培养还促进了学生的创新能力和团队协作能力。在解决实际问题的过程中，学生需要创造性地思考，提出新的解决方案，这有助于培养学生的创新意识和创新能力。同时，大多数实践操作活动都需要团队合作，通过与他人的协作，学生能够提高自己的沟通能力和团队协作能力。高职学生的职业技能体系不仅要求学生具备专业技能，还要求他们能够在职业生涯中持续发展、有效沟通、灵活适应并创新求变。这要求高职院校提供多样化的教学方法和实践机会，以培养学生面对复杂职场挑战的综合能力。通过实践操作、理论学习与职场技能的融合，高职学生能够在未来的工作中发挥自己的潜力，实现职业生涯的成功和个人发展的完善。

从以上论述可以看到，高职学生的职业技能体系不仅要求学生具备专业技能，还要求他们能够在职业生涯中持续发展、有效沟通、灵活适应并创新求变。这要求高职院校提供多样化的教学方法和实践机会，以培养学生面对复杂职场挑战的综合能力。通过实践操作、理论学习与职场技能的融合，高职学生能够在未来的工作中发挥自己的潜力，实现职业生涯的成功和个人发展的完善。

（三）职业品质

高职学生应掌握的职业品质体系包括职业道德、职业行为和职业价值三个核心方面，这些品质不仅是个人职业发展的基石，也是社会和谐与进步的重要保障。

职业道德是职业品质体系的基础，涉及个人在职业活动中应遵循的伦理规范和道德标准。遵纪守法是职业道德的基本要求，高职学生应严格遵守国家法律法规，确保职业行为合法合规。具备强烈的社会责任感也是职业道德的重要组成部分，这意味着高职学生应关注社会福祉，积极参与社会公益活动，对社会负责，对他人负责。此外，终身学习的理念也是职业道德的体现，指的是持续更新自己的知识和技能，不断提升自我，以适应社会的变化和职业发展的需求。

职业行为涉及个人在职业环境中的行为表现和工作态度。这包括诚信正直、尊重他人、合作共赢等行为准则。高职学生应展现出高度的专业性和敬业精神，诚实守信，不欺骗、不隐瞒、不利用职务之便进行不正当行为。尊重他人则体现在平等对待同事和客户，尊重他人的意见和文化差异，营造和谐的工作氛围。合作共赢强调的是团队合作的重要性，高职学生应学会在团队中发挥自己的作用，与他人共同努力，实现团队目标。

职业价值体现了个人对职业的认识和追求，是职业生涯发展的动力源泉。高职学生应树立正确的职业价值观，明确个人的职业目标与社会需求之间的关系，在追求职业发展的同时，为社会做出贡献。这包括对工作的热爱、追求卓越、持续进步和对社会有所贡献。高职学生应认识到，个人的职业发展不仅是为了实现个人价值，还应为社会的发展做出贡献。

良好的职业品质对于高职院校大学生来说至关重要，它不仅能帮助他们在职业生涯中取得成功，还能促进社会的和谐与进步。高职院校应在培养学生的专业技能的同时，加强职业品质教育，通过课堂教学、案例分析、角色扮演、社会实践等多种方式，帮助学生深刻理解职业道德、职业行为和职业价值的重要性。通过这样的教育和训练，高职学生可以逐步形成稳固的职业品质，为其未来的职业生涯和个人发展奠定坚实的基础。

第二节 职业能力培养的影响因素

职业能力培养是一个多维度、复合性的过程，受到多种因素的影响，如图 2-3 所示。从教师的专业素养和教学策略到学校的教育资源配置，从学生自身的态度和能力到家庭的支持和期望，再到政府的政策导向和社会环境构建，每个维度和层面都在职业发展的轨迹中发挥着独特的作用，深入探讨这些因素，有助于理解职业能力培养的全貌和动态性，为优化职业教育实践提供参考。

第二章 职业能力培养

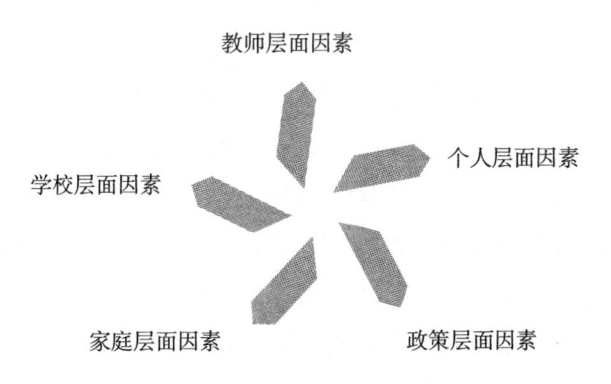

图 2-3 职业能力培养的影响因素

一、教师层面因素

在高职教育中，教师层面因素对学生职业能力培养的影响是多维度和深远的。教师不仅是知识的传递者，还是培养学生职业素养和技能的关键因素。

第一，教师的专业素养是塑造学生职业能力的重要基石。教师的专业知识和技能不仅决定了教学内容的丰富度和深度，还直接关系到学生能否获得行业认可的技能和知识。高职教师的专业素养包括对专业领域的深入理解、对行业动态的敏锐洞察以及持续的专业发展。具有丰富知识和实践经验的教师如果能够紧跟行业最新发展，他们的教学就能够更加贴近实际工作的需求，确保学生学到的知识是当前和未来职场实际需求的，从而帮助学生构建实用性强的知识体系，提升学生的就业竞争力。同时，教师自身的研究和实践活动能为学生提供学习的典范和灵感来源，增强学生的学习兴趣和研究热情。如果教师不能跟上行业发展的步伐，那么学生可能会学到过时的知识和技能，影响他们的职业竞争力。因此，教师的专业素养不仅影响教学质量和学生的知识技能水平，还对学生的职业观念和学习态度产生深远影响。

第二，教师的教学方法和策略对学生的职业能力培养至关重要。教师的教学方法选择和应用不仅影响学生理论知识的掌握，还影响他们将理论应用于实践的能力。有效的教学方法能够激发学生的学习兴趣，提高学习效率，并促进学生批判性思维和问题解决能力的发展。有经验的教师会运用多样化的教学手段，如案例分析、小组讨论、模拟实训、项目导向学习等，来增强教学的互动性和实践性。这样的教学方式不仅帮助学生理解复杂的专业概念，还能培养他们将理论知识应用于实际情境的能力。同时，教师需要根据学生的反馈和学习效果，不断调整教学策略，以确保教学内容既符合学生的学习需要，也符合行业的实际要求。通过这种动态的教学过程，学生可以在实践中学习和成长，从而更好地为未来的职业生涯做准备。教师的创新教学方法也能够培养学生的创新思维和自主学习能力，进一步增强其职业适应性和发展潜力。

第三，教师的职业态度和行为模式可以为学生树立职业行为榜样。教师作为职业行为的典范，其专业操守、责任感和对待工作的热情能够在无形中影响学生的职业价值观和行为规范。当教师展现出高度的责任心、积极的职业态度、正面的工作热情和敬业精神时，学生更容易培养对所学专业的尊重和热爱，形成正面的职业态度，在潜移默化中塑造学生的职业道德和行为规范，这对学生未来职业生涯影响深远。此外，教师在日常教学和互动中展现的诚信、公平和尊重，可以帮助学生建立正确的人际交往观念和团队合作意识。教师的言传身教对于学生形成良好的职业道德标准至关重要。例如，教师对待知识的严谨态度，对待学生的公正无私，对待工作的热情投入，都能够潜移默化地教育学生，形成积极向上的职业品格。教师应当意识到自己在学生心目中的示范作用，通过自己的行为和态度来积极引导学生，培养其良好的职业习惯和品质。

第四，教师与学生的互动关系是影响职业能力培养的又一重要方面。积极健康的师生互动关系能够创造良好的学习氛围，增强学生的学习动力和参与感，促进学生对于教学内容的理解和吸收，激发学生的学习兴趣和主动性，促进知识的深入理解和技能的有效掌握。通过定期的沟通和反馈，教师可以及时了解学生的学习进展、认知障碍和个性需求，从而提供更为精准的教学指导和支持。此外，良好的互动关系还能够增强学生的信心和归属感，使其更加积极地参与到学习和实践中来。教师应该鼓励学生表达自己的观点和想法，开展积极的讨论和交流，这样不仅能够丰富教学内容，还能培养学生的批判性思维和独立解决问题的能力。在这样的教育环境中，学生能够在互动和合作中不断成长，为其未来的职业生涯奠定坚实的基础。

第五，教师对学生个体差异的认识和适应能力是实现教育公平和提高教学效果的关键。每个学生都有其独特的学习风格、兴趣点和职业倾向、职业规划，教师能够准确识别这些差异，并采取相应的教学策略，是提升教育质量的重要条件。个性化的教学方法，可以更好地满足学生的个性化需求，促进其全面发展。例如，对于实践能力强的学生，教师可以提供更多的实践操作机会；对于理论学习能力强的学生，则可以加强理论探讨和研究。此外，教师应关注学生的情感和心理状态，提供必要的支持和指导，帮助他们克服学习过程中的困难。教师的这种个性化关注和支持不仅能够提高学生的学习动力和效率，还能够增强学生的自信心和自主能力，帮助每个学生发挥最大潜能，为其未来的职业生涯和社会生活打下坚实的基础。

二、学校层面因素

学校层面对学生职业能力培养的影响体现在多个方面，包括课程设置、学习环境、实践设施、师资力量以及校企合作等。

第一，课程设置是学校层面影响学生职业能力培养的重要因素。课程内容应与行业需求紧密结合，不仅覆盖理论知识，还应包括实践技能的培养。高职院校需要定期更新课程设置，引入新的技术和知识，以适应快速变化的职业市场和技术发展。例如，随着信息技术和人工智能的发展，相关的编程语言、数据分析和机器学习等课程应成为课程体系的一部分。此外，课程的设计应考虑到学生的职业发展需求，提供足够的选修课程和方向选择，以满足不同学生的个性化发展。课程设置的适时性、前瞻性和灵活性直接影响学生能否获得必要的职业技能和知识，从而影响他们的职业发展。

第二，学习环境的营造对于学生职业能力的培养也至关重要。一个良好的学习环境不仅包括物理空间的舒适性和功能性，还包括学习氛围的积极性和开放性。学校应提供一个支持性的学习环境，鼓励学生进行探索和创新。这包括提供充足的学习资源，如图书馆、实验室和研究中心，以及鼓励知识共享和学术讨论的文化氛围。学校还应鼓励学生参与各种学术活动、社团活动和竞赛项目，通过这些平台提升学生的职业技能和团队合作能力。学习环境的支持性和开放性能够激发学生的学习积极性和创新精神，为其职业能力的发展提供良好的土壤。

第三，实践设施的完善是影响学生职业技能培养的又一关键因素。高职教育强调理论与实践的结合，因此，学校需要提供充足的实践设施，如实验室、训练车间、模拟公司等，以便学生能够将所学理论知识应用于实际操作中。这些实践设施应配备先进的设备和工具，模拟真实的工作环境，使学生能在学习过程中体验实际工作情境，提升他们的实操能力和问题解决能力。此外，实践设施的开放性和可接触性也非常重要，学生应有充足的机会和时间使用这些设施进行自主学习和实践探索。实践设施的完善不仅能够提高学生的职业技能，还能够提高学生对专业的兴趣和职业的认同感。

第四，师资力量是学校层面影响学生职业能力培养的重要因素。高素质的教师队伍不仅需要具备扎实的专业知识和丰富的教学经验，还应具有一定的行业背景和实践经验。这样的教师能够更好地理解行业的最新发展和工作需求，将这些知识和经验融入教学，提高教学的实践性和前瞻性。学校应重视教师的职业发展和继续教育，鼓励教师参与行业培训、学术研讨和教学研究活动，以保持其专业知识和教学方法的更新。同时，学校应积极引进具有行业经验的专业人士担任兼职教师或讲师，通过他们的经验分享和案例教学，为学生提供更多的职业视角和实践指导。高质量的师资队伍能够为学生提供丰富多元的学习资源，促进学生综合素质的提升和职业能力的发展。

第五，校企合作是学校层面上影响学生职业能力培养的另一关键因素。通过与企业和行业的紧密合作，学校能够直接对接职业需求，使教育内容和职业实践紧密结合。校企合作模式可以包括联合培养项目、实习实训基地的建设、企业导师计划，以及企业参与课程开发等多种形式。这种合作不仅为学生提供了实际工作经验，还有助于学生理解行业文化、工作流程和职业道德，使学生在学习期间就能够逐步适应未来的职业环境。同时，校企合作为学校提供了反馈，帮助学校调整和优化教学内容和方法，确保教育的实用性和时效性。此外，企业可以直接参与学生的技能培训和评价过程，为学生提供更具针对性和实用性的职业指导和建议。这样的合作关系有助于缩短学生从学校到职场的过渡期，提高其职业适应能力和就业竞争力。

三、家庭层面因素

家庭层面因素对高职学生的职业能力培养具有重要的影响，这主要体现在家庭教育、家庭环境、家庭支持和家庭期望等方面。

第一，家庭教育对于形成学生的职业观念和价值观具有基础性作用。家长的教育理念、职业态度以及对待工作的方式都会对子女产生深远影响。家庭中的职业教育不仅包括直接的职业指导和建议，更重要的是通过家长的榜样作用，培养学生的责任感、独立性和解决问题的能力。如果家庭教育能够注重培养学生的自我认识、职业规划和职业适应能力，那么学生在面对职业选择和职业发展时就会更加自信和有目标。

第二，家庭环境对学生的心态和行为模式也有着重要影响。和谐的家庭环境能够为学生提供稳定的情感支持和良好的学习氛围，有助于学生形成积极的生活态度和良好的学习习惯。相反，紧张的家庭关系和不和谐的家庭氛围可能会导致学生情绪不稳定，分散学习注意力，从而影响职业能力的培养。因此，营造一个支持性、鼓励性和开放性的家庭环境，对于激励学生追求职业发展和个人成长至关重要。家庭支持是学生职业能力培养的又一重要因素。家庭的经济支持、情感支持和资源支持能够极大地影响学生的职业发展。

第三，经济支持可以为学生提供更多的学习和发展机会，如参加职业培训、购买专业书籍或参与行业交流活动。情感支持，包括家人的理解、鼓励和关心，可以帮助学生克服学习和职业发展中遇到的困难，增强其自信心和毅力。此外，家庭提供的资源支持，如行业网络和职业信息，也能够帮助学生更好地了解职业世界，为其职业规划提供有益的参考。

最后，家庭对学生的职业期望会影响学生的职业选择和发展方向。家庭的期望和态度往往会成为学生职业决策的重要参考，家庭对特定职业的积极态度和期望可以激励学生向该方向发展。然而，过高的期望或不切实际的要求也可能给学生带来压力，影响其职业选择的自主性和职业发展的健康性。因此，家庭应该在鼓励和支持的基础上，尊重学生的个人兴趣和职业规划，帮助他们建立正确的职业观和实现个人发展目标。

四、政府层面因素

政府在高职学生职业能力培养中扮演着决定性的角色，其影响主要体现在教育政策、资金投入、行业标准、就业政策以及社会文化环境等方面。

第一，教育政策是政府层面影响职业能力培养的重要因素。政府制订的教育政策直接决定了职业教育的方向、重点和质量标准。例如，政府通过制订教育发展规划、职业教育标准和课程指导方针，可以指导高职院校的课程设置和教学活动，确保教育内容与职业市场的需求相匹配。政府还会通过认证和评估机制来保证教育质量，推动教育体系的持续改进和优化。通过这些政策和措施，政府能够对高职教育的发展方向和教学质量进行有效的引导和监管。

第二，资金投入是政府层面另一个重要的影响因素。高职教育的发展需要充足的资金支持，用于建设教学设施、购置教学设备、提升师资力量以及开展科研活动。政府的财政投入对于保障高职院校的基础设施建设、实验室建设和教学资源的更新具有重要意义。此外，政府可以通过设立专项基金、提供奖学金和助学金等方式，支持学生的学习和研究活动，降低学生的经济负担，提高教育的可及性和公平性。

第三，行业标准和职业资格认证是政府层面影响职业能力培养的又一重要方面。政府通过制订行业标准和职业资格认证体系，为职业教育提供了具体的职业技能标准和评价标准。这些标准和认证体系帮助高职院校明确教育和培训的目标，也为学生提供了明确的职业发展路径和技能提升目标。通过参与职业资格认证，学生不仅能够获得官方认可的职业技能证书，还能够提升自己的职业竞争力和市场价值。

第四，就业政策也是政府层面对职业能力培养影响的重要因素。政府通过就业政策和措施，如就业服务、职业指导、创业支持和就业补贴等，可以促进高职毕业生的就业和职业发展。这些政策和措施不仅为学生提供了更多的就业机会和职业发展平台，还有助于学生将所学知识和技能转化为实际工作能力，实现职业生涯的顺利起步和持续发展。

第五，社会文化环境是政府层面影响职业能力培养的一个重要维度。政府通过宣传和倡导，可以形成尊重职业教育、重视技能培养的社会文化氛围。一个积极的社会文化环境能够激发个人对职业技能学习的兴趣和热情，提升社会对职业教育的认可度和支持度。政府可以通过媒体宣传、公共活动和政策倡议，强化社会对技术技能重要性的认识，提高职业教育的社会地位和吸引力。此外，政府还能通过建立行业与教育部门之间的桥梁，促进产教融合，增强教育与经济发展的联系。这种积极的社会文化环境不仅有利于培养学生的职业自豪感和职业身份，还能够促进职业教育资源的集聚和优化，进一步提升职业教育的效果和质量。

综上所述，政府层面通过教育政策的制订、资金的投入、行业标准的建立、就业政策的支持以及社会文化环境的营造等多方面因素，对高职学生的职业能力培养产生深刻影响。这些因素相互作用，共同构建了一个支持高职教育发展的宏观环境，为学生职业能力的培养提供了必要的条件和支持。因此，政府在推动职业教育发展和提升学生职业能力方面扮演着至关重要的角色。

五、个人层面因素

在职业能力培养的个人层面,影响因素复杂且多样,包括个人的兴趣与动机、学习态度、自我效能感、心理素质、经历背景等方面。

第一,个人的兴趣与动机是职业能力培养的关键驱动力。兴趣可以激发个人的学习热情,使其在学习和工作中保持积极主动的态度,而内在的职业动机能够支持个人持续地追求专业成长和技能提升。具有强烈职业兴趣和明确职业目标的学生更有可能投入职业学习,主动寻求提升职业技能的机会,面对学习挑战时也更具韧性和毅力。因此,个人需要对自己的兴趣和职业目标有清晰的认识,通过自我探索和职业规划,明确自己的职业方向和发展路径。

第二,学习态度对于职业能力的培养至关重要。积极的学习态度能够促进个人更有效地吸收和掌握新知识,积极参与学习活动,对待学习持续保持好奇心和探索精神。学生的学习态度不仅影响学习效率,还决定了他们面对学习困难和挫折时的应对方式。具备积极学习态度的学生更能够从失败中吸取教训,调整学习策略,持续提高自身能力。

第三,自我效能感,即个人对自己完成特定任务的能力的信念,也是影响职业能力培养的关键因素。高自我效能感的学生相信自己能够通过努力掌握必要的职业技能和知识,成功实现职业目标。这种信念能够驱使他们在面对挑战和困难时坚持和努力,积极寻求解决问题的方法。自我效能感的强弱会影响个人的学习动力、目标设定和成就追求,进而影响职业能力的发展。

第四,心理素质也是职业能力培养中不可忽视的个人层面因素。良好的心理素质包括情绪稳定性、抗压能力、适应能力和人际交往能力等。职业生涯中充满了不确定性和压力,个人需要具备稳定的情绪和较强的抗压能力,以适应职业变化和解决工作中的问题。此外,适应能力和人际交往能力也对职业成功至关重要,能够帮助个人有效地融入工作环境,建立良好的职业关系。

第二章　职业能力培养

第五，经历背景包括个人的教育背景、家庭环境、社会经验等，也在个人职业能力培养中起着重要作用。这些经历为个人的职业发展提供了基础，影响了他们的价值观、职业观和世界观。教育背景决定了个人掌握的基础知识和技能水平，对其职业能力的形成有直接影响。家庭环境和社会经验则深刻塑造个人的性格特征、社交能力和对职业的认知。那些来自教育氛围浓厚、文化资本丰富的家庭的学生，往往更容易获得职业发展所需的资源和支持，更早地形成职业规划和职业目标。社会经验，包括个人参与的社会实践活动、兼职工作经历以及社交网络的建立等，都能够提供实际的职业环境体验和职业技能学习的机会，有助于个人职业能力的提升。此外，个人的学习策略和自我管理能力也对职业能力培养具有重要影响。有效的学习策略可以帮助个人更好地组织和消化所学知识，提高学习效率。例如，时间管理技能、目标设定技能、信息处理技能等，都是学习过程中不可或缺的技能。个人如何管理自己的学习过程、设定合理的学习目标以及如何有效利用资源，都直接影响学习成效和职业技能的积累。

第六，个人的创新能力和终身学习意识也是职业能力培养中的关键个人因素。在快速变化的职业环境中，个人需要不断创新和学习，以适应新的职业要求和技术发展。创新能力不仅涉及解决问题的新方法和思路，还包括对新知识的接纳和应用能力。终身学习意识则体现了个人对知识更新和个人发展的持续追求，这种意识能够促使个人在整个职业生涯中不断学习和进步，提升职业竞争力。

第三节　职业能力培养的原则

职业能力培养需要遵循一定的原则，这些原则归纳来说，包括实践导向原则、合作共赢原则、学生中心原则以及创新发展原则，如图2-4所示。这些原则共同构成了培养学生职业能力的框架，遵循这些原则，可以为他们未来的职业生涯奠定坚实的基础。

实践导向原则　　合作共赢原则　　学生中心原则　　创新发展原则

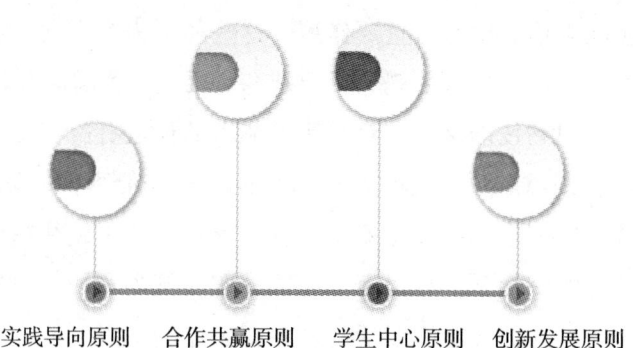

图 2-4　职业能力培养的原则

一、实践导向原则

实践导向原则是高职教育中一个核心的指导原则，它强调将教育内容和教学活动紧密结合实际工作场景和行业实践，以提升学生的职业技能和实际操作能力。这一原则的核心是"学以致用"，即教育培训不仅是理论知识的传授，还要使学生能够将所学知识和技能应用于实际工作中，解决实际问题。实践导向原则也体现了职业教育的根本目的：为社会培养具备实际操作能力和解决实际问题能力的技术技能人才。未来社会需要的是能将理论知识与实践技能紧密结合的人才，遵循这一原则，确保学生在学习过程中能够将理论知识转化为实际操作技能，可以满足社会及行业对专业技能人才的实际需求。

实践导向原则的重要性首先体现在其能够保证教育内容与职业实践的紧密对接上。在快速变化的社会和经济环境中，职业技能的需求也在不断变化，高职教育需要及时调整和更新教学内容，以适应新的技术和行业发展趋势。实践导向的教学模式促使教育机构与企业和行业保持紧密的联系，使教育内容不仅停留在理论层面，还紧贴实际工作需求，增强学生的职业技能和实践能力。此外，实践导向原则对提升学生的学习效果和理解深度具有重要作用。通过实际操作和实践活动，学生可以直观地体验和理解理论知识，将抽象的概念和公式转换为具体的技能和操作过程。这种实践过程有助于学生更好地掌握专业知识，培养解决实际问题的能力。同时，实践活动中的问题发现和问题解决过程能激发学生的创新思维和批判性思维，促进其综合素质的提高。

实践导向原则还强调教育的全人发展目标。除了专业技能的培养，实践活动还为学生提供了发展个人潜能和兴趣的机会。在实践过程中，学生可以接触不同的人和环境，通过团队合作和项目管理等活动，培养沟通协作能力、组织管理能力和领导力。这些软技能的培养对学生未来的职业生涯和个人发展同样重要。进一步而言，实践导向原则对于建立校企合作和产教融合的教育模式具有推动作用。通过与企业和行业的合作，学校能够引入真实的工作项目和案例，为学生提供实践学习的平台和资源。这种合作不仅能够让学生在学习过程中接触最新的行业知识和技术，还能够帮助学生建立职业网络，为其未来的就业和职业发展打下坚实的基础。同时，企业参与教育过程可以帮助学校更好地了解行业需求，优化教育计划和内容，提高教育质量。

综合来看，实践导向原则在高职教育中的应用不仅能够促进学生专业技能的提升和职业素养的培养，还能够促进教育内容的实用化和前瞻化，提高教育的整体效果和质量。通过实施实践导向的教学策略和活动，高职教育可以更好地满足社会和行业的需求，为学生的职业发展和终身学习奠定坚实的基础。

二、合作共赢原则

合作共赢原则是高职教育培养职业能力中的重要原则，它强调通过校企合作、产教融合等方式，实现教育资源的优化配置和利益相关方的共同发展。这一原则不仅关乎高职院校与企业之间的合作，更涉及教育、行业和社会的多方共赢。

在高职教育中，合作共赢原则首先体现为校企合作的深度融合。高职院校与企业之间的合作不应仅限于实习基地的提供或是企业订单的承接，而应深入课程开发、教学实施、技能认证等各个环节。通过这种深层次的合作，企业可以直接参与人才培养过程中，帮助学校更准确地把握行业需求，调整教学计划和内容，使之更加符合实际工作的要求。同时，学生通过参与企业的实际项目和工作，能够及时了解行业最新动态，积累实际工作经验，提升职业技能和职业适应性。这种合作模式能够确保教育培养的人才符合企业的实际需要，实现人才培养的精准对接和高效转化，从而实现校企双方的共赢。进一步，合作共赢原则还要求高职教育与行业发展紧密结合，推动产教融合。高职院校应积极参与行业技术研发、标准制订、技术服务等活动，将教育资源与行业发展需求紧密结合。通过与行业的合作，学校能够及时获取行业最前沿的技术动态和发展趋势，反哺教学和研究，不断提高教育的现代化水平和实用性。此外，学校可以通过与行业的合作，为学生提供更多的实践机会、实习岗位和就业渠道，促进学生的职业发展，同时为行业输送大量的高素质技术技能人才，支持行业的持续发展和创新。

合作共赢原则还强调教育的社会责任和社会服务功能。高职教育不仅要服务于学生的个人发展和企业的人才需求，还要关注社会的长远发展和公共利益。通过校企合作和产教融合，高职教育可以发挥其在技术研发、职业培训、社会服务等方面的优势，为社会经济的发展贡献力量。例如，学校可以通过开展继续教育和职业培训项目，提升在职人员的职业技能，促进社会就业和再就业；通过技术研发和服务，帮助解决地方经济发展中的技术问题和挑战，推动社会经济的创新发展。

此外，合作共赢原则还要求高职教育具有开放性和国际视野。在全球化的背景下，高职教育应超越地域和国界的限制，与国际教育界合作，开展国际交流与合作项目，拓宽学生的国际视野和职业发展空间。通过与国际知名高校、企业和组织的合作，学校可以引进国际先进的教育理念、技术标准和管理模式，提升教育质量和水平。同时，学校可以通过国际化的教育项目和合作交流，培养学生的跨文化沟通能力、国际竞争力和全球视野，为他们未来的职业发展打下更加坚实的基础。

总体而言，合作共赢原则在高职学生职业能力培养中具有重要意义和深远影响。实践导向的校企合作和产教融合,能够促进教育质量的提升、人才培养的精准对接、社会服务功能的发挥,推动高职教育与行业、社会和国际接轨,为学生的职业发展和社会经济的可持续发展构建良好的合作共赢格局。因此,高职教育应坚持合作共赢原则,不断深化校企合作、推进产教融合,实现高职学生职业能力培养的全面提升和可持续发展。

三、学生中心原则

在高职职业能力培养中,学生中心原则是至关重要的一项原则,它强调将学生置于教育的核心位置,根据学生的个体特点和发展需求进行个性化的教育设计和服务。遵循这一原则,可以实现更有效、更有意义的职业能力培养。

学生中心原则强调教育活动应围绕学生展开,这有助于培养学生的主动学习态度。在高职教育中,学生往往面临直接进入职场的挑战,需要具备即时可用的知识和技能。当教育体系将学生的兴趣和需求置于中心位置时,学习过程变得更加生动和实际,教学内容与学生的未来职业目标密切相关,从而增强学生的学习动机。学生通过与教学内容的直接关联,意识到所学知识和技能在未来职业生涯中的应用价值,从而在学习过程中变得更加主动和投入。例如,通过实施基于项目的学习,学生可以参与到与真实工作环境相似的项目中,这种亲身经历不仅增加了学习的趣味性,还使学生能够主动探索知识,实践并应用所学。这种主动的学习过程有助于学生建立自我驱动的学习模式,培养解决实际问题的能力,为其未来的职业生涯打下坚实的基础。

遵循学生中心原则有助于对学生潜能和特长的挖掘。每个学生都具有不同的能力和兴趣,而学生中心的教育模式通过个性化的教学方法,使教育者能够深入了解每个学生的优势和潜力。这种教育模式不仅关注学生的学术成就,还重视他们的个人特质和非智力因素,如情感、社交技能和创造力。通过提供广泛的学习机会和活动,如俱乐部、工作坊、竞赛和社会实践，学生可以在多样化的环境中尝试和探索，发现自己的兴趣和才能。例如，艺术敏感的学生可以通过参加绘画或音乐活动发展其艺术才能，而对科技感兴趣的学生则可以在科技俱乐部中增强其技术技能。这种教育方法有助于学生认识和发展自己的特长，同时为他们提供了将这些特长转化为职业技能的机会。通过识别和培养每位学生的独特优势，学生中心的教育模式不仅促进了学生个性的发展，还增强了他们的职业适应性和未来的职业竞争力。

遵循学生中心原则意味着认可每位学生的独特性，包括其知识背景、学习能力、兴趣和职业志向。这种教育方法鼓励教师根据每位学生的特点调整教学策略，实现教育的个性化。个性化学习可以确保教育内容和方法与每个学生的需求和能力相匹配，从而提高学习效率和成效。在高职教育中，这种方法尤为重要，因为学生的职业目标不同，学习需求多样化。例如，通过采用灵活的教学方法，学生可以根据自己的学习速度和风格进行学习，同时教师可以提供个性化的指导和支持。此外，个性化学习也鼓励学生根据自己的兴趣和职业目标选择特定的课程或项目，这不仅增加了学习的相关性和动机，还促使学生为自己的职业生涯做更好的规划和准备。

学生中心原则的实施促进了实践技能和问题解决能力的发展。高职教育的一个核心目标是培养学生将理论知识应用于实践的能力。通过提供实际操作和实习机会，以学生为中心的教育让学生在实践中学习和应用所学知识，增强了他们的职业技能。例如，通过参与工作坊、实习和模拟工作场景，学生可以在真实或类真实的环境中解决问题，应用知识，从而深化对专业知识的理解。这种学习方法不仅提高了学生的技术技能，还培养了他们面对复杂工作情境时的适应能力和问题解决能力。通过这些实践活动，学生能够识别和解决实际工作中可能遇到的问题，为未来职业生涯中的挑战做好准备。

学生中心原则鼓励教育活动促进学生的批判性思维和创新能力。在这种教育模式下，教师不仅传授知识，还能激发学生的思考和创新。通过开展讨论、研究和创新项目，学生被鼓励挑战现有的观点，探索新的

第二章 职业能力培养

思路和方法。这种学习方式有助于学生发展独立思考和批判性分析的能力，使他们能够在复杂和不断变化的职业环境中做出明智的决策。此外，创新项目和问题解决任务能够激发学生的创造力，鼓励他们思考如何将新技术和方法应用于解决实际问题。这种教学方法不仅培养了学生的创新思维，还为他们的职业生涯增添了宝贵的竞争力。

遵循学生中心原则有助于培养学生的终身学习能力。在快速变化的社会和工作环境中，终身学习已成为个人和职业发展的关键。以学生为中心的教育方法强调自主学习和个人责任，激励学生发展自我导向的学习习惯。通过这种方式，学生学会如何有效地获取、分析和应用新知识，为不断变化的职业要求做好准备。例如，教育者可以引导学生通过在线课程、研讨会和专业发展活动主动扩展知识和技能。此外，学生中心的学习环境鼓励学生进行自我反思和评估，帮助他们识别自己的学习需求和目标，从而在整个职业生涯中持续进步和发展。这种终身学习的态度不仅对个人职业成功至关重要，还对社会经济发展产生积极影响。

遵循学生中心原则也有助于提升教学的质量和效果。在以学生为中心原则的指导下，教师通过深入了解学生的需求和反馈，能够及时地调整教学策略和内容，从而提供更加符合学生需求的个性化教学。这种教学方法强调学生与教师之间的互动和沟通，促使教师从学生的角度出发，设计和实施教学活动。例如，教师可以根据学生的反馈调整课程难度，采用更多互动和参与式的教学方法，如小组讨论、案例分析和角色扮演，使教学更加生动和有效。此外，学生中心的教育模式还鼓励教师利用各种教学资源和技术，如在线学习平台和虚拟实验室，以增强学习体验和提高教学效果。通过这些方法，学生能够在更加支持和富有成效的学习环境中提高自己的知识掌握和技能应用能力，进而实现职业能力的全面提升。这种对教学质量和效果的持续关注和改进，最终导致了学习效率和学生满意度的提高，为高职教育的成功奠定了坚实的基础。

四、创新发展原则

创新发展原则要求高职教育系统地更新课程内容，确保与行业需求的紧密对接。随着行业技术的快速进步和市场需求的不断变化，高职教育必须秉承创新发展原则，实施持续改进，确保教育内容与行业发展保持同步。这要求高职院校建立一套有效的监测和评估机制，定期收集行业发展趋势、毕业生就业情况以及企业的反馈信息。高职院校要充分认识到这些数据对于评估现有课程的实践性和有效性的重要程度，要基于这些信息，及时调整和更新课程内容，确保教育与实际工作需求紧密对接。例如，如果行业反馈指出需要更多的数据分析专家，那么高职院校应增加相关课程内容，如数据挖掘、统计分析和机器学习。这种动态调整，不仅可以提高教育质量和毕业生的就业率，还能让学生获得最前沿的知识和技能，满足未来职业生涯的需求。此外，高职院校还应与行业专家合作，定期审查和更新课程，确保教学内容不仅反映当前技术的最新进展，还能预见未来行业的发展趋势。高职院校还需与行业界保持密切合作，确保教育内容不仅反映当前的行业标准和技术水平，还能预见并适应未来的行业发展。例如，校企合作模式，为学生提供真实的工作经验和终身学习的机会。这种合作不仅限于为学生提供实习岗位，还包括企业参与课程设计、教学过程和学生评估，确保教育内容和方法与行业标准和需求相一致。企业可以与高职院校合作，共同开发符合行业需求的课程，提供现场学习的机会，甚至参与教学活动，直接向学生传授实用技能和行业知识。这样的合作有助于学生理解职业实践的具体要求，增强他们的职业技能和适应能力。

创新发展原则也体现在教学方法和技术的不断创新上。面对快速变化的教育需求和技术环境，高职院校必须紧随信息化技术进行创新和发展，采用更加灵活和创新的教学方式，以提高教学效果和学生的学习体验。例如，随着智能制造和自动化技术的兴起，高职院校应及时将这些内容纳入课程，训练学生掌握智能机器人、数字化工厂管理等相关技能和知识。这种课程更新不仅需要教育者与行业专家共同开发课程，还应定期邀请行业内的专业人士参与教学，分享最新的行业趋势和技术发展，使学生能够直接从实践中学习。同时，通过实施实习和实训项目，学生能够在实际工作环境中应用所学知识，加深对专业领域的理解。这种紧密的行业合作确保了课程内容的实时更新和实践性，帮助学生更好地适应未来的职业挑战。再如，在混合学习模式、翻转课堂、在线课程中利用如虚拟现实（VR）、增强现实（AR）和人工智能（AI）工具等最新技术来丰富教学体验。通过使用VR技术，学生可以在虚拟环境中进行实际操作，从而获得更深入的实践经验。同时，这些技术还可以帮助教师更好地模拟真实工作环境，充分调动学生的积极性，提高教育的质量和效果，提高学生解决实际问题的能力。除了采用新技术外，教师还应根据学生反馈和教学评估结果不断调整教学方法，确保教学活动既能激发学生的学习兴趣，又能有效地传授知识和技能。持续改进教学方法和技术的应用，能够保证教育质量与时俱进，满足学生和社会的需求。

第四节 高职英语职业能力

一、高职英语职业能力培养体系包括的内容

高职英语职业能力的培养不同于本科英语能力体系，本科英语教育更多地强调学术研究能力的培养和理论知识的深入掌握，往往更加注重理论知识的系统性和深度。而高职英语教育更加强调语言教学的实用性，其教育目标是学生能够在毕业后直接应用英语技能进行工作，因此，高职英语职业能力不仅包括基本的英语听、说、读、写技能，还涉及如何将这些技能应用于具体的职业场景中，更侧重于职业技能的实践应用技巧培养。例如，高职教育的商务英语专业不仅教授学生基本的商务交流技能，还包括商业报告的撰写、商务谈判的语言策略等实际应用。这种

应用性的培养目标使得高职英语教育更注重技能的实践操作和职业场景的模拟。此外，在课程内容方面，相较于本科英语教育的课程设置的宽泛性和普适性，高职英语职业能力的培养课程更侧重于行业需求和实际工作技能的培养。课程设计通常围绕特定的职业领域展开，如旅游英语、商务英语、医用英语等，这些课程直接对接职业需求，让学生能够学以致用，并且涵盖从基础语言技能到高级语言研究的多个层面，更加注重理论批评与应用能力的培养。

二、加强高职英语职业能力培养的必要性

首先，全球化的发展对高职英语专业毕业生提出了更高的要求。随着经济全球化和国际交流的加速，企业对具备良好英语职业能力的人才需求日益增长。这不仅要求学生掌握基础的英语交流技能，还要求他们能够在专业领域内，如国际贸易、技术交流、跨文化管理等，使用英语进行高效沟通和问题解决。因此，高职英语教育需要根据国际市场的变化和企业的实际需求，不断调整和优化职业能力培养的内容和方法，进一步加强高职英语职业能力培养。其次，科技进步和信息化发展对英语职业能力也提出了新的挑战。信息技术的飞速发展，特别是互联网和移动通信技术的普及，使得英语作为全球沟通的主要语言的作用日益突出。这要求高职英语专业的学生不仅要具备传统的阅读、写作、听说能力，还需要具备利用现代信息技术进行英语信息检索、处理和交流的能力。因此，高职英语教育需要加强与信息技术的融合，培养学生的数字化英语职业能力，高职英语职业能力培养应该与时俱进，进行调整。再次，跨文化交际能力也是高职英语职业能力的重要组成部分，在全球化背景下，跨文化交际能力的重要性日益凸显。高职英语专业的学生未来可能在跨文化的环境中工作，这就要求他们不仅要掌握英语，还要了解和适应不同文化背景下的工作和生活方式。高职英语教育需要加强跨文化交际能力的培养，帮助学生建立全球视野，提高他们在多元文化环境中有效沟通和协作的能力。最后，社会经济的快速变化对高职英语专业学生

提出了更为灵活和多样化的职业能力需求。随着社会和经济的发展，新的职业领域和工作岗位不断涌现，这就要求高职英语教育能够灵活应对市场变化，及时更新教学内容和培养方案，提供多样化的专业英语教育，培育学生多样化职业能力，满足不同行业和岗位的需求。

三、高职英语职业能力培养体系构建

高职英语职业能力培养体系的构建是高职教育的关键，要实现这一目标，必须从多个维度进行深入思考和系统规划。首先，确定高职英语职业能力培养体系时，必须以市场需求为核心。这要求教育机构进行广泛而深入的市场调研，了解和分析不同行业和企业对英语专业人才的具体需求。通过收集数据和反馈，可以精确掌握市场对英语专业技能、知识水平和职业素养的具体要求。这种以市场为导向的思维模式有助于确保职业能力培养体系的实用性和前瞻性，使之能够灵活响应社会经济的变化和发展。其次，构建高职英语职业能力培养体系时，应重视课程设计的模块化和实用性。现代职业教育强调知识的应用和实践，因此课程体系设计应包含商务英语、旅游英语、涉外翻译及幼小英语教育等实用模块。这些模块不仅应涵盖理论知识，还应包含实际操作、案例分析、实地实习等环节，以提升学生的实战能力和解决实际问题的能力。此外，课程内容还应具有一定的灵活性和适应性，能够根据行业发展的新趋势和新技术进行及时更新和调整。最后，实现高职英语职业能力的有效培养，需要教育机构、企业和社会三方的紧密合作。教育机构应加强与企业的联系，定期交流信息，及时调整教学内容和方法，确保教学内容与企业需求高度匹配。通过校企合作项目，学生可以在实际工作环境中学习和实践，这不仅有助于他们理解和应用课堂所学知识，还能提前适应职场环境，增强就业竞争力。

第三章　高职英语教学模式创新

第一节　高职英语教学模式创新的理论基础

在高职英语教学模式的创新探索中，理论指导扮演着至关重要的角色。它不仅为实践提供了明确的方向和可靠的依据，还奠定了高职英语教育创新的科学基础，为教学优化铺设了一条可行的路径。这些理论共同构筑了一个支撑教学创新的多维框架，指导如何更加科学和有效地进行教学设计与实施。具体而言，建构主义理论、认知理论、输入输出假说、ESP理论以及能力本位理论等，都可为高职英语教学提供理论上的支撑，如图3-1所示。通过这些理论的指导，高职英语教学可以更好地适应职业教育的发展方向，有效促进学生的全面发展和职业技能的提升。

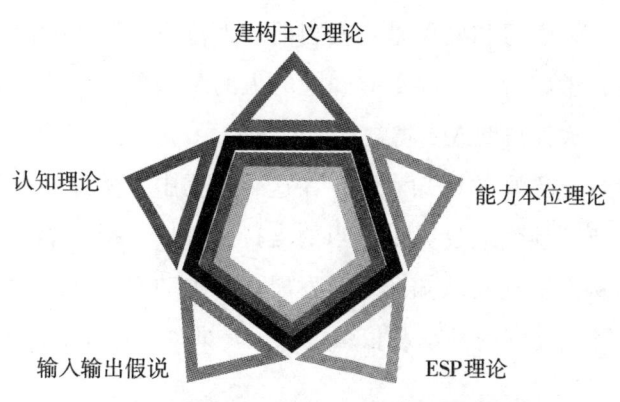

图 3-1　高职英语教学模式创新的理论基础

一、建构主义理论

建构主义是一个涉及心理学、教育学和认知科学等多个领域的理论，它强调知识的主动建构过程，与认知心理学理论密切相关。这一理论的形成，可以追溯到20世纪初的行为主义时期，经历了从行为主义到认知主义的转变，并最终发展成为独立的学术流派。

行为主义的提出标志着现代心理学的开始，它主张通过观察行为来研究心理学，强调环境对个体行为的决定作用。在这一阶段，学习被视为刺激和反应之间的机械连接，教育过程着重于通过强化来形成所需的行为模式。然而，行为主义忽略了个体内部的认知过程，导致其在解释复杂的学习和思维过程时显得力不从心。随着对行为主义的批评日益增多，20世纪中叶，皮亚杰（Jean Piaget）的发生认识论为建构主义的兴起提供了理论基础。皮亚杰强调了个体的主动作用和内部认知结构的重要性，认为学习是个体对环境信息的主动处理和内部结构的自我建构过程。[1]他的理论突出了学习者在知识建构中的主动性和创造性，为建构主义的发展奠定了坚实的基础。继皮亚杰之后，苏联心理学家列夫·维果茨基（Lev Vygotsky）的文化历史理论进一步丰富了建构主义的内容。维果茨基强调社会文化环境在认知发展中的关键作用，特别是通过社会互动和文化工具的使用促进个体认知的发展。他提出的"最近发展区"概念，认为个体学习和发展是在其当前能力范围和潜在发展水平之间的空间进行的，学习者可以在更有经验的人的帮助下实现目前无法独立完成的任务。[2]这种帮助或支持被称为"支架"，它通过指导和协助来逐步引导学习者达到更高的认知水平。在这个过程中，教师、家长或同伴的角色至关重要，他们通过提供恰当的支持和挑战，帮助学习者扩展其知识和技能，从而实现其认知和社会发展。这种动态的互动过程强调了学习者与社会环境之间的互动和依赖关系，是推动个体发展的关键驱动力。

---

[1] 皮亚杰.皮亚杰教育论著选[M].卢濬,选译.北京：人民教育出版社,2015：27.

[2] 维果茨基.维果茨基教育论著选[M].余震球,选译.北京：人民教育出版社,2005：56.

教育的潜力在于连接学生的实际水平和潜在发展水平,从而指导有效的教学活动。

进入20世纪70年代,建构主义理论在美国得到了进一步的发展。美国心理学家布鲁纳(Bruner)在维果茨基理论的基础上,提出了学科结构论和发现学习法。布鲁纳认为有效的学习应该揭示学科的基本结构,而发现学习法则强调通过探索和问题解决来构建知识。[1] 这些理论进一步推动了建构主义教学理论的发展,强调了学习过程中学生的主动参与和教师的引导作用。建构主义的教育实践强调学生在学习过程中的主动性和自主性。在这个框架下,教育者不再是简单的知识传递者,而是学习过程的促进者和指导者。学生被鼓励通过实践、探索和反思来建构自己的知识,这一过程中教师的作用转变为支持和促进学生批判性思维和创造性解决问题能力的发展。建构主义不仅改变了教育实践,还对课程设计、教师培训和评估方法等方面产生了深远影响。它鼓励设计以学生为中心的课程,其中学生通过与同伴合作、参与讨论和进行项目工作等方式,以更加深入和批判性的方式参与学习。此外,建构主义还强调评估方法的多样性,不仅依赖传统的测试和考试,还包括项目、组织活动和反思性学习日志等。

20世纪80年代以来,建构主义理论经历了新的变革和发展。在这个时期,信息技术的快速进步,特别是多媒体和网络通信技术的发展,为建构主义学习理论提供了新的实践平台和工具。这一背景下,建构主义理论逐渐演进为更加强调个体主观经验和社会文化背景的"激进建构主义"。激进建构主义,由冯·格拉塞斯费尔德(Ernst Von Glasersfeld)等人提出,强调学习是一个个体化、主动的过程,其中学习者根据自己的经验构建知识。这种观点认为,对客观世界的理解总是通过个人的心

---

[1] 布鲁纳.布鲁纳教育论著选[M].邵瑞珍,张渭城,等译.北京:人民教育出版社,1989:31.

理过滤器的,即个人的先前经验、文化背景和认知结构。[①] 因此,每个人对相同的信息或知识可能会有不同的理解和解释。在这个框架下,教育的目的不仅是传递知识,还是促进学习者从自己的视角出发,结合个人的经验来构建和理解知识。激进建构主义认为学习是一个社会性过程,强调学习者之间以及学习者与教师之间的互动。在这个过程中,学习者通过与他人的交流和协作,共同构建知识,形成意义。教师的角色转变为促进者和指导者,他们不是简单地传递知识,而是提供一个支持性的环境,帮助学生主动探索和发现。随着建构主义理论的深入发展,教学模式和策略也发生了显著变化。在建构主义的教学环境中,情境化学习成为核心,即教学活动应当在接近真实的情境中进行,以增强学习的实用性和相关性。此外,协作学习和会话式学习被强调为知识建构的重要方式,学生在小组合作中通过讨论、反思和共同解决问题来构建知识。21世纪初,随着互联网和数字技术的进一步发展,建构主义在教育技术领域得到了新的应用。网络学习环境、虚拟现实和游戏化学习等新兴技术,为实现建构主义的教学理念提供了更广阔的空间。在这些环境中,学习者可以更加灵活地访问信息,主动构建知识,并在虚拟社区中与全球学习者进行交流和协作。

二、认知理论

认知理论在20世纪80年代初兴起,标志着认知科学与语言学的结合,形成了一个新兴的交叉学科。自20世纪90年代起,认知理论在中国迅速发展,并对第二语言习得和教学等领域产生了显著影响。认知语言学关注如何通过心理和认知过程来理解和实现语言使用,强调语言与人类认知活动的内在联系。其核心概念包括基本范畴、隐喻理论、图式理论和距离象似性等。这些概念在语言教学,尤其是英语教学中,被广泛应用,涉及如何构建语言知识结构、理解隐喻和类比思维,以及如何

[①] 格拉塞斯费尔德. 激进建构主义[M]. 李其龙,译. 北京:北京师范大学出版社,2017:154.

通过图式理论来优化教学方法和学习策略。认知语言学的发展促进了对语言学习和使用过程的深入理解，使教师和学习者能更有效地掌握和运用第二语言。

（一）基本范畴

基本范畴是认知语言学中的一个关键概念，指的是人们在认知过程中自然而然形成的一个中等层次的分类，这些分类既不像高层次概念那样抽象，也不像低层次实例那样具体。人类大脑倾向于将经验和知识组织成基本范畴，因为这样可以更高效地处理信息。这些范畴的特点是成员间具有明显的共性，容易被感知和区分。例如，在"动物"这一基本范畴中，狗、猫和马等都具有明显的共性特征，使得人们能够迅速将它们识别为动物。基本范畴的词汇通常是人们最先学习和使用的词汇，因为它们与日常经验直接相关，容易理解和记忆。在教育和语言学习中，基本范畴的概念非常重要，因为它们构成了学习者知识体系的基础。教授和学习这些基本范畴的词汇，可以帮助学习者建立起强大的认知框架，从而更有效地理解和学习更复杂的概念和词汇。因此，基本范畴在语言教学和认知发展中起着至关重要的作用，是连接经验、知识和语言的桥梁。

（二）隐喻理论

隐喻理论由乔治·莱考夫（George Lakoff）和马克·约翰逊（Mark Johnson）提出，二位学者认为隐喻是人类思维的基本机制，而不仅仅是一种语言的修辞手段。[1] 隐喻思维能够通过一个熟悉的领域（源域）来理解和表达一个不熟悉的领域（目标域），这种跨领域的映射揭示了人类如何通过隐喻性思维连接不同的经验和概念。隐喻体现在日常语言、思

---

[1] 莱考夫，约翰逊. 我们赖以生存的隐喻[M]. 何文忠，译. 杭州：浙江大学出版社，2015：3.

考和行为中，会影响人们的认知结构和世界观。此外，隐喻理论指出，人类的思维和语言充满了隐喻性的结构，这些结构帮助人类理解周围的世界。例如，"时间就是金钱"这一隐喻影响了人们对时间的认识和使用方式。在这个隐喻中，时间（目标域）通过金钱（源域）的概念来理解，从而形成人们评估和管理时间的方式。隐喻不仅限于语言层面，它还深入人类的思维和认知结构，塑造对各种抽象概念的理解和感知。隐喻的认知功能体现在它如何影响人们对现实的理解和行为。例如，通过将"生命"隐喻为"旅程"，不仅描述生命的过程，还赋予它目标和意义。这种隐喻思维方式促使将生命看作有方向和目的的经历，影响人们的生活决策和价值观。在语言学习和教育中，隐喻理论指导教师设计课程，帮助学生理解隐喻在语言中的运用及其背后的文化和认知机制。掌握隐喻的使用能够提高学生的语言技能，尤其是在理解和使用第二语言时，因为隐喻揭示了语言的深层含义和文化背景。隐喻也在跨文化交流中发挥着关键作用。不同文化中的隐喻使用可能反映出各自独特的世界观和价值观。通过隐喻的方式比较和分析不同文化，可以帮助不同文化背景下的人们更好地理解复杂的概念和情感，促进语言学习效率提高，提升对于文化多样性的欣赏，从而促进对跨文化理解和尊重。隐喻理论的研究不仅限于语言学领域，还被应用于心理学、文学、哲学、社会学和政治学等多个学科，展示了隐喻如何在各种社会和文化现象中起作用。通过隐喻，个体和社群构建身份、传递价值观、形塑政治话语并影响社会结构。

（三）图式理论

图式理论在认知心理学领域占有重要地位，它解释了人们如何利用内在的心理结构来理解和预测周围世界。这一理论起源于弗雷德里克·C.巴特莱特（Frederic C. Bartlett）的研究，他认为人们在记忆过程中并非简单地复制信息，而是会根据自己的经验和知识结构对信息进行加工和重构。[①] 巴特利特将这些知识结构称为图式，是人脑中对现实世界事物、事件、情境的一种内部表示。图式可以被看作一种心理模板，帮助个体对接收到的信息进行分类和组织。它不仅包含具体的知识，还包含了对这些知识的处理规则。例如，当进入一家餐厅时，人们头脑中的图式就会自动启动，告诉自己通常的就餐流程，包括点餐、用餐、付款等环节。这样的图式使人们能够在没有明确指示的情况下，也能有效地导航社会世界。随着研究的深入，图式理论被广泛应用于理解记忆、学习、理解和推理过程。在学习过程中，教育者可以通过引入学生已熟悉的类比和情境，激活学生的现有图式来帮助他们更好地理解新信息，构建对新知识的理解。这种连接新旧知识的过程有助于深化理解，并促进长期记忆的形成。并且这些图式不仅会帮助人们更好地理解新内容，还会帮助人们将这种理解进行深化，具有丰富相关知识的读者往往能更好地理解复杂文本，探求表面之外的隐含意义和深层结构。这也从一个侧面解释了为什么不同的读者对同一文本的理解会有差异。

图式可以按照不同的类别，分为不同的类型，例如，场景图式涉及对特定地点或环境的认识，如公园、图书馆或机场。这些图式包含了对这些地方的空间布局、功能和常见活动的知识。例如，图书馆的场景图式可能包括书架、阅读区、借阅台等元素，以及安静阅读、借还书籍的行为预期。事件图式或剧本图式涉及对特定事件或活动过程的理解，如去餐厅就餐或参加婚礼。这种图式指导人们预期在这些活动中会发生什么，以及如何应对。例如，餐厅就餐的剧本可能包括进入餐厅、点餐、就餐、支付账单、离开等步骤。角色图式描述的是与特定社会角色或职业相关的特征和行为预期，如医生、教师或警察。这些图式帮助人们理解不同角色的职责和行为标准。比如，医生的角色图式包括具有医学知识、诊断疾病、治疗患者等特征。对象图式涉及对物体或事物的理解，包括它们的属性、用途和与之相关的行为。例如，车辆的对象图式包含

---

① 巴特莱特. 记忆：一个实验的与社会的心理学研究[M]. 黎炜, 译. 杭州：浙江教育出版社, 1998：151.

了车辆的基本特征（如四轮、驾驶座、发动机）和用途（如运输、旅行）。自我图式涉及个人对自己的认知，包括自己的属性、能力、喜好和角色等。这些图式影响个体如何理解自我和在不同情境中的行为。例如，一个人可能有作为学生的自我图式，其中包括勤奋学习、参加考试和完成作业等特征。文化图式包含了个体对其文化背景、习俗、信仰和价值观的理解。这些图式帮助人们在社会互动中遵循文化规范和期望。例如，一个国家的文化图式可能包含对家庭结构、节日庆祝、饮食习惯等方面的共享知识。

然而，图式理论也面临着一些批评，主要集中在其过于静态和模糊的定义上。一些批评者指出，图式理论往往忽略了个体认知过程的动态性和复杂性，有时也难以清晰地界定什么是图式，以及图式如何具体地影响认知过程。此外，图式的形成和调整机制在不同情境下可能会有很大的差异，这些差异在理论中并未得到充分的解释和体现。尽管存在这些批评，图式理论仍然是理解人类认知过程中不可或缺的一部分。它不仅揭示了人们如何通过内在的知识结构来理解和处理信息，还为教育、心理治疗、人工智能等领域提供了重要的理论基础。通过对图式的研究，人们可以更深入地了解记忆、学习和认知过程，从而在实践中更有效地应用这些认识，促进个体的认知发展和学习效率。

（四）距离象似性

在历史发展过程中，语言能指与所指之间的任意性长期被视为语言的核心特征。任意性是指二者之间没有必然的联系，而是基于社会约定的结果。然而，随着认知语言学的发展，这一观念受到挑战。学者开始关注语言象似性，探究语言符号与其所指对象之间的内在联系和相似性。距离象似性作为象似性研究的一个分支，侧重于探讨语言表达中形式与意义的对应关系。例如，王寅教授提出，当两个概念在认知上较为接近时，它们在语言表达中的符号也更易于被放置在一起，这种现象在语言的使用中普遍存在。① 这种观点揭示了语言符号的排列顺序与概念关系之间的内在逻辑性，为理解语言结构提供了新的视角。从理论角度看，距离象似性认为，如果两个概念在思维层面上较为接近，则在语言表达时，它们在语言表达中的距离也相对较近。例如，当某一语符出现，思维中接近该语符的概念和相关思想就更易于被触发，并且在心理上更倾向于将他们一并处理，这种策略有助于提高信息的处理效率和传递的有效性。而二者是否具有相似性，或者会触发何种相关思维，二者之间的相似性如何建立联系，可能来源于概念之间的逻辑关系、经验关联或情感联系的认知，由人类认知过程中对信息的组织和处理方式而决定，因此，距离象似性强调了语言形式与认知内容之间的密切联系。这种联系并非简单的一一对应关系，而是更为复杂和动态的。在实际的语言使用中，距离象似性体现了人类认知策略的一种倾向，即倾向于将认知上接近的概念在语言表达中进行接近处理。

三、输入输出假说

输入输出假说是语言学习理论中的重要概念，分别由斯蒂芬·克拉申（Stephen D. Krashen）和梅里尔·斯温（Merrill Swain）提出。克拉申的输入假说强调语言习得发生在学习者接收并理解略高于其当前水平的语言输入时。② 这种输入被称为"可理解输入"，是指学习者能够理解其意义的语言材料，即便不完全掌握所有语言结构。输入假说认为，当语言材料适当超出学习者的当前能力，且在无压力的环境中提供时，学习者能够自然而然地吸收新的语言结构。克拉申还提出了"情感过滤假说"，强调积极的情感态度、高动机和自信心等因素有助于语言的习得，因为它们减少了情感过滤，使更多的输入能够被处理和习得。斯温的输出假说则补充了输入假说，强调语言输出在语言学习过程中的作用。她

---

① 王寅. 中国语言象似性研究论文精选[M]. 长沙：湖南人民出版社，2009：234.
② KRANSHEN D S.The Input Hypothesis: Issues and Implications[M].London：Longman Group United Kingdom, 1985：3.

认为，语言产出不仅是语言习得的结果，也是习得过程的一个重要部分。①通过输出，学习者能够实践和试验语言，从而深化对语言结构的理解，并修正语言错误。输出过程促使学习者更加关注语言形式，通过实际使用语言来测试和确认其语言假设，这种过程有助于学习者发展精确和复杂的语言表达能力。此外，输出还能激发学习者的元认知过程，使他们能够更好地监控和评估自己的语言使用，从而提升语言能力。输入和输出假说共同为语言学习提供了一个动态的、互补的过程。从输入假说的角度看，学习者需要大量的可理解输入来形成语言能力的基础。而从输出假说的角度看，学习者通过语言的实际使用，能够进一步加工和巩固语言知识，促进语言能力的发展。这种理论认为，有效的语言学习环境应该同时提供丰富的输入和充分的输出机会，让学习者在理解和使用语言的过程中不断提升自己的语言能力。

将输入输出假说应用于高职英语教学模式改革，意味着教学模式需要更加关注学习者对英语的实际使用需求，强调在真实或模拟的职业情境中使用英语的能力。这种方法强调了语言学习的目的性和实用性，使学习者能够在具体的职业背景中有效地应用英语。在教学实践中，这可能意味着更多地使用基于任务的学习活动，这些活动鼓励学生在实际的或模拟的工作情境中使用英语，从而提供了丰富的语言输入和必要的输出机会。通过这样的教学方法，学生不但能够提升语言能力，而且能够发展与其专业相关的沟通技巧和实际应用能力。

四、ESP 理论

ESP 即专业用途英语（English for specific purposes），起源于 20 世纪 60 年代后期，它的发展经历了几个阶段，从最初的目的明确的语言教学（如公务员英语、医护英语）到后来对学术目的英语（English for academic purposes，EAP）的关注，再到针对特定职业领域的语言培训，

---

① SWAIN.The Output Hypothesis:Just Speaking and Writing aren't Enough[J]. The Canadian Modern Language Review, 1993, 50（1）: 158-164.

第三章 高职英语教学模式创新

ESP 的概念和理念逐渐得到了明确，逐渐决定了 ESP 理论的目标性和实用性，即它强调语言学习应服务于特定的职业或学术目的。这一理论的形成基于功能主义语言观，突出理论的功能价值，它与传统的一般英语教学相比较，更侧重于语言知识和技能的全面发展，换言之，ESP 理论的核心和创新在于它的目标性和实用性，它不仅关注语言形式，还侧重于语言的功能，即如何在特定领域内有效地使用语言。例如，商务英语更加贴近实际商务环境，专注于商务英语词汇以及商务语法特征的教学，医学英语课程会专注于医疗领域的术语及和患者沟通技巧，而法律英语则着重于法律文本的阅读理解和法律术语的使用。ESP 理论标志着英语教学领域的一个重要转向，它强调教学活动都以学习者为中心，应根据学习者的具体需要来设计教学内容和方法，教学设计也必须基于对学习者需求的详细分析，此外还要充分考虑到学习者的专业背景、学习目标和实际使用语言的情境。因此，ESP 课程可以说是定制化的职业英语教学，强调与学习者所在专业领域的紧密结合，旨在提高学习者在特定职业或学术领域中使用英语的能力。

在中国，高职（高等职业技术）教育的特点是强调实践技能和职业能力的培养。随着全球化和国际交流的加深，英语作为国际交流的主要语言，其在高职教育中的重要性日益增强。因此，将 ESP 理论应用于高职英语教学模式改革和优化具有重要的理论和实践意义。并且根据《高职高专教育英语课程教学基本要求》，高职英语教学不仅要为学生打下扎实的语言基础，还要重视英语的实际应用能力，特别是在职业领域内的应用。这一要求与 ESP 理论的核心观点相吻合，即教学应以学生的实际需求和使用情境为出发点。在 ESP 理论指导下，高职英语教学模式的改革应聚焦于如何更有效地将语言学习与专业学习相结合。这意味着英语教学内容和方法应根据学生所学专业的具体需要来设计。例如，对于旅游管理专业的学生，英语教学应集中在与旅游相关的交流技巧和术语上；对于工程专业的学生，英语教学则需要强调工程项目报告的撰写和口头表达。通过这种方式，ESP 不仅会提高英语教学的针对性和实用性，还会促进学生将学到的英语知识和技能应用到实际工作中，从而提升学生的职业竞争力。这种教学模式的改革有助于培养出既具备专业知识又能够有效使用英语进行国际交流的复合型人才，满足国际化职业市场的需求。总起来说，ESP 理论可以作为高职英语教学模式改革的理论基础，因为它符合高职教育实用性、职业性的特点，能够为学生提供与其专业紧密相关且实用的英语教学内容，从而更好地满足学生的职业发展需求。在 ESP 理论的指导下进行教学模式改革，可以更有效地连接学术知识与职业实践，培养出更加适应未来工作需求的高素质人才。

五、能力本位理论

能力本位，顾名思义是以发展学生的技术能力为根基的，目标是培养学生的实践操作技能，旨在使学生能够有效地适应未来职业领域。它的内涵随着时代的进步和社会的发展不断演变，其含义也相应丰富和扩展。在早期阶段，能力本位教育主要关注个人的岗位技能和职业能力培训。然而，随着时间推移，在经济结构和劳动市场需求快速变化的背景下，社会对个人发展的要求日益增多，教育不仅关注技术和职业技能的培养，还强调包括个性心理特征在内的全面能力发展，以及适应社会变化的个体综合素质。这一变化促使能力本位教育不断调整其重心，逐渐融入素质教育的元素，关注学生全面发展。在理论层面，能力本位教育借鉴了构造主义学习理论，该理论认为知识是通过与现实世界的互动构建的。在这个框架下，教学设计应当创造条件，让学生在实践中学习，通过体验和实践来构建和理解知识。因此，能力本位教育不再是传统的灌输式教育，而是一种动态的、互动的学习过程，它鼓励学生主动探索、实验和参与，从而深化对知识的理解和应用。在这种背景下，能力本位教育同时注重能力与技能的培养，这里的能力不仅指完成具体任务的技术能力，还指个人处理复杂情境、创新和自我发展的能力。这种需求促进了教育模式从传统的知识传授向能力培养的转变，重视理论与实践的结合，以及学生主动学习和批判性思维的发展。

第三章 高职英语教学模式创新

能力本位教育理论在当代教育改革与发展中扮演了关键角色，它代表了从传统的知识本位教育向以能力培养为核心的新思维模式的转变。这种理论强调从受教育者的个性发展出发，以充分发挥学生的主体性为主要手段，并将创新能力的培养作为教育的主要任务和宗旨。能力本位理论特别强调知识的内化和人的潜能开发，关注社会发展和科技进步对人才培养需求的适应性，并强调个性发展与培养的社会过程。在知识经济时代，竞争的本质转变为获取、应用和创新知识能力的竞争，这要求培养出既有牢固知识基础又具备强大能力素质的复合型人才。能力本位理念认为，能力是人顺利完成活动所必需的个性心理特征，是综合素质在实际行动中的体现。因此，能力本位的提出是对知识经济发展的响应，具有明显的时代特征，体现了人的发展本质规律，强调个性的独立性、独特性、创造性和完整性，同时要求教育在个体的个性规定性上进行创造潜能的开发和能力素质的培养。能力本位思想的形成标志着现代教育观念的确立，它支持知识、能力、智力和创新力的综合发展，强调个体个性的培养是一个与社会进步紧密相连的过程。个体的成长不仅要实现个性化，还要与社会化过程相结合，确保能力素质的提升既体现个性特征，又适应社会需求。

在高职英语教学中，能力本位理论的应用有助于优化教学方法和内容，重点培养学生的实践能力和创新精神。这一理论对高职英语教学提出了新的要求和挑战，特别是在解决"重知轻能""高分低能"等问题上提供了有效的途径。通过将能力本位教育理念融入课程设计和教学实践，教育者可以更好地激发学生的主动学习意识，培养其解决问题和创新的能力。高职英语教学优化的关键在于结合能力本位教育理念，设计以学生为中心的教学活动，鼓励学生参与实际的语言使用场景，从而提高他们的语言应用能力和跨文化交际能力。教学内容应覆盖专业英语词汇、实用语句和行业背景知识，同时结合行业需求，设计模拟实际工作环境的学习任务和项目，以增强学生的职业技能和语言实践能力。此外，高职英语教学应注重学生能力的全面发展，不仅包括语言知识的学习，还要包括批判性思维、团队合作和创新能力的培养。教师应引导学生通过项目合作、案例分析和实际操作等多样化学习方式，培养学生的自学能力和终身学习能力，以适应不断变化的职业需求和社会发展。能力本位教育强调个性化和学生中心的教学方法。这种方法要求教育工作者了解每个学生的个人特点和学习需求，设计符合其发展阶段的教学内容和活动。通过项目式学习、团队合作、实习实训和反思性学习等方式，学生能够在真实或模拟的工作环境中应用知识，从而提升解决实际问题的能力。这样的学习过程有助于学生形成批判性思维，增强自主学习和自我驱动的能力，从而培养出适应社会和职业发展的综合素质。此外，能力本位教育还强调教育与社会、经济和文化发展的紧密联系。它要求教育内容和课程设计能够反映出社会的实际需求和未来趋势，这样才能确保学生所学的知识和技能在未来的工作环境中保持相关性和实用性。这种教育模式促进了学校与企业、行业之间的合作，通过实习、实训项目和行业专家讲座等方式，提高学生的职业实践经验水平和行业洞察力。

第二节　高职英语教学模式创新的原则

　　进行高职英语教学模式创新时，适合、适宜、适度三个原则是模式创新应该遵循的核心指导原则，如图 3-2 所示。这些原则不仅反映了教育的深层需求和实际挑战，还体现了对学生、教师及教育资源的全面考虑。精细化探讨这些原则，可以揭示创新教学模式在实现职业教育目标和适应学生发展需求方面的深远意义，塑造高效、动态且人本的教学环境，助力学生和教师共同成长与进步。

第三章 高职英语教学模式创新

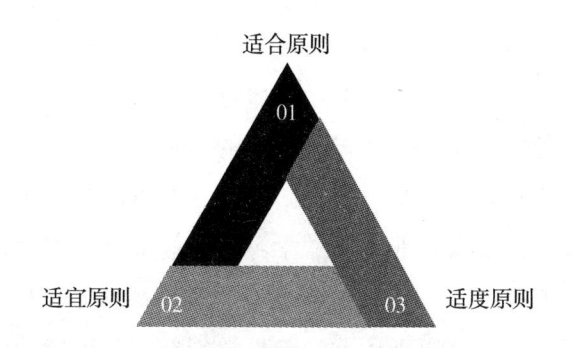

图 3-2 高职英语教学模式创新的原则

一、适合原则

适合原则在高职英语教学模式创新中体现了对学生认知发展规律的深刻理解和尊重，其核心是确保教学内容和方法与学生的学习需求、认知能力以及心理特点相匹配。在这个原则下，教学创新应基于对学生认知和心理发展阶段的科学认识，以及对其职业生涯需求的准确把握，从而设计出既切实可行又能有效促进学生全面发展的教学策略和活动。第一，从认知心理学角度看，学生的认知发展水平影响他们信息处理的速度和复杂度，以及学习新知识的能力。高职学生处于青年中期，这一阶段的学生通常已经具备了较为成熟的逻辑思维能力和解决问题的能力，但在抽象思维、批判性思维等方面仍有发展空间。因此，教学模式创新应考虑这一发展阶段的特点，设计能够促进这些能力提升的教学内容和方法。例如，在英语教学中，除了基础语言技能的培养，教师还应引入辩论、批判性阅读等活动，帮助学生提高分析问题和批判性思考的能力。第二，学生的心理发展也是教学模式创新中不可忽视的要素。青年期是个体自我意识和社会意识形成和发展的关键时期，学生的价值观、职业观正在形成之中，他们对学习的态度和动机受到内在兴趣和外部环境的双重影响。因此，教学创新需要提供足够的空间来支持学生的自我探索和社会参与，如通过项目学习、社会实践活动等方式，让学生在实际的语言使用和文化交流中探索自我，理解社会，增强学习动机和实践能力。

第三，适合原则要求教学创新密切结合学生的未来职业发展。高职教育的一个重要目标是为学生的职业生涯做好准备。因此，教学内容和方法的创新应充分考虑行业需求和未来职场的实际要求，使学生所学的知识和技能能够直接转化为职业竞争力。例如，在英语教学中，应根据学生所学专业的特点，融入专业术语的学习、行业文档的撰写训练、职业场景下的交流模拟等内容，使教学内容与学生的专业学习和未来职业生涯紧密相连。第四，适合原则还意味着教学创新应是可持续的，能够适应教育环境的变化和学生需求的演进。随着社会的发展和技术的进步，新的职业领域和工作方式不断出现，学生需要适应这些变化，终身学习已成为必要。因此，教学模式创新应着眼于未来，培养学生的自主学习能力、信息处理能力和终身学习的态度。教师要通过构建开放、灵活的学习环境，利用信息技术等手段，为学生提供持续学习的资源和支持，帮助他们适应未来社会的需求。从整体上来看，适合原则要求高职英语教学模式创新必须建立在对学生认知和心理发展规律的深入理解之上，同时考虑他们的职业发展需求和教育的长远目标。这种以学生为中心的创新方法，不仅能够提高教学的有效性和针对性，还能够促进学生的全面发展，为他们的未来职业生涯和终身学习奠定坚实的基础。

二、适宜原则

适宜原则在高职英语教学模式创新中强调的是教学环境和条件与学生的学习状态和需求之间的适配性。这一原则涉及创新教学的实施环境、资源的配置，以及教学过程中对学生学习体验的细致关注，确保教育创新既符合学校的实际条件，又能有效支持学生的学习和发展。第一，从教学环境的适宜性看，创新的教学模式需要提供一个有利于学生学习和发展的环境。这不仅包括物理环境的舒适性和安全性，还包括学习氛围的积极性和文化的包容性。在物理环境方面，应考虑教室的设施、设备的现代化程度，以及学习空间的灵活性和多功能性，以支持不同类型的教学活动和学习方式。在氛围和文化方面，应构建一个鼓励探究、尊重多样性和促进合作的环境，使所有学生都能感到被接纳和支持，从而激发他们的学习兴趣和潜能。第二，教学资源的适宜性也是实现有效教学创新的关键。这意味着教学资源的分配和使用应充分考虑学校的资金状况、设施条件和教师能力，确保资源的配置既经济高效又能满足教学需求。例如，在技术和教学材料的选择上，应优先考虑那些成本效益高、易于获取和使用的资源，同时要确保这些资源能够有效支持教学目标的实现和学习活动的开展。此外，还需要考虑教师对于新技术和方法的熟练程度，提供必要的培训和支持，确保教师能够充分利用这些资源进行高效教学。第三，适宜原则要求教学活动的设计和实施应充分考虑学生的学习需求和偏好。这涉及教学内容、方法和评估方式的灵活性和多样性，以适应不同学生的学习风格和能力水平。例如，可以通过混合式学习模式，结合线上和线下资源，为学生提供多种学习路径和活动选择，从而满足不同学生的个性化学习需求。此外，评估方式也应多样化，既包括传统的考试和书面作业，也应有项目、演示和同伴评价等形式，以全面评估学生的学习成果和能力发展。第四，适宜原则还强调了教学创新的持续改进和反馈循环的重要性。这意味着教学活动的设计和实施应是一个动态的过程，需要定期收集和分析学生的学习数据、反馈和成果，以及教师的经验和观察。基于这些信息，教育者应能够及时调整教学策略和资源配置，优化教学环境，以确保教学活动持续适应学生的学习需求和学校的实际条件。从整体上看，适宜原则在高职英语教学模式创新中起着至关重要的作用，它要求教学环境、资源和活动的设计和实施能够有效适应学生的学习需求和学校的实际条件。确保教学创新的适宜性，可以促进一个更加有效、包容和可持续的学习环境的形成，从而支持每位学生的学习和发展。

三、适度原则

"适度原则"在高职英语教学模式创新中，强调对教学活动的量和质、学习负荷的合理安排，以及对教师和学生压力管理的考虑。这一原则旨在确保教学创新既能激发学习潜能，又不会导致过度负担，从而实现教与学的良性互动和可持续发展。

第一，适度原则要求对教学内容的深度和广度进行恰当的规划。在创新教学中，应避免一味追求知识点的覆盖面，而忽视知识的深入理解和应用能力的培养。教学内容的设计应依据学生的认知能力和学习进度，旨在促进其扎实掌握知识和发展能力。例如，在高职英语教学中，应结合学生的专业背景和实际需求，精选与其未来职业密切相关的英语材料和情景，而不是泛泛地覆盖广泛的主题，这样可以提高学习的针对性和效率。

第二，适度原则强调教学方法和学习任务的合理安排。教学活动应兼顾理论学习和实践操作，平衡知识传授和技能训练，以及个人学习和团队合作。教师应设计多样化的教学方法和学习任务，既能激发学生的兴趣和参与感，又能避免过度的学习负担。例如，教师可以采用案例分析、角色扮演、项目式学习等方法，使学生在互动和实践中学习英语，同时注意不要因任务过于复杂或数量过多而超出学生的承受范围。

第三，适度原则也涉及学习评估和反馈的合理安排。评估方式应公正、全面，能够真实反映学生的学习成果和能力提升，而不仅仅是对知识记忆的测试。因此，除传统的笔试和口试外，教师也应采用报告、演示、实践操作等多种评估方式，以全面考查学生的英语综合应用能力。同时，教师应合理安排评估的频次，避免过于频繁的考核造成学生的应试压力。

第四，适度原则在教师的工作负担和职业发展方面同样适用。教育创新不应仅仅集中在学生身上，也应考虑教师的承受能力和成长需求。这意味着在引入新的教学模式和技术时，需要为教师提供充分的培训和时间来适应这些变化，确保教师能够有效地利用新工具和方法进行教学。同时，教师也要注意保持工作和生活的平衡，避免因教学创新而导致过度的工作负荷。

从整体上来看，适度原则在高职英语教学模式创新中起到了平衡各方需求和资源的作用,确保教学活动既能促进学生的全面发展,又不会对学生和教师造成不必要的压力和负担。通过合理的规划和管理,适度原则有助于实现教学创新的可持续性和有效性,为学生和教师创建一个健康、积极的教学与学习环境。

第三节 高职英语教学模式创新的策略

一、创新教学理念

创新高校英语教学理念是构建现代教育体系的关键一环,它要求教师在全面满足现代社会发展需求的同时,着重培养学生的实践能力和专业知识。这种创新不仅涉及教学内容的更新,还关乎教学思维和方法的革新,意味着将先进的教学理念融入日常的教学活动之中,从而在高校英语教学领域孕育出优秀的人才。创新教学理念的首要任务是对教师进行深层次的理念更新和专业化培训。这不仅包括传授先进的教育理论,还包括实践技能的培养,确保教师能够在教学实践中灵活运用这些理念。例如,教师培训应涵盖学习者中心的教学策略、批判性思维的培养方法、跨文化交际能力的提升等,使教师能够根据学生的实际需求和认知特点,设计和实施有效的教学方案。进一步地,随着教育技术的快速发展,微课、翻转课堂等新型教学模式已经成为重要的教学资源。这些模式通过改变传统的教学流程和学习方式,为学生创造更多主动学习的机会。在此背景下,教师应当掌握这些技术工具,有效地将它们整合进教学设计中,从而更好地激发学生的学习兴趣和主动性。例如,在翻转课堂模式中,学生在课前通过观看微课等在线材料自主学习新知识,课堂时间则用于讨论、解决问题和深化理解,这种模式促使学生从被动接受知识转变为主动探索问题,从而深化学习体验并提高学习效果。除此之外,创新教学理念还需要教师在课堂上组织有意义的活动,通过寓教于乐的方式，让学生能够在愉悦的氛围中学习和成长。这包括运用游戏、角色扮演、辩论等多种教学手段，使学生在互动和合作中加深对英语语言和文化的理解。通过这些活动，学生不仅能够提高语言技能，还能培养团队合作、批判性思维和创造力等软技能。在实践中，创新教学理念的实施也需要一个持续评估和优化的过程。这意味着高校应建立有效的反馈机制，持续跟踪教学活动的效果，及时调整和改进教学策略。对教学实践的持续观察和评估，可以确保教学创新活动真正满足学生的学习需求，促进其全面发展。总之，创新高校英语教学理念是一个系统工程，它要求教育者不仅更新自身的教育观念，还能熟练掌握现代教育技术，有效地将创新理念整合到教学实践中。通过不断探索和实践，教师可以构建一个动态、互动和个性化的英语学习环境，为学生提供全面发展的平台。

二、创新教学方式

在高校英语教学中，创新教学方式的探索已成为提高教学质量和学习效率的重要策略。现代网络教学模式的兴起为这一创新提供了丰富的资源，通过集成图片、文字、声音和影像，给学生提供了多维度的学习体验，有效地锻炼了学生的语言技能。网络教学模式的核心在于打破传统教学的时间和空间限制，为学生提供了自主学习的平台。在这个平台上，学生可以根据自己的学习节奏和兴趣选择学习内容，这种自主性不仅提高了学习的灵活性，还增强了学生对学习过程的控制感。教师的角色从知识的传授者转变为学习的引导者和促进者，他们应积极地鼓励学生探索网络资源，通过实时反馈和互动讨论，帮助学生构建知识体系，深化对英语的理解。在促进网络自主学习的过程中，教师需要关注学习环境的构建。一个轻松愉悦的学习环境能够激发学生的学习动力和创造性，降低学习焦虑，增强学习的持久性。这种环境的构建不仅体现在物理环境的舒适和技术支持上，也体现在在线学习社区的活跃和支持性，以及课程设计的互动性和参与感上。通过这种环境，学生能够在愉悦的氛围中进行学习，更好地吸收和应用新知识。与此同时，教师应引导学生制订明确合理的英语学习目标，帮助他们认识学习英语的长远意义和实际价值。目标的明确化可以提高学生的学习目的性和针对性，使他们在学习过程中更加专注和有效。为此，教师可以组织目标设定工作坊、学习规划辅导等活动，鼓励学生根据自己的职业规划和兴趣爱好，制订个性化的学习计划和策略。进一步，创新教学方式还应注重学生英语口语表达能力的培养。口语能力的提升不仅需要理论知识的学习，还需要实践和应用的机会。网络教学模式可以提供虚拟场景模拟、在线交流会、国际合作项目等多种形式，让学生在实际语言使用中磨炼口语技能，提高语言实际运用能力。通过这些活动，学生不仅能够在真实或模拟的交流情境中使用英语，还能接触不同文化背景的交流方式和思维模式，从而拓宽视野，增强跨文化交际能力。

三、创新课堂教学

创新课堂教学在高校英语教学中起着至关重要的作用。教师在开展课堂活动之前需做足准备，不仅包括课堂传授知识，还包括课前的细致规划和课后的深入分析。在备课阶段，教师应进行深入的教材研究，并力求将实际生活案例与教学内容相结合，激发学生的学习兴趣。此外，对教学内容的难点与重点要进行合理划分，明确哪些部分学生能独立掌握，哪些部分需要详细讲解。在课堂教学中，鼓励使用全英文的教学模式，这有助于学生更好地融入英语学习环境。通过积极互动，教师不仅能够锻炼学生的口语能力，还能及时纠正他们的语法错误。同时，设计的教学环节应既不过于简单也不过于复杂，能够激发学生的思考，提升其学习效率。教师应鼓励学生大胆发言，为其提供展示自我的机会，激发他们对英语学习的热情，逐渐增强学生的自主学习意识。

另外，教师需考虑学生的英语水平差异，实施个性化教学。教师应针对学生的不同能力和需求，制订合适的教学计划和采用多样化的教学方法。教师可根据学生的英语水平将其分成不同的层次，为不同能力的学生采取不同的教学策略，以期实现个性化教学，最大限度地掌握学生的学习进度和情况。这种教学方式不仅有助于提高教学质量，还能有效促进学生英语能力的全面发展。

四、创新教学评价

在过程化评价方面，英语教学的评估应不断贯穿学生的学习旅程，覆盖学习的各个环节。这种动态的评价模式要求教师不仅关注学生的最终成果，还要重视他们的学习过程和努力。具体来说，教师可以通过持续跟踪学生的课堂表现、作业提交、小组互动等多个维度来评估他们的进步。这种过程性评价有助于教师及时调整教学策略，针对学生的弱点提供个性化的辅导。同时，这种评价方式可以激励学生更加积极地参与学习，增强他们的自我驱动力和主动学习意识。

在评价方式上应该多元化，尤其是职业导向的高职教育评价体系更应整合多种评价工具和形式，以全面衡量学生的英语能力。除了传统的书面测试，还可以包括口头表达、实际操作、团队合作项目等多种评估方式。这样的评价系统能够更加全面地反映学生的语言应用能力、思维能力和团队协作能力。例如，通过模拟英语会议、研讨会或角色扮演等活动，教师可以评估学生的口语交流能力和团队协作技能。这种多样化的评价方式不仅能够为学生提供更多展示自己的平台，还能够帮助教师从多角度了解学生的综合素质和能力，从而更准确地指导学生的学习。

在评价内容的多元化方面，高职英语的教学评价应覆盖学生知识、技能、情感、态度等多个层面。这要求评价不仅关注学术成绩，还应评估学生的学习兴趣、创新思维、团队协作等非学术方面的素质。例如，通过观察学生在课堂讨论中的参与度、在小组项目中的协作精神和在创新任务中的表现，教师可以全面了解学生的综合能力。这种全面的评价有助于发现学生的潜能和兴趣点，促进他们的全面发展，同时能够帮助教师根据学生的个性特点进行更有针对性的教学设计。

在评价策略的多样化方面，高职英语评价需要结合多种评估工具和手段，如自我评价、同伴评价、教师观察、项目评估等，以获得学生学习的全面视图。通过多样化的评价策略，教师可以从不同角度和维度捕捉学生的学习表现和进步。例如，自我评价可以增强学生的自我反思和自我管理能力，同伴评价可以促进学生之间的互动和沟通，教师观察和反馈则可以为学生提供专业的指导和支持。此外，将现代技术工具，如电子学习档案、在线互动平台等，融入评价体系，可以更高效地收集和分析学生的学习数据，为教学和学习的改进提供依据。

  在评价的科学化方面，应注重建立一个公正、客观和全面的评价体系，以准确衡量学生的语言能力和综合素质。这要求评价不仅要考量学生的学术成绩，还要平衡各项语言技能的发展，特别是听力和口语能力。科学的评价体系应避免过分依赖单一的评价标准或形式，而是综合运用各种评价工具和方法，确保评价结果的全面性和准确性。例如，在评价学生的英语能力时，应综合考虑其阅读理解、写作表达、听力理解和口语交流等各方面的表现。这种综合评价不仅有助于全面了解学生的语言运用能力，也能促进学生在各个方面的均衡发展。

第四章 职业能力培养导向下的高职英语课堂教学模式创新

第一节 情境教学模式

一、情境教学模式的内涵

情境教学模式是一种以具体情境为核心的教学策略，旨在通过模拟真实的生活环境来促进学习效果。根据章兼中在《外语教育学》中的定义，情境包含了影响语言学习的各种环境，如新语言知识、技能及听、说、读、写环境，是语言交际活动的一切内部条件和外部条件的总和，涵盖了社会语言环境和学习者的情意特征。[①] 其中，社会语言环境，或称社会语言情境，指的是使用语言进行信息交流的社会背景，它是语言交际发生的实际环境。这种环境不仅包括真实的社会语言情境，如日常生活中的交流场景，还包括通过实物、图画、手势动作以及语言本身创设的情境，如教室中模拟的对话或讨论。社会语言情境可以细分为四个方面。第一方面是社会语言情境本身，包括真实的社会交流环境和教学中创造的模拟环境。第二方面是话语范围，涉及言语活动的内容和范围，包括语言活动的功能、话题和相关的语言知识点等。第三方面是话语进

---

① 章兼中. 外语教育学[M]. 福州：福建教育出版社，2016：253.

程，关注交流中的参与者、他们的角色和身份，以及他们在交际行为中的相互关系。第四方面是话语方式，指的是通过口头还是书面形式进行，以及交流的具体形式，如对话、问答或叙述等，这种分类提供了一个更全面的情境理解框架。

傅道春在《情境教育学》中进一步阐述，情境不仅是指环境，还包括外界、景物、事件和人物等元素，形成了具体的教育场所。这种教育场所充满了各种形象化和典型的教育现象，可以通过文字、音像及其他多媒体形式呈现，涉及教师、学生、教育中介、要素间联系以及教育实施过程等多种因素。[①] 不管何种定义，情境教学模式的本质在于创造一个优化的环境，将情境作为教学思维的载体和支架，核心是通过设计真实或接近真实的场景和情境，将教学内容嵌入一个多彩的大背景中，为语言教学提供丰富的实例，使所教授的语言知识生动化，为学生的全面发展创造优质的学习体验。这种方法的生动性和形象性有助于学生将知识融入情境中，鼓励学生主动参与互动，从而提高他们的学习兴趣，改变传统英语教学枯燥的局面。并且创设的情境越是生动、准确，学生就越能理解信息，激活思维，增强表达思想的愿望。

在语言教育，尤其是高职英语教学中，理解和运用这种情境观念至关重要，因为它能够帮助学生将语言知识与实际使用场景联系起来，促进更有效地学习和应用。通过创设符合这一理论的教学情境，教师可以激发学生的学习动机，促进其认知发展，帮助他们更好地理解和使用语言。这种情境的多维度理解，使得情境教学模式在高职英语教学中成为一种有效的教学策略，有助于学生在实际的社会语言环境中发展其交际能力和实际应用技能。

二、情境教学模式的理论基础

情境教学模式的产生在于对语言本质的认知，语言的意义是在特定的言语背景和上下文中寻求的，语言与文化背景、社会环境的紧密联系，

---

① 傅道春. 情境教育学 [M]. 哈尔滨：黑龙江教育出版社，1996：83.

这种背景就是语言的情境。因此,情境教学模式通过模拟真实的情境,将大场景划分为小情境作为语言学习的基本单位,让新的语言结构在相关的语境中重现,强化了语言学习的情境依赖性。虽然句型练习和记忆仍是教学过程的一部分,但这些练习都是基于特定语境的,具体来说,情境教学模式的理论基础有以下几种,如图 4-1 所示。

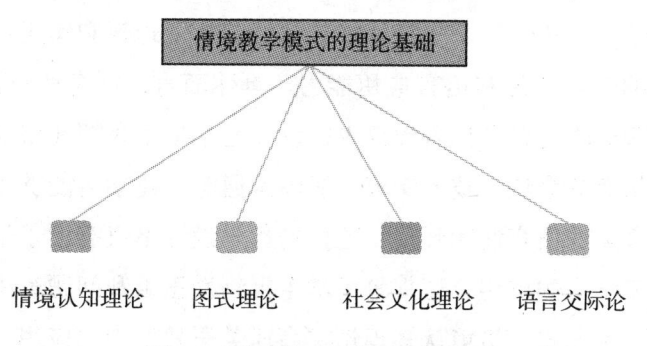

图 4-1 情境教学模式的理论基础

（一）情境认知理论

情境认知理论之所以成为情境教学模式的关键理论基础,是因为它强调了学习的情境依赖性,情境认知理论认为知识不是孤立存在的抽象事物,而是与特定的情境、活动和文化背景紧密相关。因此,知识的学习也必须在具体的、具有实际意义的或者模拟的真实情境中进行,知识的获得和应用必须嵌入具体的社会文化背景和活动中,这就意味着语言的学习不应该脱离实际使用情境进行,而应该在真实或模拟的情境中进行,以确保学生能够在具体的实际环境和背景下理解所学知识,促进学生的语言能力和问题解决能力的提升,促进知识的深层理解和长期记忆,从而在以后的真实情境中得以有效应用和发展。

并且这一理论认为,个体的学习不仅是认知过程的结果和理论的学习,还深受情感和环境的影响。该理论强调了情感在学习中起到动力、强化和调节的作用,积极的情感状态能增强学习动力,促进认知活动的开展,而消极的情绪则可能阻碍学习过程。因此,情境教学模式还鼓励通过创造积极的学习情境，让学生在使用语言过程中体验到情感的正向作用，激发学生的情感体验，增强他们的学习动机，以提高他们的学习积极性和效率。

这种观点对高职英语教学尤其重要，情境教学模式将教学设计与学生未来的职业情境相匹配，将教学内容与学生的实际生活经验和职业发展需求相结合，从而使学生能够在相关的背景下理解和实践英语，可以增强学生的学习动机和语言应用能力。具体而言，在高职英语教学中，情境认知理论的实践意味着教育者需设计与学生未来职业路径相关的教学情境，如商务会谈、技术交流、职场沟通等，使学生能够在学习过程中体验到真实的语言使用环境。这样的教学设计不仅有助于学生理解语言在实际工作中的应用，还促进了学生批判性思维和问题解决能力的发展。通过这种方式，情境认知理论在高职英语教学中的应用可以有效地促进学生的综合语言运用能力提高，为他们将来的职业生涯提供坚实的语言支持和认知基础。在高职英语教学中，这种理论支持将教学内容与学生未来的职业生涯相结合，通过模拟职业场景中的实际应用，帮助学生建立起语言知识与实际使用之间的联系。

（二）图式理论

图式理论是情境教学模式的另一个重要理论基础，它涉及人们如何储存、检索和使用知识的心理机制。图式指的是个人头脑中预先形成的关于世界的认知结构，它包含了个人的经验、事件知识和先前学到的信息。这些图式为理解新信息提供了必要的背景知识框架，帮助个体解释和组织接收到的信息。丰富的背景知识会形成更多的图式，进而使个体更容易理解新的文本或情境。

在情境教学模式中，图式理论的应用至关重要，图式与情境紧密相关，因为它解释了学习和理解过程如何依赖于学生已有的知识和经验。通过连接新旧信息，图式理论强调了学习的连续性和整体性，提出教学应该与学生的现有知识结构相匹配，以促进新知识的吸收和理解。这就

第四章 职业能力培养导向下的高职英语课堂教学模式创新

要求教学设计要能够激活学生的相关图式,使他们能够将新信息有效地整合进自己的知识体系中。

在高职英语的情境教学模式中,教师需要设计教学活动,通过讨论学生熟悉的主题或创建与学生经验相关的情境,激发和利用学生的现有图式。例如,如果学生有在餐厅工作的经验,这一个场景可能涉及与餐厅有关的多个图式知识架构,教师可以设计以餐厅服务为背景的教学活动,这样学生就可以利用他们的背景知识来理解和运用新学的英语表达和词汇。这种教学方法使学生能够在熟悉的情境中学习英语,从而更有效地理解和掌握新语言。通过激活学生的先前知识和经验,图式理论在情境教学模式中的应用有助于建造新旧知识之间的桥梁,使学习过程变得更加自然和高效。教师可以通过设置真实的语言交际情境,调动学生头脑中的图式,使他们不仅理解所学的语言形式和功能,还能够在实际的交际中有效使用新语言。这种基于图式的教学方法有助于加深学生对语言的理解,并促进其交际能力的发展。因此,图式理论在情境教学模式中发挥着至关重要的作用,它不仅提供了对学习过程的深入理解,还指导了教学实践的设计,使之更加符合学生的认知特点和学习需求。这种理论指导下的教学策略有助于实现更有效的语言教学,特别是在高职英语教学中,能够更好地帮助学生建立起实际语言使用和学术知识之间的联系,为他们的未来职业生涯和持续学习奠定坚实的基础。

(三)社会文化理论

社会文化理论强调学习是一个社会互动过程,认为个体的认知发展是在特定的文化、历史和社会背景下通过与他人的交互中发生的。这一理论由苏联心理学家列夫·维果茨基提出,他认为个体的认知能力是通过社会参与和文化工具,如语言、符号系统等的使用,在社会互动中形成和发展的。[①] 社会文化理论的核心在于学习者与更有经验的他人之间

---

① 维果茨基.维果茨基教育论著选[M].余震球,选译.北京:人民教育出版社,2005:85.

的合作和对话，这种互动促进了知识的内化和认知的发展。在高职英语情境教学模式中，社会文化理论的应用表明教学不仅是知识的传递过程，还是一个社会互动的过程。教师和学生之间的互动、学生与学生之间的合作、学生与英语文化之间的互动都是学习过程的重要组成部分。通过这种互动，学生能够在社会文化的语境中进行语言实践，理解和应用新知识。例如，通过小组讨论、角色扮演和合作项目，学生可以在实际交流中使用英语，不仅能增强其语言能力，还能更好地理解文化背景和社会规范。

　　社会文化理论还强调了"近端发展区"（zone of proximal development，ZPD）概念，即学生在独立完成任务和需要帮助之间的认知区域，指的是孩子在成人指导或与更有能力的同伴协作下能够完成的任务与他们独立完成的任务之间的差距。在这个区域中，通过教师的适时介入和指导，学生能够达到原本无法独立完成的认知水平。在高职英语教学中，教师可以根据学生的具体需求和能力，提供适量的支持和挑战，引导学生通过实践和交流逐步掌握更复杂的语言结构和交际技能。这一概念强调了社会互动在学习和认知发展中的重要作用。在高职英语教学中，教师可以通过识别学生的近端发展区，并在此基础上提供适当的挑战和支持，来促进学生的语言能力和认知发展。高职英语教学中的社会文化活动，如模拟职场交流、参与国际项目合作等，都能够促进学生在真实或接近真实的社会文化情境中学习英语。这些活动不仅有助于学生运用英语解决实际问题，还能促进他们对不同文化的理解和尊重，增强跨文化交际能力。社会文化理论为高职英语教学提供了一个重要视角，即学习是在社会互动中发生的动态过程，强调了社会互动和文化背景在语言学习中的重要作用。通过将这一理论应用于教学实践，教师可以创建一个促进学生社会参与和文化交流的学习环境，使英语学习过程更加自然、有效，并为学生在全球化背景下的职业发展和社会互动打下坚实的基础。

（四）语言交际论

语言交际论认为语言的本质在于交际，即语言是用来在具体情境中进行信息交换、表达想法和建立社会联系的工具。这一理论强调语言学习不仅是掌握语法规则和词汇量的过程，还能够使用语言有效进行交际和解决实际问题。在这个框架下，语言的教学和学习应该围绕如何在特定的社会文化背景下进行有效交流展开。

对于高职英语教育而言，语言交际论提供了重要的指导原则。高职学生往往面临即将进入职场的现实需求，他们学习英语的目的不仅是通过考试或获取证书，更是在未来的职业生涯中使用英语进行有效的交际和沟通。因此，高职英语教学应当注重培养学生的实用英语能力，包括听、说、读、写和跨文化交际技能，确保他们能够在真实的工作环境中运用英语应对各种挑战。在教学实践中，应用语言交际论意味着教学内容和方法需要紧密结合学生的实际应用场景。教师应设计与学生未来职业相关的交际任务和活动，如商务会议模拟、客户服务情境演练、技术说明呈现等，这些活动能够让学生在实际的交际过程中使用英语，从而提高他们的语言运用能力。此外，教学过程还应包括对不同文化背景的理解和尊重，帮助学生建立跨文化交际能力，这对于他们未来在全球化环境中的职业发展尤为重要。通过结合语言交际论，高职英语教育能够更加关注学生的实际需求，将语言学习与实际使用场景相结合，不仅提升学生的语言技能，还能增强他们的职业竞争力并拓宽视野。这种以交际为中心的教学方法有助于学生将学到的语言知识转化为实际的交际能力，为他们的职业生涯和个人发展奠定坚实的基础。

三、情境教学模式的特征

情境教学模式特征集中表现为真实性、交际性、趣味性和创造性，如图4-2所示。这些特征体现了情境教学法的独特优势，探究这些特征有助于深入理解情境教学法的实施原则和教育目标，同时指导教师如何设计有效的教学活动，以满足学生的学习需求和发展潜能。

真实性　　交际性　　趣味性　　创造性

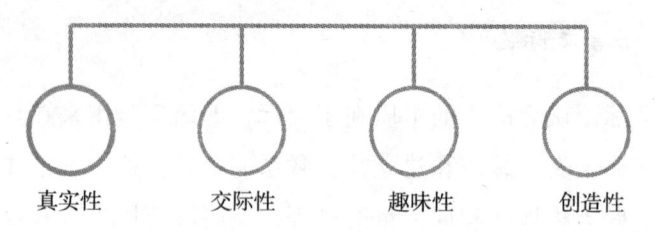

图 4-2　情境教学模式的特征

（一）真实性

情境教学模式的核心特征之一是其真实性，真实性特征强调教学情境的设计应以学生的实际经验和生活情境为基础，尽可能接近学生的现实生活和实际经验，通过创设接近真实的学习环境和任务，促进学生的认知发展和知识应用。学生将新学的知识和技能与现实世界的应用联系起来，不仅能加深理解和记忆，激发学生的学习兴趣，还能够建立起学习与实践之间的桥梁，从而提高学习的有效性和实用性，提高学习的效率。

教师在创设学习情境时，应考虑到学生的日常生活经验和认知水平。这种情境创设要以学生的实际生活为背景，引入他们熟悉的社会环境和文化元素。例如，在教授购物对话时，教师可以模拟超市或商店的购物环境，设置学生可能遇到的真实购物情境，如询问价格、讨价还价等。通过这样的模拟，学生可以在一个接近真实的环境中学习和练习语言，使学习过程更加自然和有意义。真实性的情境教学不仅限于模拟现实生活中的具体情境，还包括创设与学生未来职业生涯相关的教学场景。例如，在高职教育中，教师可以设计与学生专业相关的工作情境，如酒店管理、商务谈判等，让学生在学习专业知识的同时，提前体验职业角色，理解并运用专业语言和技能。这样的教学方法能够帮助学生建立学习与实际工作之间的联系，增强学习的目的性和实用性。真实性还意味着教学内容和任务的设计应符合学生的认知发展和心理特点。教师应从学生的实际出发，选择符合其兴趣和需求的教学内容，设计切合其认知水平的学习任务。这种贴近学生实际的教学设计可以有效提升学生的学习动机，增加他们的参与感和满足感。在实现真实性的过程中，教师还应运用多样化的教学资源和手段，如多媒体教学、网络资源、实地考察等，以丰富教学内容，增强教学情境的真实感。通过这些现代化的教学手段，学生可以更直观、更全面地理解知识，体验学习的乐趣。

（二）交际性

交际性是情境教学模式的另一个重要特征，着重强调在英语教学过程中，必须创设充满交流互动的学习环境，以培养学生使用英语作为交际工具的能力。这种能力不仅包括正确运用语法和词汇构造句子的技巧，还包括能够根据不同的场合、时机和对象选择恰当的语言形式和表达方式。为了发展学生的交际能力，教师应在课堂上有意识地创建真实的交际场景，让学生在特定的语境中进行有效的沟通。这涉及在学习活动中设置信息差，即确保交流的双方都有未知的信息需要通过语言交换来获取。这种方法迫使学生通过英语进行询问、解释、讨论等，从而实现信息的交换和共享，完成共同的任务。例如，在教学过程中，教师可以设计一种情境，让一部分学生扮演顾客，另一部分学生扮演商店员工。顾客有特定的购物需求，而员工需要根据顾客的描述提供相应的产品信息。在这个过程中，学生必须使用英语进行有效沟通，以解决顾客的需求。这种情境设置不仅增加了学习的真实性，还增强了交际的必要性。进一步，交际性教学还要求学生能够适应多变的交流环境和对象，这就需要他们不仅掌握语言知识，还要了解文化差异、社会规范和沟通策略。因此，情境教学中应包含多种交际活动，如辩论、讨论、谈判等，以提供学生在不同语境下练习语言的机会。除此之外，有效的交际也需要学生具备良好的听说读写综合能力。教师可以通过多样化的教学方法和技术，如角色扮演、小组讨论、多媒体交互等，促进学生这些技能的综合运用。通过这些互动性强的活动，学生可以在具体的交际过程中锻炼和提升自己的语言能力。交际性在情境教学模式中的应用，意味着学习不仅是知识的积累,还是能力的培养。通过模拟真实的交际场景,学生能够在实际的语言使用中学习和进步,从而使英语学习超越课堂,与现实生活和未来的职业需求紧密相连。通过这种方式,英语教学变得更加生动、实用和有效,真正做到了以学生为中心,以沟通为目的,以情境为载体。

(三)趣味性

学习过程涉及智力因素和非智力因素的共同作用。智力因素包括记忆力、观察力、思维能力和想象力等,这些能力直接影响学生对知识的接收和处理。而非智力因素则涵盖了意志力、情感、兴趣和注意力等心理因素,这些因素在学习过程中同样起着决定性作用。特别是兴趣,常被视为学习语言的内驱力,它直接关系到学生对语言的掌握程度和学习的持续性。因此,趣味性在语言学习中的重要性不容忽视,它是情境教学模式中的一个关键特征。趣味性能够激发学生的学习热情,提高学习效率,促进知识的吸收和运用。理解趣味性的内涵以及如何在教学中实现趣味性,对于教师和学生都极为重要。

兴趣的培养并非一成不变的,它受到多种因素的影响,其中教学环境和教学方法的作用尤为重要。在英语教学中,创设富有趣味性的学习情境可以显著提高学生的学习兴趣。这要求教师在设计教学活动时,充分考虑到活动的趣味性和吸引力。通过将学习内容与学生的生活经验、兴趣爱好等紧密联系起来,教师可以有效地提升学生的学习动机和参与度。具体来说,教师可以利用故事、游戏、角色扮演等多种教学方法来增加教学的趣味性。例如,通过故事讲述,教师可以将语言学习点融入情节之中,使学生在享受故事的同时,自然而然地学习到新的语言知识。同样,设计与实际生活相联系的游戏,如模拟购物、旅行等,不仅可以让学生在实践中使用语言,还能增加学习的乐趣,提高语言技能。此外,教师还应关注学生的个性化需求,调整教学策略以适应不同学生的兴趣和学习风格。这意味着教师需要不断创新教学方法,探索更多富有创意和挑战性的教学活动,以满足学生多样化的学习需求。在增加教学趣味

第四章 职业能力培养导向下的高职英语课堂教学模式创新

性的过程中，教师应持续观察学生的反应和进步，及时调整教学内容和方法，确保每个学生都能在愉悦的氛围中有效学习。通过这种方式，学生的学习不再是被动接受知识的过程，而是积极主动、充满乐趣的探索和发现之旅。从整体上看，趣味性在英语情境教学中起着至关重要的作用。它不仅能够激发学生的学习兴趣，还能够促进学生主动参与和深入学习，从而有效地提高学习效率和教学效果。因此，教师在实施情境教学时，应充分利用趣味性这一特征，创设丰富多彩的学习情境，引导学生在愉快的氛围中探索语言的魅力，实现语言能力的全面发展。

（四）创造性

创造性是情境教学模式的核心特征之一，它体现了情境教学模式在教学过程中为学生提供充分的空间和机会，以便他们能够运用已掌握的知识在新的语境下创造出新的语言表达形式。这种特征不仅促进了学生语言技能的发展，还培养了他们的创新思维和问题解决能力。

在情境教学中，创造性的体现首先是教师在设计课程和活动时，不仅仅停留在知识的传授，更重要的是引导学生在学习过程中主动探索和创新。这要求教学设计不仅是复制现实生活中的场景，还要加入一定的变化和挑战，激发学生运用自己的知识和经验去创造新的解决方案或表达方式。

创造性的培养也体现在鼓励学生自主构建知识体系。情境教学模式通过创设与实际生活紧密相关的学习情境，使学生在参与中感知和探索，借此发展他们的思维和语言运用能力。例如，通过模拟商务谈判、文化交流或社会实践等活动，学生可以在真实或近似真实的情境中，主动寻找信息，处理问题，从而在创造性地使用语言的过程中提升自身能力。

此外，情境教学中的创造性还意味着教师需要不断创新教学方法和手段，以适应学生的个性化需求和发展趋势。教师应当根据学生的实际水平和兴趣，设计多样化的教学内容和互动形式，鼓励学生从不同角度和层次思考问题，激发他们的创新意识和创造动力。

创造性在情境教学模式中的实施，还需要一个开放和包容的学习环境。在这样的环境中，学生可以自由地表达自己的想法和见解，即使是非常规的或是创新的想法也会得到鼓励和支持。这种环境有助于学生打破传统思维的束缚，勇于尝试和创新，从而在实践中不断提升自己的语言能力和创造力。

四、情境教学模式的实施步骤

情境教学模式的实施步骤包括情境导入阶段、情境操练阶段和情境运用阶段，如图 4-3 所示。这一系列步骤形成了一个渐进的教学过程，旨在系统地通过该模式引导学生从理解新知识到能够灵活运用所学语言。其中，情境导入阶段主要用于引发学生兴趣和建立知识基础，情境操练阶段通过具体练习加深理解和巩固语言技能，而情境运用阶段则着重于提升学生综合运用语言解决问题的能力。这些步骤相互衔接，共同构建了一个有效促进语言学习和应用的教学体系。

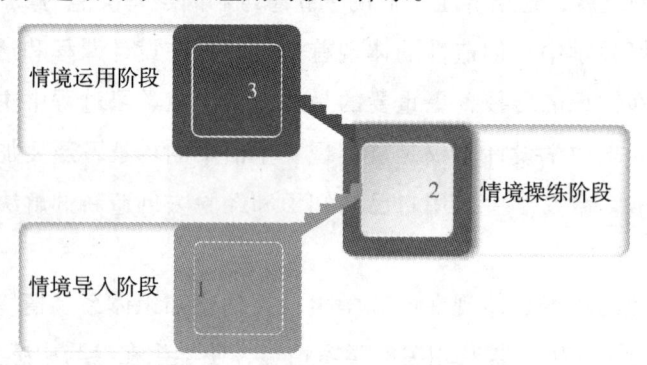

图 4-3　情境教学模式的实施步骤

（一）情境导入阶段

情境导入是情境教学模式的第一步，它对于学生来说是接触新的语言材料的关键阶段。在这个阶段，教师的主要任务是通过创设情境，吸引学生的注意力，激发他们的学习兴趣，为进一步的语言学习奠定基础。教师可以运用实物、图片、投影等多种手段来创设静态情境，这些情境

第四章 职业能力培养导向下的高职英语课堂教学模式创新

应与学生的生活经验和文化背景紧密相关，以便学生能够快速理解和接纳新的语言材料。

情境导入的目的是帮助学生建立形、音、义的联系，为此，教师需要巧妙地将新词语和句型融入情境中。例如，如果教学目标是教授有关食物的词汇，教师可以利用实物或图片展示不同的食物，发音并解释每个词语的含义，让学生通过视觉和听觉的双重刺激来加深记忆。此外，实践活动如听音、仿说等也是情境导入阶段的重要组成部分，它们能够帮助学生在模仿和重复中加强对新的语言材料的理解和记忆。

在这个阶段，教师还需要注意调节课堂氛围，创造一个轻松愉悦的学习环境。故事讲述、游戏等方式可以有效地降低学生的学习焦虑，增加学习的趣味性。情境导入不仅是学生学习新的语言知识的起点，也是激发他们学习兴趣和积极性的关键，因此，教师需要精心设计，使得情境既能够吸引学生注意，又能够自然地引入新的语言知识点。

（二）情境操练阶段

情境操练是情境教学模式中的第二步，它是学生对语言材料进行练习和巩固的阶段。在这一阶段，教师通过创设动态情境，如录像、视频或体态语等，让学生进行机械性或替代性练习。这种练习有助于新的语言知识在学生心中得以固化，从而加深对语言材料的理解和记忆。

情境操练的核心是让学生在模拟的真实情境中应用语言，通过反复的练习，使学生逐渐习得语言结构和功能。例如，如果学习目标是日常交流中的问候语，教师可以设计一个模拟场景，如两个人在街上偶遇，然后让学生扮演不同的角色进行对话练习。这种方法不仅能够让学生在具体的语境中使用语言，还能够提高他们的语言应用能力。

为了增加操练的有效性，教师应设计多样化的活动，使学生能够从不同角度和层面进行语言练习。这些活动包括填空练习、句子转换、角色扮演等，旨在通过不断的重复和替代来加深学生对语言材料的掌握。此外，教师还应根据学生的反馈和学习进度调整操练的难度和深度，确保每个学生都能有效地参与并从中获益。

情境操练不仅是语言知识的巩固过程，也是学生语言技能逐步形成的过程。通过这种有目的的操练，学生能够在安全的环境中尝试和犯错，从而在实践中学习和进步。因此，教师需要精心设计操练活动，确保它们既能够吸引学生参与，又能有效地促进语言技能的发展。

（三）情境运用阶段

情境运用是情境教学模式的第三步，标志着学生对语言材料的活用阶段。在这一阶段，教师需要通过创设故事性情境，如角色扮演、小品表演等，培养学生灵活运用语言的能力。这是学生交际能力形成的重要时期，通过这种情景模拟，学生能够在实际语境中应用所学语言，从而提高其交际能力。

在情境运用阶段，教学的重点转向学生如何将所学的语言知识和技能运用到实际的交际中。教师可以设计各种生动有趣的活动，如模拟旅行、餐馆点餐、求职面试等情境，让学生在这些情境中扮演不同的角色，并进行交流和对话。这些活动不仅能够帮助学生运用语言知识，还能够提高他们解决实际问题的能力。为了确保情境运用的有效性，教师需要根据学生的语言水平和需求精心设计情境，确保它们既能够带给学生挑战，又不至于让他们感到沮丧。此外，教师还应鼓励学生自主参与情境创设，让他们根据自己的兴趣和经验选择或设计情境，这样不仅能够增加学习的个性化和自主性，还能够提高学生的参与度和学习动机。

情境运用阶段是学生将语言知识转化为实际交际能力的关键过程。通过这种实践和体验，学生不仅能够提高语言应用能力，还能够增强自信心和社会交往能力。因此，教师需要在这一阶段提供充分的支持和指导，帮助学生克服学习中的困难，从而有效地促进其语言能力和交际技能的全面发展。

五、情境教学模式的实施方法

情境教学模式的具体实现方法多种多样，这些方法包括直观教具与实物法、表演法、言语描述情境法、游戏法以及多媒体教学法，如图4-4所示。每种方法都有其独特的优势和适用场景，旨在通过不同的手段和技术，创设生动实在的学习环境。其中，直观教具与实物法通过物理对象增强学习的感知效果，表演法让学生通过角色扮演深入体验语言情境，言语描述情境法则侧重于利用语言能力构建虚拟情境，游戏法通过互动活动提高学习动力，多媒体教学法利用现代技术丰富教学内容。这些实施方法共同促进了学生在多维度的情境中有效学习和运用语言。

图4-4 情境教学模式的实施方法

（一）直观教具与实物法

在高职英语教学中，直观教具与实物法作为情境教学模式的一种基本方法，对于提高学习效果具有显著的作用。直观教具，如具体实物、图片、简笔画、幻灯片和电影等，可以直接触及学生的感官，激发他们的情感和兴趣。这种方法尤其符合高职学生的心理特点，如情感的易感性和冲动性，使得学习过程更加生动和吸引人。在具体实施上，利用生活中常见的物品作为教学工具，不但经济实惠而且效果显著。这些实物能够立即吸引学生的注意力，生动形象地展示语言点，促进学生对教材内容的快速理解和吸收。例如，如果学生的专业是商务英语方向，教师可以使用与报关单、货品等作为教学工具。通过模拟商务英语出口的场景，学生可以在实际的语境中学习和使用英语等。这种教学方法不仅使学生能够直观地感知和理解语言知识点，还能提高他们将语言知识应用于专业实践的能力。此外，教师可以利用技术手段如虚拟现实（VR）或增强现实（AR）来创造更加生动的学习情景。例如，通过 VR 技术，学生可以虚拟参观英语国家的文化地标，如伦敦塔桥、纽约自由女神像等，这样的互动体验不仅增强了语言学习的趣味性，还拓宽了学生的国际视野。通过这类物品的具体应用，直观教具与实物法在高职英语情境教学中既增加了学习的实用性和趣味性，又可以促进学生英语能力的全面发展。这种教学策略的运用有助于将学生的专业知识与语言技能有效结合，为他们未来的职业生涯提供了坚实的语言基础和实践经验。

（二）表演法

表演法在教学中是通过让学生进行角色扮演和情景模拟来进行的教学，这种方法不仅使学生通过表演实践直观地学习英语，还提高了他们的沟通技巧和职业适应能力。在高职英语课程中，通过模拟商务谈判、客户服务交流或工作面试等具体情境，学生能够在真实的语境中使用英语，这种教学方法在促进了学生语言技能的全面发展的同时，也加深了他们对专业领域的理解。通过表演法，学生能够在互动和合作中提升英语实际应用能力，为日后的职场生涯打下坚实的基础。

（三）言语描述情境法

言语描述情境法是高职英语专业情境教学模式的实施途径之一，该方法托于丰富的语言描述，通过语言的力量构建教学情境，促进学生感知、理解和运用英语，促进学生英语能力的全面提升。在构建情境的过程中，学生会基于教师描述，加入自己的理解，这种方法能够激发学生的想象力，培养他们的抽象思维、创新能力，也有利于学生加深对语言知识点的理解和应用，为他们的未来学习和工作奠定坚实的基础。

第四章　职业能力培养导向下的高职英语课堂教学模式创新

在教学实践中，言语描述情境法首先要求教师具备高度的语言表达能力和创造力。教师需通过详细、生动的语言描述，将抽象的语言知识具体化，形成生动、贴近实际的教学情境。例如，在教授新词汇或语法点时，教师可以通过讲述一个与学生生活密切相关的故事，利用具体场景中的对话或描述，使学生在情境中理解和记忆新的语言元素。对学生而言，这种教学方法能够促进其主动思考和学习。在输入阶段，学生通过听或读教师创设的情境描述，激活已有知识，建立新旧知识之间的联系。这不仅帮助学生更好地理解新知识，还培养了他们的听说读写能力。随着词汇和语法知识的积累，学生能够逐步提高对英语的理解和运用能力。在输出阶段，言语描述情景法更加注重学生的主动参与和创造。学生被鼓励根据所学知识，自主创作故事、对话或短剧，这不仅能够加深对语言点的理解和记忆，还能够提高他们的语言组织和表达能力。通过这种方式，学生可以将学习的语言知识转化为实际的语言运用能力，增强自我表达和沟通的能力。此外，言语描述情境法在教学中的灵活性也非常高。教师可以根据教学内容的需要和学生的具体情况，设计不同的教学活动。例如，在教授文化知识时，教师可以通过描述具体的文化场景，让学生在情境中体验和理解不同的文化现象。这种方法使得学生能够在情境中学习语言，同时获得跨文化的认知。

（四）游戏法

游戏法是高职英语教育情境教学模式的一种重要实施途径，通过游戏活动的形式进行教学，具有极强的吸引力和参与性，能有效地调动学生的积极性，让他们在不知不觉中实现"寓教于乐"。它能激发学生的学习兴趣，营造轻松愉快的学习环境，从而促进学生在实际操作中掌握语言知识和技能。

在高职英语教学中，游戏法的设计应遵循趣味性、教育性和灵活性的原则。这意味着游戏不仅能够吸引学生的兴趣，还能够实现教学目标，符合学生的认知发展特点。为了达到这一目的，教师需要创设各种类型的语言游戏，如角色扮演游戏、词语接龙、情境对话等，这些游戏应针对不同的语言知识点和技能进行设计，确保学生在参与游戏的同时，能有效地学习和运用英语。角色扮演游戏，可以设置在一个模拟的英语使用环境中，让学生扮演不同的角色，进行对话或讨论。这种游戏能够帮助学生在具体的语境中练习语言，提高语言实际应用能力，同时增强他们的社会交往能力和团队协作能力。词语接龙等游戏则能够在轻松的氛围中加深学生对词语的记忆。通过这种游戏，学生需要连贯地使用已学词语，促使他们主动思考和运用语言，从而增强记忆和理解。情境对话游戏可以通过模拟真实生活场景，如购物、旅行等，让学生在特定的情境中使用英语进行交流。这种方式不仅能够让学生体验语言的实际应用，还能够提高他们应对不同交际情境的能力。为了保持学生的学习热情和持续的参与度，游戏的内容和形式需要不断更新，以避免单一的游戏模式导致的学习疲劳。教师应根据学生的学习进度和兴趣，不断创新游戏形式和内容，使学习过程充满新鲜感和挑战性。

（五）多媒体教学法

多媒体教学法在情境教学中扮演着重要的角色，特别是在高职英语教育中，它通过综合运用计算机技术、声音、图像、视频等多媒体元素，为学生提供了一个丰富多彩、接近现实的学习环境。这种教学方式不仅突破了传统教学的局限，还以其现代化的手段有效地提升了教学效果并丰富了学生的学习体验。它不仅有助于优化课堂教学结构，还能够适应不同学习风格的学生，使每个学生都能在适合自己的方式中学习和进步。因此，将多媒体教学法融入高职英语教育，能够有效地提升教学质量，激发学生的学习兴趣和创造力，为学生提供一个全面、高效和动态的学习环境。多媒体教学能够实现视觉与听觉的同步刺激，通过集成文字、图像、声音和视频等不同媒介，营造出真实的语言使用环境。这种环境能够帮助学生在多感官的参与下，更好地理解和吸收新的知识点，同时激发他们的学习兴趣和创新思维。例如，通过观看英语国家的文化短片，

第四章　职业能力培养导向下的高职英语课堂教学模式创新

学生不仅能够学习到语言本身，还能够深入了解该语言背后的文化背景，从而开阔视野和增进理解。

在实施多媒体教学时，教师可以利用各种在线资源和软件工具来设计教学内容，如动画、模拟演示、互动游戏等，这些都能极大地吸引学生的注意力并提高他们的参与度。此外，多媒体技术还允许教师根据学生的学习进度和反应灵活调整教学策略，如通过互动测验或即时反馈系统来评估学生的学习情况，及时调整教学内容和方法。多媒体教学的另一个显著优势是其能够创设一个良好的语言环境。通过模拟不同的语言使用场景，如机场登机、餐厅点餐等，学生能够在类似真实的情境中练习语言，这不仅增加了学习的趣味性，还提高了语言技能的实际应用能力。

第二节　任务型教学模式

一、任务型教学模式的内涵

任务型教学模式，又称任务型语言教学（task-based language teaching, TBLT），主张在课堂教学中，通过完成具体任务来促进语言学习。这种教学模式起源于20世纪80年代，其核心理念是"在实践中学习"，代表了交际教学法的进一步发展，并在全球语言教育领域引起了广泛关注。近期，这种模式已逐步融入中国的基础英语教学体系，成为外语教学改革的主要方向之一。

任务型教学模式认为，语言的掌握主要源自语言的实际使用，而非仅仅依赖对语言技能的训练或知识的学习。教师在这一模式下应设计具体而实际的任务，围绕特定的交际目标展开，让学生通过参与讨论、沟通、谈判、解释和提问等多样的语言活动，实现语言的学习和掌握。

与传统教学模式相比，任务型教学模式更加强调以学生为中心，关注语言学习过程中的认知和心理语言学因素。这种教学模式试图通过课堂上以意义构建为核心的互动性活动，为学生提供参与真实交际任务的机会。在执行教学任务的过程中，学生需要关注语言的交际功能，利用已有的知识和资源通过互动交流来获取新信息，并最终完成任务。学生通过这种开放和目标导向的方式，逐步达到既定的学习目标。

  任务型教学模式不仅仅是一种语言教学模式，它还综合了多种教学模式的优点，不与其他教学模式形成对立，而是相互补充。它通过将真实的、有意义的语言使用场景融入教学过程，使得学生能够在完成实际任务的同时，有效地掌握语言技能。这种教学模式强调语言学习的实用性和交际性，旨在通过实际操作和任务的完成，使学生能够在真实的语境中有效地使用语言。

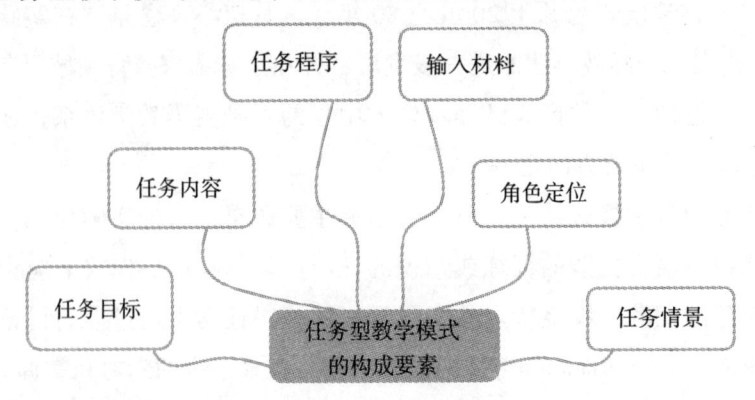

二、任务型教学模式的构成要素

  深入了解任务型教学模式构成要素是至关重要的，这些要素涵盖了从任务内容和目标的确定，到具体实施的程序，再到教学过程中所需的输入材料。同时，教师和学生的角色定位以及任务的情境设定也是确保教学成功不可或缺的部分，如图4-5所示。这些组成要素相互关联，共同塑造了任务型教学模式的结构框架，旨在提高教学效果，确保学生能够在实际语境中有效地使用语言。通过深入分析这些要素，可以更好地理解任务型教学模式的理念，并在实践中有效地应用。

图4-5 任务型教学模式的构成要素

第四章 职业能力培养导向下的高职英语课堂教学模式创新

(一) 任务目标

任务目标是任务型教学模式要实现的最终目的。在高职英语教学中，目标的设定不仅要体现实际的交际需求，还要结合学生的职业发展目标。这些目标应该明确且具有双重性：一方面是教学活动本身旨在达成的实际目标，另一方面是通过这些活动实现的教学目的。以高职英语教学为例，如果设计一个"商务谈判"任务，其实际目标可能是让学生通过模拟谈判来学习和练习谈判技巧。而教学目的则更加深远，不仅包括提高学生的语言能力，还要包括培养他们的谈判策略、决策能力以及跨文化交际能力。在这个过程中，学生不仅能够学习到如何使用英语进行商务沟通，还能够理解并实践商务谈判中的复杂动态，如何表达意见、如何进行有效的反驳、如何展示自己的观点以及如何达成共识。因此，在设定任务目标时，教师需要综合考虑任务的实际应用价值和教学价值，确保学生通过完成任务能够同时获得知识技能的提升和实际应用能力的增强。在高职英语教学中，这种目标设置应与学生的专业背景和未来职业发展紧密相连，使教学内容不仅包括书本知识，还要与实际工作经验和需求相结合，增强学生学习的积极性和实用性。

(二) 任务内容

在任务型教学模式，内容指的是完成任务所必需的具体行为和活动，它决定了教学的具体实施方式。在高职英语教学中，内容的选择应紧密结合专业特点和学生的实际需求，确保学习活动既实用又具有教育意义。例如，在设计一个面向酒店管理专业的英语教学任务时，可以选择"客户服务"作为教学内容，让学生通过角色扮演、模拟对话等方式，学习和练习在酒店工作中的英语交际技能。这样的内容不仅有助于学生理解和运用专业知识，还能增强他们的职业技能和语言应用能力。内容的选择需要考虑其对学生英语能力提升的促进作用，同时要考虑到能否激发学生的学习兴趣和参与度。通过与学生专业实际相结合的教学内容，学生能够在学习过程中感受到学习英语的直接用途和长远价值，从而提高他们的学习动力和教学效果。

（三）任务程序

任务程序在任务型教学模式中指的是完成任务时所遵循的操作方法和步骤。在高职英语教学中，合理的程序设计是确保教学活动有效进行的关键。程序设计包括任务的执行顺序、时间安排以及活动的组织方式等，这些都需要根据学生的学习特点和课程目标来灵活安排。举例来说，在进行"项目展示"这一任务时，教师可以先让学生准备相关的专业英语材料，然后进行小组讨论，最后进行实际的展示和评价。这样的步骤安排既考虑了任务的逻辑性，又能有效地调动学生的积极性，使学生在整个过程中都能积极参与，有效地实现语言水平和专业技能的双重提升。在高职英语教学中，程序的设计还应考虑到任务的复杂性和学生的实际能力，以确保任务既具有挑战性，又能够被学生成功完成。通过实施有序的教学活动，学生可以在完成具体任务的同时，逐步提升语言能力和专业技能，实现教学目标。

（四）输入材料

在任务型教学模式中，输入材料是构成教学过程的关键元素之一。它指的是在完成特定任务过程中所使用或参考的信息和资源。这些材料既可以是文字和语言形式的，如文章、新闻报道、会议资料、学术论文、操作手册、教程等，也可以是非语言形式的，如图像、图表、视频、实物模型、互动软件等。输入材料的主要作用是为学习者提供必要的信息和背景，帮助他们理解任务的内容和目标，从而有效地推进任务的执行。在这个过程中，输入材料不但提供了必要的信息，促进了学生之间的讨论和推理，而且增加了学习的互动性和现实感，使得学习活动更加生动和具体。

在高职英语教学中，选择与学生专业领域相关的输入材料尤为重要。

第四章 职业能力培养导向下的高职英语课堂教学模式创新

例如，对于旅游管理专业的学生，教师可以使用旅游指南、客户反馈、旅游策划方案等作为输入材料；而对于机械工程专业的学生，教师则可以利用设备操作手册、技术规格说明、工程图纸等。这样的专业相关材料不但能够增强学生学习的兴趣和动机，而且有助于将语言学习与专业知识和实际应用相结合，提高教学的实效性。

（五）角色定位

在任务型教学模式中，教师和学生的角色定位是实现教学目标的又一重要因素。教师在这种教学模式中不再是传统意义上的知识传授者，而是变为学生学习过程中的引导者、协助者和促进者。他们的主要任务是设计合适的学习任务、提供必要的输入材料、监控学习过程，并在必要时给予指导和支持。在任务的执行过程中，学生的角色是积极的参与者和合作者。他们需要利用提供的输入材料，与同伴共同讨论、分析问题，并协作完成任务。在这个过程中，学生不仅要积极地使用目标语言进行交流，还要通过合作来解决问题，达成共同的学习目标。在高职英语教学中，教师的角色定位应更多地侧重于创造实际应用场景，激发学生的学习兴趣和积极性，同时提供适度的支持和引导。学生则应被鼓励扮演更为主动的学习者角色，通过参与真实或模拟的专业任务来提升自己的语言技能和专业能力。这种角色定位有助于建立一个互动、合作的学习环境，使学习过程更加贴近实际工作需求，从而有效地提高学习效果和专业技能。

（六）任务情境

任务型教学模式中的"情境"要素关乎任务发生和进行的环境及其背景，它为学习者提供了语言交际的具体语境，同时关系到课堂任务的组织和实施方式。情境的设定对于增强学习的实际性和有效性至关重要，因为它直接影响学生对语言使用情境的感知和理解，进而影响他们学习的投入程度和效果。

在设计教学任务时，创建一个接近实际工作或生活环境的情境可以大幅提升教学的现实意义和应用价值。例如，对于高职英语教学，如果目标是提高学生的商务交流能力，那么情境可以设定为商务会议、客户谈判、产品展示等，这些都是学生未来可能面临的实际工作场景。通过模拟这样的情境，学生可以在与其专业领域紧密相关的背景下练习英语，这样不仅有助于提高他们的语言技能，还能增强他们对专业知识的理解和应用。

情境的设计应考虑其真实性和相关性。一个好的情境设计不仅要贴近学生的实际经验和未来职业需求，还要充分考虑语境的多样性，确保学生能在不同的交际环境中有效使用语言。此外，情境设计还应促进学生的参与和互动，使其能在任务执行过程中主动探索、实践和反思。

在高职英语教学中，情境的设置应能够激发学生的学习兴趣，使他们能够主动探索和解决问题，也应有助于学生构建知识网络，形成有效的学习策略。通过与实际情境相结合的学习任务，学生不仅可以提高语言交际能力，还能增强其跨文化交际意识和解决实际问题的能力。

三、任务型教学模式的原则

任务型教学模式的实践要遵循一定的原则，具体来说，有以下六项原则，如图 4-6 所示。从真实性原则的实用导向到趣味性原则的激发动机，每个原则不仅体现了任务型教学的理念和目标，还为教育者和学习者提供了具体的操作指南，共同构成了一套完整的框架，在高职英语任务型教学模式下，贯彻这些原则不仅能够增强教学内容的实际应用价值，还能够促进学生在愉悦的氛围中积极学习，进而达到提高语言技能和专业素养的双重目标，使得语言教学过程更加高效。

第四章 职业能力培养导向下的高职英语课堂教学模式创新

图 4-6 任务型教学模式的原则

（一）语境适应原则

语境适应原则在任务型教学法中强调语言的形式和功能应紧密结合，以确保学习者能够在适当的语境中使用适当的语言形式达到交际目的。这一原则认为，语言教学不应仅限于语法规则和词汇的学习，更重要的是使学生能够将学到的语言知识应用于实际的交际场景中。

在这个原则下，教学设计要求教师创造或模拟真实的交际环境，使学生在实际或类似实际的语境中学习和使用语言。这意味着教学内容应涵盖不同的语言形式，并明确每种形式在特定语境下的交际功能。例如，在商务英语教学中，学生不仅需要学习商务信函的写作技巧，还要了解如何在商务谈判中有效地使用语言进行议价和达成协议。在高职英语教学中，实施语境适应原则意味着教师需要精心设计任务，以便学生可以在完成这些任务的过程中，自然地练习并运用语言的不同形式和功能。通过这种方式，学生不仅能够提高语言能力，还能增强其应对各种真实生活场景的能力。

为了有效实现语境适应原则，教师需要具备深入的语言知识和对目标语言使用环境的深刻理解，以便能够设计出既有挑战性又能激发学生学习兴趣的任务。此外，教师还需提供足够的机会让学生在不同的交际环境中实践，以确保学生能够理解并掌握如何在特定语境下使用语言达到预期的交际效果。

（二）真实性原则

真实性原则在任务型教学模式中占据核心地位，它强调教学活动、输入材料及其情境应尽可能地接近或反映现实生活的复杂性和多样性。这一原则的目的是确保学生在学习过程中所接触和使用的语言和技能能够直接应用于真实世界的情境中，从而提高语言学习的有效性和实用性。

在教学设计中，真实性原则要求教师使用真实或高度模拟的材料和情境，以便学生能够在一个接近现实的环境中学习和练习语言。这意味着输入材料不应仅限于教科书或传统的教学资源，而应包括真实的文章、新闻报道、广告、信件、访谈、社交媒体内容等，这些材料能更好地反映语言的自然使用场景和文化背景。此外，真实性原则还要求任务的设计和执行能够模拟真实生活中的情境，使学生能够在完成任务时使用语言来解决实际问题。例如，在高职英语教学中，可以设计与学生未来职业相关的任务，如模拟商务谈判、客户服务对话、技术说明演示等，这些活动不仅能提高学生的语言技能，还能增强他们的职业技能和跨文化交际能力。

真实性原则的应用还有助于提升学生的学习动机和兴趣。当学生发现所学语言和技能能直接应用于解决实际问题时，他们更有可能投入学习中，体验到学习的实用价值和满足感。因此，真实性原则不仅关乎教学内容的选择和任务设计，还关乎激发学生的学习热情和参与度。

（三）可操作性原则

可操作性原则关注的是任务设计的实用性和执行的可行性。在高职英语教学中，这一原则要求教师设计的任务不仅要符合教学目标，而且要考虑到实际的教学条件和学生的实际能力，确保任务能够被有效地执行，达到预期的学习效果。实现任务的可操作性，可以使教学活动更加高效和目标明确，从而提高高职英语教学的整体质量和效果。

在遵循可操作性原则时，教师应避免设计过于复杂或环节过多的任

第四章 职业能力培养导向下的高职英语课堂教学模式创新

务,这些任务可能会导致学生感到困惑和挫败。相反,任务应该是清晰、具体且易于操作的,学生应能够理解任务的目标和步骤,并能够实际执行。例如,在进行项目报告的任务设计时,教师可以明确每个阶段的具体要求,如研究准备、资料收集、报告撰写和口头展示等,每个阶段都应具有明确的指导和可操作的步骤。为了增强任务的可操作性,教师可以提供示范或模板,帮助学生理解任务的要求和流程,指导他们如何一步步完成任务。在高职英语教学中,提供实际操作的范例或模拟活动可以帮助学生更好地理解任务内容,提升他们完成任务的能力。

(四)连贯性原则

连贯性原则强调的是在任务型教学中各个任务之间以及任务的不同阶段应该在逻辑上相互关联和支持,确保教学活动在内容和过程上的一致性和流畅性。在高职英语教学中,这一原则的应用意味着教师需要设计一系列既相互独立又相互关联的任务,这些任务应共同促进教学目标的实现。例如,如果教学目标是提高学生的商务英语沟通能力,教师可以设计一系列相关任务,如商务电子邮件写作、商务会议模拟、客户洽谈练习等。这些任务不但在技能上相互补充,而且在内容上相互关联,共同构成了一个完整的学习过程,使学生能够逐步建立和巩固相关的语言技能和商务沟通策略。在遵循连贯性原则时,教师需要确保每个任务都能够无缝衔接,形成一个整体的学习框架。这要求教师在教学设计时考虑任务的顺序、内容的深度和广度,以及学生的学习需要和能力。此外,教师还应在不同的任务之间建设桥梁,如通过讨论、反馈和综合活动,使学生能够将先前的学习经验应用于新的任务中,从而加深对知识和技能的理解和掌握。在高职英语教学中,遵循连贯性原则还有助于增强学生的学习动力和参与度。当学生看到不同任务之间的内在联系和逻辑关系时,他们更容易理解学习材料的意义和目的,从而更积极地投入学习过程。

（五）趣味性原则

趣味性原则指出任务设计应具有吸引学生的趣味性，以激发他们的学习兴趣和动机。在高职英语教学中，遵循趣味性原则意味着教师需要创造一个充满活力的学习环境，让学生在参与和互动中享受学习的过程。为了增强任务的趣味性，教师可以设计一系列具有创意和多样化的教学活动，如角色扮演、情景模拟、游戏竞赛、项目挑战等。这些活动能够使学习过程变得更加生动和有趣，也能促进学生的主动参与和合作学习。除了任务形式的多样化，趣味性原则还要求教师关注任务执行过程中的学生互动和情感交流。鼓励学生在完成任务过程中进行充分的交流和合作，不仅可以增强他们的语言实践能力，还可以提升他们的社交技能和团队协作能力。在高职英语教学中，教师应充分考虑学生的兴趣和偏好，设计既有教育意义又能引起学生兴趣的任务。遵循趣味性原则，可以有效地提高学生的学习动力，使他们在愉快和轻松的氛围中积极地学习英语，并提高他们的语言能力和职业技能。

（六）实用性原则

实用性原则强调任务设计应注重实际效果，确保教学活动能够有效地服务于教学目标的实现。在高职英语教学中，这意味着教师在设计任务时，需要考虑任务是否能够帮助学生提高实际的语言应用能力，并能够满足他们未来职业发展的需求。为了确保任务的实用性，教师应从学生的实际需要出发，设计与学生未来职业实践紧密相关的任务。例如，教师在为旅游管理专业的学生设计任务时，可以设计接待外国游客、制订旅游路线、处理旅游投诉等实际工作场景，这样的任务不仅能够帮助学生在真实或模拟的职业环境中使用英语，还能提升他们的职业技能。在贯彻实用性原则时，教师应确保课堂上的每项任务都能够最大限度地促进学生的互动和交流。这意味着任务设计应允许学生充分利用课堂时间进行合作学习、讨论和实践，以提高他们的语言运用能力和解决问题的能力。同时，教师需要灵活运用各种教学资源和技术，为学生提供丰富的学习材料和互动平台，以增强教学活动的实用性和有效性。

四、任务型教学模式的实施步骤

在高职英语教学中，任务型教学模式的实施步骤从任务准备开始，逐步过渡到任务的呈现，然后进入任务的实施阶段，项目完成后，还要进行任务评价，四个步骤形成一个完整的教学循环，如图4-7所示，并且每个步骤都是精心设计的，以提高教学效果，确保学生能够在各个阶段获得必要的支持和指导，从而顺利完成学习任务。这种结构化方法可以有效地促进学生的语言能力发展和综合素质提升。

图 4-7 任务型教学模式的实施步骤

（一）任务准备

任务准备是关键的启动环节。在这一阶段，教师的目标是激活学生的先前知识和思维模式，为他们接下来的学习活动打下坚实的基础。学生被鼓励主动参与，通过阅读、讨论、研究等多种方式来搜集和处理相关信息。这个过程不仅有助于他们深化对主题的理解，还能增强他们的语言技能和表达能力。在高职英语教学中，这一阶段的准备工作应特别注意材料的真实性和任务的难度适宜性，确保学生能够在接近真实的语境中有效地使用英语，同时要保证任务的复杂度与学生的能力相匹配，既不至于过分简单而失去挑战性，也不应过于困难而导致学生受挫。

（二）任务呈现

任务呈现则是将即将进行的任务介绍给学生的过程。在这一阶段，教师需要清晰地阐述任务的目标、要求和步骤，同时指出学生在完成任务过程中需要掌握的新语言知识和技能。此外，教师应依据学生的实际学习情况，创设符合学生认知水平和兴趣的真实语境，这样可以大幅提升学生的学习动力。创造吸引学生的学习环境，不仅能激发学生的学习热情，还能促使他们更积极地参与到任务中，从而为学习任务的成功实施奠定坚实的基础。

（三）任务实施

任务实施阶段是任务型教学模式中的核心部分，它要求教师和学生共同参与，确保学习任务能够有效地推进并达成预定目标。在这个阶段中，教师的角色转变为引导者和协助者，而学生则需要通过各种形式的活动来深化学习和理解。在任务的实施中，教师首先需要根据学生的实际学习情况和能力水平，合理地选择和安排任务。在大学英语教学中，任务难度的适宜性至关重要。如果任务过于简单，可能会导致学生感到无聊和缺乏挑战性；反之，过于困难的任务则可能导致学生感到挫败和无力。因此，发现任务难度不适宜时，教师需要及时调整，通过降低难度或增加支持来确保所有学生都能有效参与和完成任务。在任务的具体实施中，采取多样化的活动形式是非常有益的。小组活动是一种非常受欢迎的形式，它不仅能促进学生之间的交流和合作，还能增强他们的团队协作能力和社交技能。在小组活动的设计中，教师应明确小组任务和个人任务是相辅相成的，每个学生都应在团队中发挥作用，同时能够实现个人的学习目标。教师在小组活动中的角色是观察者、指导者和参与者，他们应该及时提供反馈和指导，帮助学生克服学习中的困难，确保

第四章 职业能力培养导向下的高职英语课堂教学模式创新

学习活动能够顺利进行。

此外,教师和学生之间的积极互动也是任务实施阶段的重要组成部分。教师可以主动融入小组,与学生一同参与讨论和活动,这种互动有助于建立平等和谐的师生关系,也使教师能更直接地了解学生的学习进展和掌握情况。教师需精心设计和组织活动,并通过有效的师生互动和适时的调整确保任务的顺利进行,这种及时的反馈和调整对于教学方法的改进和任务完成的质量至关重要。

(四)任务评价

任务后阶段是任务型教学过程中的关键环节,它为整个学习过程提供了总结和反馈,是对学生的教学成果的深刻反思。这一阶段主要涉及任务的汇报和评价,以帮助学生和教师理解任务执行的效果,从而指导未来的学习和教学活动。具体而言,在任务完成后,通常由小组代表或整个小组在课堂上进行汇报。这一环节允许学生总结和分享他们在任务过程中的发现、成就和挑战,同时为全班提供了学习和讨论的机会。通过这种公开的汇报,学生可以得到同伴和教师的反馈,增加了学习的互动性和参与感。教师在任务后阶段的角色是评估者和指导者。他们需要对学生的表现进行全面评价,这不仅包括任务完成的结果,还包括学生在过程中的表现,如团队协作、问题解决能力和创新思维等。评价应该全面而公正,不仅应肯定学生的成就,还应指出存在的不足和改进的空间。这种评价不仅有助于学生认识到自己的优点和不足,还能激发他们的学习动力,促进他们的综合能力发展。

除了教师的评价外,学生之间的互评也是任务后阶段的重要组成部分。互评能够鼓励学生从不同的视角观察和分析问题,有助于培养他们的批判性思维和自我反省能力。通过这种方式,学生可以在相互尊重和理解的基础上,提供和接受具有建设性的反馈,从而促进个人和团队的持续进步。在大学英语任务型教学中,任务后阶段的评价不应仅限于对语言知识的掌握程度,还应涵盖交际能力、文化理解和专业技能等多方面的内容。这样的评价方式更符合任务型教学的综合性和实用性特点，能够更好地满足高职学生的学习需求和未来的职业发展。

第三节 模块化教学模式

一、模块化教学模式的内涵

"模块"的原始含义是指那些能够从主体中分离出来，并用于特定目的的部件，如太空船或航天器的组成部分，并且在组装过程中各个部件能够拼合成一个更大的整体。当这一概念被引入教育领域时，它被用来描述课程中可以独立进行学习的单元或部分。

模块化教学的思想，正是从这种模块的概念中发展而来的。在这种教学方法中，课程的知识被分割成多个独立的知识点，这些知识点根据其内在的逻辑关系被编排成一系列独立的学习单元。在教学过程中，教师可以根据教学的具体需求，将这些单元按需组合，形成完整的教学模块。这种方式使得教学内容可以灵活更新和调整，以适应不断变化的教育目标和学习需求。

模块化教学理论的起源可以追溯到 20 世纪 70 年代初，当时国际劳工组织（International Labour Organization）为了提高职工的技能培训效率和有效性，更好地满足工业和服务业对于专业技能人才的需求，开发出了这种模式。它强调以现场教学为主，是一种以技能培训为核心的职业教学模式，后来该理念被引入教育领域并在教育培训领域做出了重要贡献。

模块化教学模式主要分为两大流派：模块教育系统（Modules of Employable Skills，MES）和基于能力的教育（Competency-Based Education，CBE）。MES 模式注重实践技能的培养，通过岗位任务定义学习模块，而 CBE 模式则侧重学生能力的发展，支持个性化的学习路径。

第四章　职业能力培养导向下的高职英语课堂教学模式创新

　　MES 模式的核心是将技能训练置于教育活动的中心，强调理论知识的精练和实用，旨在更好地服务于技能训练的需求。在 MES 模式下，学生的学习过程不是被动接受知识，而是积极参与实践，通过实际操作来加深对知识的理解和技能的掌握。教学的组织方式也体现了以学生为中心的理念，教师在这一过程中扮演着指导者和促进者的角色，而非传统意义上的知识传递者。这种模式鼓励学生根据自己的学习节奏和兴趣进行学习，同时为教师提供了更多的空间来进行个性化教学和辅导。MES 模式下的学习方式的灵活性，使其不仅适用于各种规模的培训项目，还支持自学，使学习者可以根据自己的实际情况和需要，选择最适合自己的学习路径。这种模式的实用性和应用性表现在其能够紧密结合实际操作需求，将教学内容与职业实践相结合，这不仅增强了学习的针对性和有效性，还促进了学以致用的教育目标的实现。MES 模式的普遍适用性体现在它能够覆盖各个职业发展阶段和不同的专业领域，这使得该模式不仅适用于特定行业的专业培训，还适用于更广泛的职业技能发展需求。其教学过程的监控和评估机制也是该模式的一大特色，通过对教学进度和质量的严格监控，以及科学的评估方法，确保了教学质量的持续提升和教育成果的优化。

　　而 CBE 模式的核心在于培养学生的实际职业能力，特别是在美国和加拿大等国家得到广泛应用。此模式关注个体在特定职业领域所需具备的认知能力和实践技能，通过"能力模块"的方式来组织教学内容。在 CBE 模式中，学习模块的设计基于所需的知识和行动能力，旨在确保学生能够在职业环境中有效运用其技能。CBE 的核心特征是以职业能力的培养为中心，这一点通过职业分析来实现，明确专项能力要求，并据此规划课程内容和学习计划。这种教学模式摒弃了传统学科知识的体系架构，转而以实际能力为评价标准，更加注重学生的实践操作和应用能力。自我学习和自我评价在 CBE 模式中占有重要地位，鼓励学生主动参与学习过程，发展自我监督和评估能力。同时，CBE 模式支持多样化的办学形式，其教学和管理方式科学严谨，以适应不同学习需求和环境。

可以看到，虽然 CBE 和 MES 两种模式都强调实用性和能力化，但它们的侧重点存在明显差异。MES 模式着重于特定职业岗位的工作能力，从具体的职业岗位工作规范出发，而 CBE 模式则从职业的普遍规律和需求出发，侧重培养职业基础的通用能力。CBE 的目的是培养学生具有广泛适用的职业技能，能够灵活适应不同的工作环境和岗位要求。这种教育方法强调能力的普遍性和适应性，为学生的终身职业发展奠定了坚实的基础。

我国职业教育界根据国内的实际国情和需求，发展出了"宽基础、活模块"的模块化教育模式。这种模式秉承以人为本的教育理念，旨在全面培养学生的素质和能力。它不但强调学生需要具备广泛的基础人文素质和基础从业能力，而且注重培养学生的专业职业能力。它通过模块化课程的灵活组合，以有效地适应不同学生的个性化学习需求和职业发展目标。模块化教学模式在我国职业教育中的应用，体现了教学内容和过程的系统性整合。这种模式将复杂的课程结构分解成多个基本课程或教学模块，每个模块包含了相互关联的知识点，形成了一系列知识模块。这样的组织方式使得教学更加灵活，能够满足不同学习层次和目标的需求。在教学实践中，模块化教学模式强调理论知识和实践能力的结合（知能一体），以及学习内容和实践行为的一致性（知行一致），通过集成理论知识、实践经验和操作技能的一体化教学，实现对学生具体能力和素质的全面培养。

模块化教学模式在我国职业教育中存在广义和狭义之分。广义的模块化教学模式涉及整个课程结构的模块化设计，将相关课程组合成较大的教学模块，并进一步组成专业的课程计划。而狭义的模块化教学模式则关注课程的特定内容或某一方面，甚至某一具体知识点的模块化设计。每个教学模块都旨在实现特定的教学目标，并具有独立性、完整性、灵活性和选择性。

这种模块化教学模式的理念和方法特别针对高职教学的需求，在明确高职多元知识目标和能力目标的基础上，将课程分解为多个模块，每

第四章　职业能力培养导向下的高职英语课堂教学模式创新

个模块聚焦实现特定的教学目标。这种分模块的教学模式能够更有效地实现整个高职数学课程的教学目标，使学生能够在不同模块中完成不同层次的知识和能力的掌握，更好地促进学生全面的职业技能和人文素质的发展，不仅能提高职业教育的质量和效率，还有助于促进教育的创新和发展，为学生的终身学习和职业发展打下坚实的基础。模块化教学模式不仅仅是一种教学结构的变化，更是一种教学思维和方法的转变。

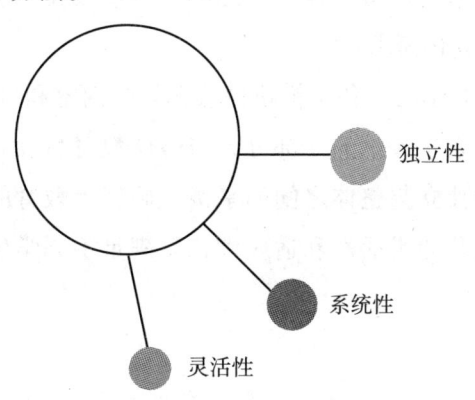

二、模块化教学模式的特征

模块化教学模式以其鲜明的特点在教育领域中独树一帜，其中独立性、系统性和灵活性构成了其核心特征，如图4-8所示。这些特征共同定义了模块化教学模式的基本架构和运作方式，使之成为适应现代教育需求的有效教学方法。

图4-8　模块化教学模式的特征

（一）独立性

模块化教学的独立性体现在它将整个课程细分为多个自成一体的学习单元，每个模块专注于特定的知识领域或技能点，具有明确的学习目标和内容。这种划分方式为教育提供了结构化和目标导向的框架，使每个模块都能够作为一个独立的学习实体来执行。

在这种教学模式中，每个模块的设计都是为了达到具体的教学目的并获得相应的学习成果。例如，在大学英语模块化教学中，不同的模块可能专注于提高学生的听力、口语、阅读、写作或翻译技能等不同的方面。这种专注使得每个模块在教学内容和方法上都具有高度的针对性和专业性，从而使学生能够在特定领域内获得深入和系统的学习经验。

独立性的另一个优势是它提高了教学的灵活性和个性化。学生可以根据自己的学习需要、兴趣和进度选择相应的模块进行学习，无须按照传统的、线性的课程结构进行。这种灵活性不仅使学生能够更好地掌握各个模块中的知识和技能，还使他们能够根据自己的职业规划和学习目标进行有针对性的学习。此外，每个模块的独立性也便于教育机构进行课程管理和更新。教师和教育管理者可以根据行业发展和技术进步，灵活调整或更新单个模块的内容，而不必对整个课程体系进行大规模的改动。这种模块化的结构使得课程内容能够保持现代化和相关性，更好地适应社会和经济的变化需求。

在实施模块化教学时，各个模块虽然在教学内容和目标上相对独立，但它们仍然构成了教学大纲的一部分，与整体教育目标和学校的教学理念保持一致。这种独立与整体之间的平衡，确保了教育的连贯性和一致性，同时保证了充分的灵活性和适应性，以满足不同学生群体和教育环境的需求。

（二）系统性

每个模块不是孤立存在的，而是构成了一个完整的教学框架，各模块之间通过内在的逻辑联系和知识层次相互衔接，形成了一个连贯的学习体验。这种系统性的教学设计确保了学习内容的完整性和深度，使学生能够系统地掌握知识和技能。通过模块化的结构，学生可以更容易地理解每个模块的学习目标和内容，逐步建立起完整的知识体系和技能框架。同时，这种系统性也有助于教师更有效地规划和实施教学计划，确保教学活动的有序进行和学习成果的连贯性。这些独立的模块并不是孤立存在的。它们之间存在着紧密的联系和逻辑序列，每个模块的学习都为后续模块的学习打下基础，形成一个连贯的学习过程。这种结构既保留了各模块的独立性，又确保了整体教学目标的统一性和连续性。在整个教学体系中，各个模块相互衔接，共同构成了一个完整的知识体系和技能培养框架。

（三）灵活性

模块化教学体现出的灵活性主要体现在为学习者和教授者提供了广泛的选择和调整的空间。这种模式允许学生根据自己的兴趣和实际需要选择合适的学习模块，进而构建符合个人发展轨迹的课程路径。这样的自主选择机制不仅激发了学生的主动学习意愿，还使他们能够更有针对性地规划自己的学习和职业生涯。

对于教师而言，模块化教学同样提供了教学内容和方法的调整空间。教师可以依据自己的教学经验和学生的学习情况，灵活选择教授的模块和调整教学策略，以达到最佳的教学效果。这种灵活性不仅能够增强教学的个性化和针对性，还能够促进教师之间的协作和专业成长，推动教学方法的创新和优化。

模块化教学的灵活性还体现在能够迅速响应教育需求和市场变化的能力上。通过灵活组合和调整教学模块，教育机构可以快速适应新的教育政策、技术进步或行业需求的变化，确保教育内容的时效性和相关性。这种适应性是模块化教学在现代教育环境中显得尤为重要的一个方面，它使得教育过程能够更加灵活地应对外部环境的变化，有效地促进学生的全面发展和终身学习能力的提高。

三、模块化教学模式的实施步骤

实施模块化教学模式是一项系统而复杂的工作，涉及多个环节的密切配合与细致规划。为了确保教学活动能够高效有序地展开，实施模块化教学模式需要遵循一系列明确的步骤。从明确培养目标到教材的选择和内容规划，再到教学模块的划分、阶段性教学计划的制订、具体教学实施，以及最后的反馈与调整，如图4-9所示，每个步骤都承载着教育过程中不可或缺的重要功能。这些步骤相互关联、相互支撑，共同构成了模块化教学成功实施的基础框架。

1 明确培养目标	2 教材选择和内容规划
3 划分教学模块	4 制订阶段性教学计划
5 实施模块化教学	6 教学反馈与调整

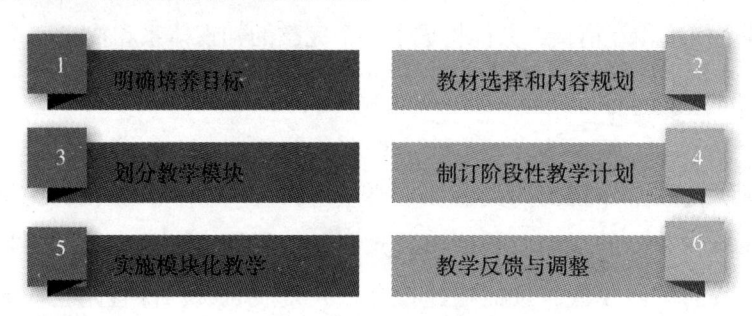

图 4-9　模块化教学模式的实施步骤

（一）明确培养目标

明确培养目标是实施模块化教学的首要步骤，它为整个教学过程提供了方向和依据。这一过程要求教师深入理解教学内容的性质、学生的需求以及高职英语的发展趋势，制订需要具有前瞻性和实用性的培养目标，确保学生在完成学习后能够满足社会和职场的具体要求。

在制订培养目标时，教师还需要分析高职英语的目标行业需求以及市场趋势，明确毕业生应具备的知识、技能和职业素养，这包括对专业知识的掌握程度、实践技能的运用能力、创新和解决问题的能力以及沟通和团队协作的能力等方面的考虑。此外，培养目标还应反映教育的全人发展理念，强调学生的个人成长、道德素养和社会责任感。确定培养目标后，教师需要将这些目标细化为可操作的教学目标，这些教学目标将指导后续教学活动的设计和实施。每个教学目标都应具体、明确，能够量化和评估，以便在教学过程中进行有效的监控和调整。

（二）教材选择和内容规划

在明确了培养目标之后，下一步是进行教材选择和内容规划，这是确保教学质量的关键环节。选择合适的教材对于实现教学目标、提升学生学习效率和激发学生兴趣至关重要。

第四章　职业能力培养导向下的高职英语课堂教学模式创新

优质的教材不仅应包含必要的理论知识点，还应该根据高职英语的特征，包含具有针对性的实践技能训练和职业导向能力的培养内容，更应体现当前学科领域的最新发展，融入创新的教学理念和方法。在教材选择过程中，教师应考虑教材的科学性、系统性和适宜性。科学性意味着教材内容准确、权威，符合学科发展的最新成果；系统性要求教材内容结构合理、层次分明，能够全面系统地覆盖学习领域；适宜性则强调教材应适合学生的认知水平和学习需求，易于学生理解和吸收。内容规划是教材选择过程的延伸，涉及如何将选定的教材内容组织成一系列连贯、逻辑性强的教学模块。这一过程需要将教材内容拆分为若干独立的单元或模块，每个模块围绕一个核心主题或技能进行深入教学。教师在进行内容规划时还应考虑模块之间的关联性和连贯性，确保学生能够在学习过程中逐步建立起完整的知识体系。

只有通过精心的教材选择和内容规划，教师才可以为学生提供一个科学、系统和高效的学习环境，有助于学生实现深入学习，促进其全面发展。

（三）划分教学模块

在完成了教材的选择和内容规划之后，划分教学模块成为实现模块化教学的关键步骤。这一过程涉及将整体的课程内容按照教学目标和学生的学习需求拆分成小的、可管理的学习单元或模块。每个模块都应围绕一个具体的主题、知识点或技能，以确保学生可以集中注意力进行学习和掌握。

教师在划分教学模块时，需要保证每个模块的独立性和完整性。独立性意味着每个模块都可以作为一个单独的学习单元，提供特定的学习内容和目标；完整性则指每个模块包含了从引入、学习到评估的完整学习过程。此外，模块之间应有逻辑性和连续性，保证学生在完成一个模块后能够顺畅过渡到下一个模块。

在实际操作中，模块的划分应考虑学生的学习进度、认知水平和兴趣爱好。例如，在高职英语的语言学习中，教师可以按照听、说、读、写、译的技能来划分二级模块,然后再划分三级模块;在专业课程中,教师则可以依据理论学习、实践操作和技能应用等方面来划分模块。合理划分可以使教学内容更加清晰、有序,帮助学生高效地组织和规划学习过程。

(四)制订阶段性教学计划

制订阶段性教学计划是模块化教学实施过程中的又一关键环节。在这一步骤中,教师需要根据课程的总体目标和时间框架,将教学活动分阶段进行规划。这包括确定每个模块的教学时间、顺序和重点,以及如何整合各模块以形成连续的教学流程。

在阶段性教学计划的制订中,应考虑到学生的学习节奏和课程的难度递进。初期阶段应着重于基础知识和技能的培养,逐渐过渡到更高层次的应用和分析。每个阶段的教学目标应明确且具有可实现性,教学内容和活动应与目标相匹配,确保学生能够在每个阶段达到预期的学习效果。

此外,阶段性教学计划还应具有一定的灵活性,能够根据学生的实际学习情况和反馈进行调整。这种灵活调整的能力是模块化教学能够有效应对学生多样性和学习需求变化的关键。教师通过精心制订和灵活实施阶段性教学计划,可以确保教学过程既有序又能够适应学生的个性化需求。

(五)实施模块化教学

实施模块化教学是将前期规划转化为实际教学活动的过程。在这个阶段,教师需要根据制订的教学计划和模块安排,组织和进行具体的教学活动。实施时,重点是如何有效地传达每个模块的核心内容,同时促进学生的主动学习和参与。实施模块化教学应采用多样的教学方法和技术,包括讲座、讨论、案例分析、小组工作、实验、实践活动等,以适应不同模块的教学需求和学习目标。教师还应充分利用现代教育技术,如在线学习平台、虚拟实验室、模拟情境等,以增强教学的互动性和实践性。

在实施过程中,教师还需要密切关注学生的学习进展和理解情况,通过观察、问答、测验等手段,评估学生对模块内容的掌握程度。这种持续的监控和评估有助于教师及时调整教学策略,确保教学活动能够有效地支持学生的学习和发展。

(六)教学反馈与调整

教学反馈与调整是确保教学质量和持续改进的重要环节。这一步骤涉及收集和分析学生、教师和其他利益相关者的反馈信息,以评估模块化教学的效果和影响。教师需要定期收集反馈,包括学生的学习满意度、学习成果、教学活动的有效性以及教材的适用性等。这些反馈信息可以通过问卷调查、面谈、课堂观察和学习成绩分析等多种方式获取。基于收集到的反馈信息,教师应进行深入分析,识别教学过程中存在的问题和挑战,然后制订相应的调整策略。调整可能涉及修改教学内容、改进教学方法、优化课程结构、调整教学资源分配等方面。

通过这种持续的反馈和调整过程,教师可以不断提高教学质量,更好地满足学生的学习需求。这不仅有助于提升学生的学习效果和满意度,还能够促进教育者的专业发展和教学方法的创新。反馈与调整机制的建立是模块化教学成功实施的关键,它确保了教学活动能够持续改进和适应教育环境的变化。

第四节 产出导向教学模式

一、产出导向教学模式的内涵

产出导向法是文秋芳提出的一种以学生学习成果为中心的外语教育理论体系。[①] 这种方法起源于对传统英语教学现状的深刻反思,强调"以

---

① 文秋芳.产出导向法:中国外语教育理论创新探索[M].北京:外语教学与研究出版社,2020:13.

学习为中心"和"以产出为目标"。

文秋芳在 2008 年和 2013 年发表的两篇文章中,提出了"输出驱动假设"。她认为,与输入相比,输出在外语学习中具有更大的内驱力。在这种假设下,教学不仅是语言知识的传授,还通过实践活动,如写作和口语训练,来培养学生的语言产出和输出能力。到了 2014 年,文秋芳在一个学术研讨会上将其理念命名为"输出驱动-输入促成假设",并在同年将这一理论正式命名为"产出导向法"。①

产出导向法强调教育的实用性和应用性,倡导通过实际的学习成果来检验和巩固学到的语言知识,反映教学质量,从而提高学生的语言技能,进而推动教育的持续改进和发展。这种方法在国际教育领域内逐渐成为一种流行趋势,尤其在职业教育和成人教育中得到了广泛应用。通过实施产出导向法,教育机构能够更加精准地评估和提升教学效果,为学生的职业发展和语言技能培养奠定基础。

二、产出导向教学模式的理论基础

"产出导向法"植根于三大教学理念,即学习中心说、学用一体说和全人教育说,如图 4-10 所示。这些理念共同塑造了其教育假设与教学流程,显著提升了教学成效。

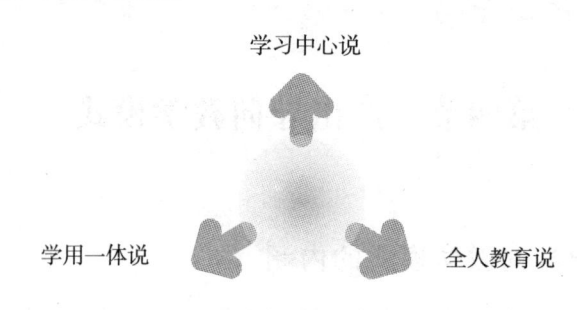

图 4-10 产出导向教学模式的理论基础

---

① 文秋芳. 产出导向法:中国外语教育理论创新探索[M]. 北京:外语教学与研究出版社,2020:46.

第四章　职业能力培养导向下的高职英语课堂教学模式创新

（一）学习中心说

产出导向法中的学习中心说，是一种以有效学习的发生为核心目标的教学理念。这种理念的提出是为了解决以教师为中心还是以学生为中心的教学模式的争论。以学生为中心的教学模式虽然强调了学生的主导作用和个性化需求，但往往忽略了教学效率和教师的指导作用，容易将教师在课堂上的作用边缘化，而传统的以教师为中心模式则过分强调教师对于课堂和进度的控制，忽视了学生的主动性和参与度。学习中心说既不强调教师的主体作用，也不强调学生的主体作用，而是强调一切的教学活动应以"学习"为中心，为学生的全面有效学习而服务，教师与学生的互动也是为了促进教学目标的达成。在这一理念下，教师不仅是知识的传递者，还是学习的促进者和引导者。教学的设计和实施都应围绕如何更有效地促进学生的学习来进行，要求教师不仅了解学生的学习需求和心理特点，还能够根据学生的具体情况灵活调整教学策略；不仅关注学生的主动性和参与度，还强调教学的结构性和目标性。

学习中心说认为，有效的学习不仅是知识的积累，还是能力的培养、思维的发展和个性的塑造。因此，教学设计需要从多维度出发，既要注重知识的传授，也要关注学生能力的发展，更要为学生提供丰富多样的学习体验。在教学实践中，这可能意味着更多的互动式和体验式学习活动，以及对学习过程的持续评估和反馈。

在学习中心的教育视角下，评估和反馈机制也显得至关重要。教学过程中的评估不应仅仅聚焦学习结果的测量，还应关注学习过程的优化。这意味着教师需要通过持续的观察和反馈，来调整教学策略，确保教学活动能有效地支持学生的学习过程。同时，学生被鼓励参与到自我评估和反思中来，这有助于提升他们的自主学习能力和批判性思维能力。

产出导向法通过整合学习中心说的理念，强调了在教学过程中实现教育效果的重要性。它提倡通过精心设计的教学活动和合理的资源配置，确保每一次教学都能达到预定的学习效果。这不仅要求教师具有高度的教学专业性和灵活性，还要求教育管理者和政策制订者为教师提供必要的支持和条件。

（二）学用一体说

产出导向法中的学用一体说，强调在学习过程中将知识的输入与实际应用相结合，以实现学习内容与实际运用的无缝对接。这一理念是对传统教育模式中常见的"学用分离"现象的直接回应，它促使教学活动更加注重实践性和应用性。

学用一体说的核心在于，学习不仅是知识的积累过程，也是能力培养和实际应用的过程。在这一理念下，输入性学习如听力和阅读，以及产出性应用如说、写和口笔译，不应被视为孤立的环节，而是应相互融合，相辅相成。这种融合不仅加深了学生对学习内容的理解，还提升了他们将知识应用于实际情境的能力。

在实践中，学用一体说要求教师重新审视教材的使用方式。教材固然是重要的学习资源，但如何有效利用这些资源，使之服务于学生的实际应用能力的培养，是教学设计中的关键。传统的以教材为中心的教学模式，往往注重知识点的讲解和语言点的梳理，而忽视了语言运用的实际训练。学用一体说倡导通过教材学习到的知识和技能，应当即刻在相应的语言实践活动中得到应用，这样学生才能真正掌握和运用所学。举例来说，在高职外语教学中，学用一体说强调将语言学习与实际语言使用情境结合起来。学生在学习新的语言结构或词汇时，应立即在模拟的或真实的交流场景中使用它们，如通过角色扮演、辩论、讨论等形式。这种教学方法使学生能够在实际的语言使用过程中深化对语言的理解，并提高自己的语言表达能力。此外，学用一体说还强调评估机制的改革。评估不应仅仅集中于学生对知识的记忆和重现，而应更多地反映学生如何将所学知识和技能应用于解决实际问题的能力。这意味着传统的笔试评估方式可能需要与口语交流、实际操作、项目作业等形式的评估相结合，以全面衡量学生的综合语言能力。学用一体的教学模式，可以有效克服学生在实际应用中遇到的困难,如外语学习中的"哑巴英语"现象。这种教学模式鼓励学生在学习的同时积极使用语言,从而提高其语言实际运用能力。学用一体说不仅适用于语言学习,还可以扩展到其他学科,将理论知识与实际操作、实践活动紧密结合,使学生能够更好地理解和运用所学知识。

(三) 全人教育说

全人教育说是一种全面培养个体各方面能力的教育理念,旨在促进学生在智力、情感、身体、社会和道德等各个维度的均衡发展。它打破了传统教育的知识和技能传授的界限,强调教育应关注个体的整体成长和终身学习的过程。全人教育鼓励个性化的教学策略,尊重学生的兴趣、才能和学习风格,以因材施教促进每个学生的个性和潜力发展。

这种教育理念倡导打破传统学科间的界限,通过跨学科的课程整合,提供广泛的知识视角,帮助学生建立综合的世界观。在教学方法上,全人教育推崇多样化,包括探究学习、合作学习、体验学习和反思学习等,旨在激发学生的主动探索和深入理解,同时培养其批判性和创造性思维。

全人教育将学生置于教育过程的中心,强调学生的主动参与和自主学习,同时转变教师的角色为引导者和支持者。这一理念还倡导多元化的评估方式,如自我评估、同伴评估和项目评估,以全面反映学生的知识掌握、技能应用、情感态度和价值观。

此外,全人教育强调学校教育与社会实践的紧密结合,鼓励学生参与社区服务和实践项目,以促进学生的社会责任感和实践能力。通过这种全面且综合的教育方法,全人教育旨在培养出不仅具有学术能力,还具备道德感、社会责任感和生活技能的全面发展的人才。

三、产出导向教学模式的实施步骤

产出导向法作为一种创新的教学方法,通过其精心设计的三个实施环节——驱动、促成、评价,为学生提供了一个全面而深入的学习过程,如图 4-11 所示。这种方法不仅注重激发学生的学习动力，还致力通过结构化的教学步骤，确保学生能够有效地掌握和应用知识。每个环节都扮演着独特的角色，共同构建起一个连贯、互动的学习体系，旨在引导学生从积极参与的起点，经过有意义的实践和深度的反思，最终达到知识的深化和技能的提升。

图 4-11　产出导向教学模式的实施步骤

（一）驱动

在"产出导向法"的教学流程中，首个环节为"驱动"阶段，虽然在传统外语教学方法中也通常在新单元开始时由教师引导学生进行热身或导入等启动活动，但是这种热身或导入目的在于唤醒学生的先有知识，或是激发他们对新课程内容的兴趣，更多是在为学生吸收新知识做准备，而产出导向模式的导入强调激活学生的产出动力，激发学生的实际语言输出能力。具体而言，产出导向法的"驱动"作为学习过程的环节分为三个步骤：首先，教师展现交际场景，通过创设具体而生动的情境，让学生预见到未来可能遇到的交流场合，这样的设置使得学习内容紧贴实际，增强了学生对话题的兴趣和认知挑战感。这些场景虽然对学生来说是前所未有的，但其设计的真实性和可能性使学生能够身临其境，感受到其中的挑战和必要性。其次，学生在尝试产出的过程中，会直观地体验到完成这些看似简单任务的复杂性，这不仅考验他们的语言技能，还可能暴露其在实际交际中可能遇到的困境，从而激发他们对知识学习的内在需求和动力。这种体验是产出导向法试图在学生心中种下的"学习

第四章 职业能力培养导向下的高职英语课堂教学模式创新

的种子",目的在于让他们意识到学习的紧迫性,从而自发地去探索和解决问题。最后,教师将明确地阐述教学目标和产出任务,这不仅包括了要完成的交际任务,还细化到必须掌握的语言元素,如词汇、短语和语法结构。这里的重点是确保教学内容能够直接服务于实际的交际目的,排除与交际目标无关的内容,体现了对学习内容选择性的高度重视。产出任务被细分为课内外两种形式,既有即时的练习,也有延伸至课外的项目,其中,复习性任务让学生巩固课堂所学,而迁移性任务则鼓励他们将学到的知识应用于新的情境。

利用现代技术的优势,驱动环节可以通过视频或微课的形式提前呈现,让学生在课前就能接触到学习内容,这样不仅增加了学习的灵活性,还使得课堂时间更专注于对学生理解和掌握程度的检验。这种方法有效地优化了课堂教学的结构,为深入学习留出了更多空间。从整体看,产出导向法的驱动环节对教师提出了新的挑战,要求他们不仅要设计与教学目标相符的交际场景,还要创设激发学生产出动力的任务,以促进学生主动、有效地参与学习过程。这种方法不仅刷新了传统的教学模式,还为语言学习提供了一种更实际、更动态的途径。

(二)促成

产出导向法的"促成"环节是教学流程中至关重要的一部分,旨在确保学生通过系统的学习和练习,有效地完成产出任务。这个环节主要包括三个步骤,每个步骤都针对学生如何从接收的信息中提取并应用于实际产出的能力提升进行了精心设计和安排。

第一步,教师需要详细描述产出任务,明确每一步的具体要求,使学生对整个产出过程有清晰的认识。在这个过程中,教师不仅阐述任务的目标和结构,还要确保学生理解如何逐步实现这些目标。为了使任务更加可管理,常常将复杂的产出任务分解为若干更小、更具体的子任务,每个子任务都围绕着特定的学习目标进行设计。

第二步,学生进行选择性学习,这一过程中教师的指导和检查尤为关键。学生需要从提供的输入材料中筛选出对完成产出任务有用的内容、语言形式和话语结构。成功的产出依赖于对这三个要素的恰当选择：内容是交流的基础，语言形式是表达的工具，而话语结构则是确保信息传达得当的框架。在选择性学习的过程中，教师需引导学生关注那些能够直接支持产出任务的元素，例如，在进行某项任务时，可能需要侧重于特定的词汇、短语或句型学习。

第三步，学生进行产出练习，这是将学到的知识应用到实践中的关键步骤。在这个阶段，教师的角色是提供反馈和指导，帮助学生调整和改进他们的产出。通过这样的实践练习，学生可以更好地理解语言的实际使用，并对完成产出任务所需的技能有更深刻的认识。为了保证学习效果，教师需定期检查学生的练习成果，确保他们能够正确、有效地应用所学知识。

在"促成"环节中，教师的支持和指导扮演着"脚手架"的角色，帮助学生逐步建立起完成任务所需的能力。这种支持需要根据学生的实际水平和需求有所调整。遵循社会文化理论的原则，教师应根据学生的语言能力来确定提供帮助的方式和程度。过多的帮助可能会阻碍学生自主学习能力的发展，而帮助不足则可能限制学习效率的提高。因此，教师应逐步减少直接干预，鼓励学生自主完成任务，从而提高其学习的主动性和责任感。这样的逐步过渡不仅有助于学生独立完成产出任务，还能促使他们在学习过程中发展出更加主动和自主的学习态度。

（三）评价

产出导向法中的"评价"环节是整个教学过程的收官阶段，它不仅对学生的产出成果进行评估，还起到激励学习、促进教学发展的重要作用。这一环节的实施要求精细而周到，涉及即时评价和延时评价两种形式。

即时评价是指在"促成"阶段中进行的实时反馈和评估。这种评价方式发生在学生进行选择性学习和产出练习的过程中，教师根据学生的

第四章 职业能力培养导向下的高职英语课堂教学模式创新

学习表现给予及时的反馈和指导。即时评价的重要性在于它能够及时发现学生的学习难点和问题，为教师调整教学策略和进度提供依据。通过这种形式的评价，教师能够确保学习目标的达成，并促进学生在学习过程中不断进步。

延时评价则更加注重学生在一段时间内的学习积累和综合能力的展现。它通常在学生完成一系列课外练习后进行，学生需要将自己的作业或项目成果提交教师，以便进行更全面和深入的评估。延时评价不仅关注学生的最终产出质量，还注重学生如何将课堂上学到的知识和技能应用于实际任务中，从而全面反映学生的学习成效和能力水平。

无论是即时评价还是延时评价，评价过程都包含三个具体步骤。首先，教师需要与学生共同明确评价的标准和要求，确保评价过程的公正性和透明性。这一步骤有助于学生理解评价的目的和侧重点，从而更有针对性地准备和改进自己的学习。其次，学生需要在规定的时间内完成并提交评价作业，这些作业是评价过程中的直接依据。最后，教师正式开展评价工作，将评价结果记录在学生成长档案中。这种记录不仅便于跟踪和查询学生的学习状态，还能帮助学生自我认识和反思，同时为教师提供了解学生综合能力和成长轨迹的重要信息。

通过这样系统的评价过程，学生能够获得关于自己学习成果的详尽反馈，从而明确自己的优势和改进的方向。同时，这种评价机制能够增强教学过程的针对性和有效性，为学生的持续成长和发展提供有力的支持。

第五章 职业能力培养导向下的高职英语实践教学模式创新

第一节 订单式校企合作教学模式

一、订单式校企合作教学模式的概念和类型

订单式校企合作教学模式是企业根据自身的业务和发展需求，向教育机构提出具体的人才培养要求，即"下订单"，然后教育机构依据这些要求来设计课程、安排实训内容和制订教学计划，进行有针对性的人才培养，这是一种学校与企业联合进行人才培养的教学模式。订单式校企合作教学模式可以根据参与主体的合作方式分为直接订单和间接订单两种类型。

直接订单模式是院校与企业直接合作，定制化培养人才的教育模式。在这种模式下，教育机构和企业二者之间直接签订协议，共同设计课程、安排实训并建立评价体系，从而培养出符合企业需求的专业人才。直接订单模式根据实施时间的不同，可分为学前订单、学中订单和毕业季订单三种类型。学前订单是指在学生入学之前或刚入学时期，企业就参与到学生的选拔和培养过程中，这种方式让企业能够根据自己的人才需求，提前与教育机构建立合作，从而为学生量身定制培养方案。这样做的好处是能够让学生的教育培养从一开始就紧密结合企业的实际需求，确保

学生在校学习的内容与未来的工作岗位高度相关，有助于学生早期确定自己的职业方向。学中订单是在学生完成一定的基础教育之后，在学习过程中的某个阶段"下订单"。这时，企业和学校会共同选择符合企业需求的学生，并对他们进行更加具有针对性的培训和指导。这种模式有利于学生理论知识与实践能力的结合，在进行了一定的基础理论学习后，学生通过后期的定向实习、校企合作项目等方式直接接触并适应实际工作环境，这有利于提高他们解决实际问题的能力，为将来顺利进入职场打下坚实的基础。毕业季订单则是针对即将毕业的学生，企业会根据自身的人才需求，直接从学校中挑选合适的即将毕业的学生，并为他们提供具有针对性的岗前培训。这种模式的优点是企业可以迅速获得需要的人才，缩短人才培养的时间。对于学生来说，这种模式能够使他们在学校教育即将结束时就顺利过渡到职场，降低毕业后的就业不确定性。

　　间接订单模式与直接订单模式下学校与企业直接合作、直接签订合同的方式不同，间接订单模式引入了第三方机构，比如职业中介、培训机构或是其他合作企业充当学校与企业之间的中介角色。在这一模式下，学校与企业分别与第三方机构进行签约，通过这些第三方机构来传达和实现人才培养的需求与目标，学校和企业之间可以不进行接触。具体来讲，在间接订单模式里，学校会与第三方机构签订合作协议，这份协议界定了双方的责任和合作的具体内容，第三方机构会依据市场的需求和合作企业对人才的需求，向学校明确提出人才培养的具体需求，这包括必需的专业技能、知识水平以及岗位需求。针对这些需求，学校会设计相应的教学计划和培养方案，并进行教育教学活动。在培养学生的过程中，第三方机构可以参与课程设计、实训基地的构建以及实习的安排等多个环节，与教育机构共同确保教育培养的品质与效果。当学生完成学业后，由第三方机构进行企业匹配和就业推荐，学生进而可以顺利进入企业工作，实现从学校到职场的平滑过渡。通过间接订单模式，教育机构可以通过第三方机构的协助，更准确地把握市场需求和企业的人才需求，从而调整和优化培养方案，确保教育与市场需求的紧密对接。间接

第五章 职业能力培养导向下的高职英语实践教学模式创新

订单模式的一个突出优势在于其灵活性和广泛性。借助第三方机构,这种模式可以连接更多的企业和行业,为学生提供更多的就业机会和选择,订单式人才培养开辟了更为多元化的合作平台和就业通道。同时,第三方机构的专业性和对市场的敏感度可以协助学校更准确地掌握行业动态和人才需求的变化,以此来调整和优化人才培养方案。由第三方机构负责的人才需求和分配测评工作,不仅可以节约学校和企业的资源,还能让学校专注于人才培养和教育质量的提升,同时企业能够集中力量于其核心业务的发展和创新,从而在市场中获得更强的竞争力。这种分工合作的方式可以有效提升人才培养和就业流程的效率与协同性,为社会经济的持续发展注入新的活力。需要注意的是,为了充分发挥间接订单模式的优势,必须加强对第三方机构的筛选和管理,确保合作的有效性和教育培养质量。只有通过优化合作机制和加强监管,间接订单模式才能够成为连接教育和经济社会需求的重要桥梁,为学生就业和职业发展提供更广阔的空间和更多的可能性。

其实,无论是直接形式还是间接形式,订单式校企合作教学模式都展现了多方面的优势。第一,这种模式有助于更合理地分配教育资源,实现教育供给与市场需求的精准对接。校企合作教育或者三方合作教育使学校可以直接接触和明确企业的最新技术和行业趋势,进而将其整合到教学过程中,这大大提高了教育的质量和效率,减少了不必要的资源消耗和课题研究消耗。第二,这种模式可以促使教育更快适应行业需求变化。学校能够迅速根据企业反馈调整课程和教学计划,确保教育内容与行业进步同步,以适应市场当前及未来的需求。第三,这种模式通过紧密的学企合作,不断提升教育品质。企业不仅提出人才需求,还参与教学过程和评价体系的建设,这样的互动能够促进教育方法和内容的持续改进。第四,它有效提高了社会就业率,订单式校企合作教学模式针对具体职位培养人才,能够有效缩短教育与就业之间的距离,使学生通过实践项目和实习等方式提前适应职场,提高了教育的针对性和实效性,对促进学生就业、提高教育质量、加强校企合作具有重要意义。第五,订单式校企合作教学模式促进了经济和社会需求的紧密结合,通过实用型人才的培养满足企业即时需求,同时推动地方经济和社会就业结构的优化。第六,订单式校企合作教学模式鼓励教育和企业界探索合作,推动合作方式以及教育模式的创新,为职业教育注入新动力,为推动教育管理与服务模式的创新提供了新的方向和路径。

二、订单式校企合作教学模式的步骤

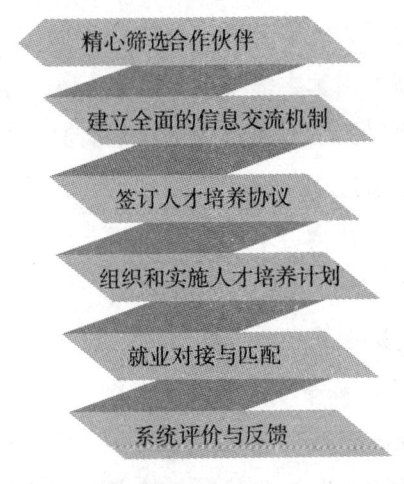

订单式校企合作教学模式的步骤如图5-1所示。

精心筛选合作伙伴

建立全面的信息交流机制

签订人才培养协议

组织和实施人才培养计划

就业对接与匹配

系统评价与反馈

图5-1 订单式校企合作教学模式的步骤

(一)精心筛选合作伙伴

订单式校企合作教学模式想要达到教育与企业需求之间的高效合作,成功的关键在于精准挑选合作企业。在这一过程中,高职院校、教育机构必须采用一套严格的评估机制,通过全面调研来确保选出的企业合作伙伴能够与其教育目标和培养计划相匹配,从而确保英语人才培养的效果和质量,这包括但不限于企业的管理模式、创新能力、技术实力、企业的社会责任感、行业领导力、市场份额及其对英语人才的特定需求、发展前景、信誉和合作意愿等各个方面的考量,要确保与企业在资源共

第五章　职业能力培养导向下的高职英语实践教学模式创新

享、高职英语课程设置、实习机会、评价标准等方面的合作达到高度一致性，与那些不但具有而且能够提供实质性教育支持和资源的企业建立合作关系。进行这样的精心筛选不仅是为了匹配教育输出与市场需求，还是为了确保校企合作关系的长期稳定性和互利性，保障学生的未来就业生涯的平稳过渡。此外，合作关系的建立还需要双方在文化和价值观上的契合。教育机构应评估企业的文化是否能与自己的教育理念和学生的学习需求相协调。这种深层次的匹配有助于构建一个共同的目标和理解，确保培养计划的顺利实施和高效执行。通过这种基于深度了解和共同价值的合作，学校和企业可以建立起一种互利共赢的伙伴关系，这将为学生提供更有针对性和实用性的教育体验，同时为企业培养出直接可用的高质量人才。

（二）建立全面的信息交流机制

建立全面的信息交流机制是实施订单式校企合作教学模式的关键步骤之一，这一机制不仅有助于解决高校毕业生的就业难题，还能克服企业在招聘高技术人才时遇到的困难。要实现这一目标，教育机构需要构建一个多维度、多渠道的产学研信息交流平台，以促进学校与企业之间的深度沟通。首先，教育机构应通过该平台提供合作企业的全面介绍，包括企业的历史背景、发展战略、企业文化、市场地位、核心技术以及未来发展方向等信息。这样的详细介绍可以帮助学生全面了解企业的特点和优势，使学生能够根据自身的兴趣和职业规划，做出更加明智的选择。其次，企业也需要在这个平台上展示其价值观、经营哲学、管理模式、员工发展计划等方面的信息，尤其是该职位与所学英语专业之间相关性的资料介绍。通过这种交流，学生可以更早地了解并适应企业的工作环境和文化，从而在实习或就业时更快地融入企业，提高自己的工作效率和团队协作能力。最后，信息交流平台还应该提供一个互动的渠道，允许学生直接向企业提问关于薪资结构、职业发展机会、工作条件、企业的社会责任等方面的问题。同样，企业也可以通过这个渠道了解学生的期望、兴趣和专业技能，从而在招聘过程中做出更加精准的决策。信息交流的及时性和透明度对于双方都是至关重要的。教育机构和企业应定期更新交流内容，包括最新的行业趋势、企业新闻、就业市场分析等，以保证信息的实时性和相关性。这种及时更新的信息可以帮助学生和企业把握英语行业动态，更好地做出职业或招聘决策。通过建立全面的信息交流机制，教育与产业之间的距离可以有效缩短，有助于学生明确自己的职业方向和生涯规划。同时，这为企业提供了一个深入了解和培养潜在人才的平台，实现了教育与产业的双向选择和匹配。这种深度的信息交流和合作不仅可以提高教育的针对性和实用性，还能促进企业获取更适合的人才，从而实现双赢的局面。

（三）签订人才培养协议

确立合作关系并签署订单协议是实施订单式校企合作教学模式的关键一步。当高职院校与企业双方负责人就合作的具体事宜达成共识后，就需要明确合作的具体条款，并正式签署人才培养合作协议。该协议应当基于资源互享、互惠互利、平等协商和共同发展原则而建立，目的是确保双方在合作过程中的权利和义务都得到清晰的定义和保障。首先，在协议内容中应明确合作的期限和培养目标，以确保双方对合作的目的和期望有共同的理解。其次，协议中应详尽规定学校和企业各自的责任和义务。高职院校作为甲方，需要承担的职责包括确定合作专业方向、组织专班、与企业共同开发教学计划和课程大纲、确保教学计划的落实执行、参与学生的实训指导等。最后，学校还需确保学生遵守企业的规章制度，对违规学生采取适当的纪律措施。企业作为乙方，其职责包括与高职院校共同制订教学和实训计划，提供学生实习和实训岗位，参与学生的实习和实训过程，以及负责对学生的实训表现进行评估和反馈。企业需要明确其对人才的具体需求，包括所需的英语专业知识、英语技能、工作态度和职业素养等，并根据这些需求参与到教学内容和实训方式的设计中。

第五章 职业能力培养导向下的高职英语实践教学模式创新

在间接订单式校企合作教学模式中，学校和企业通常会涉及与第三方机构的合作。这种间接合作模式中，责任和义务的界定更为复杂。高职院校需要根据第三方机构提供的企业需求和市场动态，调整和优化其教育计划和课程设置。学校负责保障教学质量，为学生提供所需的理论知识和实践技能，以满足企业的具体要求。企业则需清晰提出其人才需求，参与实习和实训计划的制订，并提供学生实习和实训机会。第三方机构在这一过程中起着桥梁的作用，负责协调学校与企业之间的需求和资源。第三方机构需确保学校和企业之间的信息流通，协助双方理解彼此的需求和能力，促进有效合作。此外，第三方还应监督实习和实训的质量，确保学生的培养方案与企业的需求高度匹配，并在必要时为学生提供职业指导和就业服务。这样详细的合作协议可以确保"订单式"人才培养计划的顺利执行和高效管理，为学生提供一个明确和规范的英语学习及英语实习环境。这不仅有助于学生更好地适应企业文化，实现顺利就业，还能确保企业获得符合需求的优秀人才，实现教育和产业的双赢。

（四）组织和实施人才培养计划

在确定了合作企业或者签订合作协议之后，下一步是组织和精确实施人才培养计划，这对于人才培养计划的成功至关重要。实施人才培养计划是一个包含多个环节的综合过程。为了确保学生能够顺利融入企业环境、掌握必要的英语技能，并最终实现顺利就业，企业应履行相应的义务，与高职院校共同组建专业建设指导委员会，共同参与人才培养方案与专业发展规划的制订。双方还可以邀请英语行业的专家、相关研究人员一起制订专业的人才培养方案，确保学生的培养既符合教育部门的要求，又能满足企业对于英语人才的实际需求和用人标准。

在具体的实施步骤上，校企双方需要共同设计科学合理的合作教学英语课程体系，这是成功实施订单式人才培养计划的基础。英语课程体系应当贯彻"实际、实用、实践"原则，以技术高职英语应用能力和职业素质培养为主线，强化实践课程的比重，确保教学内容与企业实际需求紧密相连。为此，建立和优化英语教学实训基地至关重要。校内外的英语实训基地应当符合高职英语教学的实际需求，尽量提供接近真实工作环境的学习场所，使学生能够深入理解相关的英语理论知识。校外实训基地是校内实训的重要补充，高职英语专业的学生还可以进入企业进行顶岗实习，锻炼实际操作能力和解决问题的能力，为以后的职业生涯奠定基础。

在整个实施过程中，校企合作制订的教学计划、课程大纲及考核标准等均需反映出培养方案的具体要求，确保理论与实践相结合，有效提升学生的英语职业技能和综合素质。这样，订单式人才培养模式才能不仅有效地满足企业的即时用人需求，还能促进学生的全面发展，实现教育与产业的深度融合。

（五）就业对接与匹配

在定制化人才培育体系中，学生经过系统的训练，其英语相关专业技术与职位相关知识水平显著提高，这为他们顺畅地步入职场打下了坚实的基础。然而，人才培养并未止步于此。确保毕业生按照协议顺利就业并在英语相关行业稳定发展是校企合作成效的关键落脚点。首先，在此过程中学校与企业需共同肩负起引导学生从学术走向职业的责任。为了充分挖掘学生的就业能力，高职院校在开设"订单班"之初，可能会适度增加招生名额，以通过动态的激励和考核机制在培养过程中选拔出顶尖人才。这种做法不仅提高了学生的学习动力，还为企业带来了更多的英语人才选择，确保能够挑选出最适合岗位要求的优秀英语毕业生。其次，如何保证优质人才的培养与订单人才的全面就业，成为学校必须优先考虑的任务，这包括了考核和评价过程。依据订单协议中的评价体系，并结合企业对学生实践表现的全面评估，高校应公正、精确地确认学生的最终成绩，并向企业推荐那些理论基础扎实、专业能力出众、态度端正的毕业生。推荐过程应建立在双方认同的评价准则及公平、透明

第五章 职业能力培养导向下的高职英语实践教学模式创新

的选拔方式上，确保每位被推荐的毕业生都能符合企业的具体需求。最后，企业按照协议的约定，为这些合格的毕业生提供职位。这一阶段的顺利进行不仅展示了企业对教育成果的认可，也象征着订单式校企合作教学模式的成功实施。这样一来，毕业生能够无缝衔接从学习到工作的转换，企业也得到了所需的英语专业人才，实现了共赢。

（六）系统评价与反馈

为了进一步提升订单式校企合作教学模式的成效，为合作双方创造持续的发展价值，建立一套全面的经验归纳和反馈体系至关重要。这个过程涉及对人才培养各阶段的深入评估，目的是发现并解决问题，归纳经验，并及时优化改进策略。一个有效的经验归纳与反馈体系需要遵循以下几个原则。第一，该体系应全面涉及校企合作的各个环节，包括选择合作伙伴、制订人才培养计划、构建课程体系、建设实训基地以及安排毕业生就业等。收集来自英语专业学生、高职英语教师和英语行业企业导师等各方的反馈，可以提供多角度的评价信息，为经验总结奠定数据基础。第二，确立反馈机制应保障信息的及时交流和处理。这包括内部的信息交流和外部的透明发布机制，例如，通过校企合作论坛、工作坊等渠道，定期公布人才培养进展和效果评价，吸引英语行业专家和公众参与讨论，共同寻求人才培养模式的改进路径。第三，学校和企业应根据经验总结和反馈的成果，共同制订改进措施，调整人才培养计划、优化课程设计、加强实训内容的实操性等。同时，应持续跟踪评估人才培养质量，通过分析毕业生的就业状况和职业发展，评价培养模式的长效性和适应性。第四，评价与反馈不应仅在培养周期结束时进行，而应定期进行，以确保教育品质和教学进展达到预期目标。动态的评价机制应持续监控和评估学生学习成果、英语教学内容和方法、实训效果及合作企业的满意度等多个方面。这种机制能够帮助学校和企业及时发现并解决问题，分析原因，并采取适当的调整措施，保障培养过程的效率和目标实现。例如，中期考核的反馈可以帮助学生识别自己的学习优势和劣势，有针对性地改进学习方法，加强知识和技能掌握。企业也可依据这些评价结果提出实训指导建议，助力学生更好地适应工作环境，提升实践技能。同时，周期内的评价和反馈还应包含对教师教学效果的评估，这对提高高职英语教学品质、促进教师的专业成长极为重要。教师能根据反馈调整教学策略和方法，采用更有效的手段激发学生兴趣，提升教学成效。综上所述，通过建立和完善经验总结与反馈机制，订单式校企合作教学模式能够持续优化和进化，更好地满足经济社会发展的需求，培养出符合市场需求的高素质技能型人才。这不仅有助于提高高职英语的教育质量和效率，还有利于深化校企合作关系，推动职业教育与产业发展的紧密结合和可持续增长。

三、订单式校企合作教学模式的特征

订单式校企合作教学模式以其独特优势，正逐渐成为教育领域的重要趋势，如图5-2所示。该模式拥有灵活的适应性，校企之间深层次的合作确保了教育内容和企业实际需求之间的紧密结合并迅速响应市场和企业的需求变化，此外，该模式的定向性培养，致力为特定企业培养量身定做的人才。在教学方法上，应用性教学贯穿始终，强调实践技能的培养，实现了高效率的人才培养，符合现代教育和产业发展的需求。

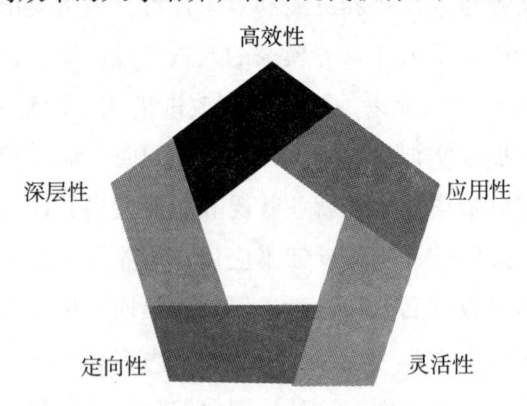

图5-2 订单式校企合作教学模式的特征

第五章　职业能力培养导向下的高职英语实践教学模式创新

(一) 深层性

订单式校企合作教学模式核心的特征之一是合作的深层性。在这种模式下，学校与企业或中介机构建立了全面而紧密的合作伙伴关系，这种合作涵盖人才培养的各个环节，如课程设计、教材开发、实训基地建设、教学实施、实习安排和能力评估。这种深层合作确保了学校教育内容和方法与企业的实际需求高度一致，使得所培养的人才直接对应企业的岗位要求。此外，合作的深层性不仅体现在教育过程的各个方面的合作广度上，还表现在资源共享的合作深度上，如企业提供实习岗位、实训设施和技术支持，这些都大幅增加了学生的实践经验并提高了其学习效果。通过这种模式，校企不仅建立了互惠互利的关系，还促进了长期的合作和信任，从而显著提升人才培养的效率和质量。

(二) 定向性

订单式校企合作教学模式突出的特征是定向性。该模式通过直接对接企业需求和岗位要求，实现教育内容和培养目标的高度定向性。企业不仅参与到人才培养计划的制订中，还影响课程内容的设计，确保培养内容不仅包含理论知识，还包含实际工作所需的技能和操作。这种定向性确保学生的学习目标与职业需求同步，使得教育更加聚焦学生的未来职业生涯，从而提高了教育的针对性和有效性。此外，该模式通过缩短学生从学校到职场的过渡期，使得学生快速适应工作环境，提升就业竞争力，实现教育与职业实践的无缝对接。

(三) 灵活性

订单式校企合作教学模式的核心优势在于其灵活适应的培养策略。在课程设计方面，该模式允许教育机构和企业根据市场的最新变化和国际形势的波动，进行课程内容的更新和补充，同时引入新的技术和理念，迅速响应市场需求的变化。例如，随着技术进步或行业需求的变化，学校和企业可以共同决定引入新的课程或调整现有课程的内容，确保教育与行业实际需求一致。这种灵活性还体现在教育和就业的匹配上，学生可以提前选择专业方向或进行实习项目，学校和企业提供相应的支持和资源，使得每个学生的学习路径都能够最大限度地符合其个人发展需求，提高教育与就业的适应性。

（四）应用性

应用性是订单式校企合作教学模式的显著特征。在这一模式下，教育内容深入融合企业的具体工作需求和技能要求，强调培养内容的应用性和实用性。高职英语课程设计不仅基于理论知识，还侧重培养与工作直接相关的操作技能，确保学生能将所学应用于实际工作环境中。通过实际操作和实训环节，学生能够提前接触并熟悉企业的工作流程和技术规范，从而在毕业后迅速融入职场，有效降低企业对新员工培训的时间和成本。这种应用性的教学方法不仅提升了学生的职业技能，还满足了企业对技术应用型人才的实际需求，展现了教育与产业需求的紧密结合。

（五）高效性

订单式校企合作教学模式的显著特征还包括其培养过程的高效率。通过与企业的紧密合作，学校可以直接获取企业的实训资源和技术支持，最大化资源的有效利用，避免了教育资源的浪费，确保教育投入产出比的高效率。学生通过参与企业的实际项目和实习，能够迅速将理论知识转化为实践能力，有效缩短了从学习到工作的过渡时间。此外，这种模式提升了就业的直接性和效率，使毕业生能够直接进入合作企业工作，减少了企业在人才选拔和培训上的时间并降低了相关成本，同时降低了学生就业的不确定性。这种高效的培养过程，不仅提升了教育的效果，还提高了学校与企业的合作效益，实现了社会人才培养和利用的高效率。

第五章 职业能力培养导向下的高职英语实践教学模式创新

四、订单式校企合作教学模式的价值

(一) 多主体合作共赢

订单式校企合作教学模式体现了教育与产业界的深度融合，为学校、企业及学生、社会构建了一个共赢的生态系统。对学校而言，订单式校企合作教学模式使高职院校能够直接与企业合作，理解行业需求，从而更精确地设计课程内容和培养方案。这种密切的合作关系有助于学校提升教育的实践性和针对性，确保教育内容与时俱进，增强学生的就业能力，提高毕业生的就业质量，这种成功的校企合作能够提高学校的教育质量，从而促进学校的社会声誉和品牌影响力的提升，吸引更多优秀学生和企业的关注和投入，形成学校教育的良性循环。对企业而言，通过订单式校企合作教学模式，企业可以直接参与到人才的培养过程中，按照自身需求定制培养方案，这样培养出的毕业生能够更快速地适应企业文化和工作环境，减少企业对新员工的培训时间和降低培训成本。此外，企业还能通过这种模式获得更为精准的人才选拔，提高员工的整体质量和工作效率，从而促进企业的长期发展。对学生而言，学生在订单式校企合作教学模式下，不仅能获得与实际岗位紧密相关的专业知识和技能训练，还能通过实习和项目实训等环节，提前融入职场，积累实际工作经验。这不仅提高了他们的就业竞争力，还为他们的职业发展奠定了坚实基础。学生能够根据个人兴趣和职业规划选择合适的岗位，实现学业到职业的平稳过渡，更有利于他们实现个人价值和职业目标。对社会而言，订单式校企合作教学模式有利于促进教育资源与社会需求的有效对接，有助于快速解决人才供需不平衡的问题，为社会提供更多高质量、实用性强的专业人才。这种高效的人才培养机制能够加速知识和技能的转化，推动经济结构的优化升级和创新驱动发展。此外，在订单式校企合作教学模式下校企双方的合作还会深化到科研项目、技术研发、管理咨询等多个层面，这种深度合作不仅有助于提升高校的研究水平和创新能力，还为企业带来最新的科研成果和技术支持，更能够促进社会知识转移和技术创新。

（二）促进教育模式创新与改革

订单式校企合作教学模式不仅回应了市场当前的需求，还通过校企紧密合作，将最新的技术和行业趋势融入教学内容中，从而为教育系统带来持续的创新动力。这种变革不仅增强了教育内容的前瞻性和实用性，还促进了学生创新思维和问题解决能力的发展。在订单式校企合作模式中，学校和企业共同参与课程的开发、教学的实施和评价体系的构建。这种合作增强了课程的实践性和应用性，并建立了一个实时反馈机制，促进教学方法和内容的持续改进和创新。学生参与企业的实际项目实训，使他们得以在真实的工作环境中学习和应用新技术，这种实践学习方式极大地激发了学生的创新潜力，增强了他们应对复杂问题的能力。此外，订单式校企合作模式推动了职业教育内外的交流与合作，打破了传统教育与行业之间的界限。引入行业专家参与教学，不仅丰富了教育资源，还为学生提供了直接与行业接轨的机会，增强了教育的社会适应性和灵活性。这种跨界合作为教育创新提供了新的视角和实践平台，推动了教育理念、内容和方法的全面创新，为职业教育的持续发展注入了新活力。订单式校企合作模式还为职业教育提供了与国际教育标准接轨的机遇。通过与国内外知名企业的合作，高等院校得以引进国际先进的教育理念和教学资源，提升教育的质量和国际竞争力。这种教育模式的开放性和国际化不仅拓宽了学生的全球视野并提升了其跨文化交流能力，也为实施国家的人才培养战略贡献了力量。综合来看，订单式校企合作模式通过其创新引领的价值，不仅优化了职业教育的内容和方法，提高了教育质量和效率，还为教育体系与经济社会的深度融合开辟了新的途径，推动了职业教育领域乃至整个教育体系的创新和发展。

第五章 职业能力培养导向下的高职英语实践教学模式创新

第二节 工学交替式人才培养模式

一、工学交替式人才培养模式的内涵

工学交替式人才培养模式是一种创新的人才培养机制，旨在通过学校教育与企业实践的紧密结合，培养既具备理论知识又具有实践能力的复合型人才。在这种模式下，学生的学习和教育过程在学校与企业之间交替进行，半工半读。其在学制设计中具体表现为将每个学年划分为理论学习学期和实践工作学期：在理论学习学期中，学生在学校进行理论知识的学习；在实践工作学期中，学生前往企业进行顶岗实习，其中实习获得的工资可以支付第二年的学费。这种模式下，学校和企业共同参与人才培养计划的制订与执行，学生在学习过程中不仅在课堂上获得理论知识，还会在企业中通过实际工作应用这些知识，从而深化对专业领域的理解并增强实际操作能力。校企合作为学生提供了真实的工作环境和生产实践的机会。学生能够在企业中参与实际项目，接触最新的行业技术和工作流程，这有助于学生了解行业动态，提前适应职场环境，实现教育资源的优化配置和利用，缩短学生从学校到职场的过渡时间，还能够提高毕业生的就业质量和企业的满意度。

在工学交替式人才培养模式下，企业和学生的角色都有一些变化。企业不仅是提供实习机会的场所，还是教育过程的积极参与者、引导者，扮演着培养计划的共同设计者和实施者的角色，通过提供实习岗位、实践项目和专业指导，直接影响学生的职业技能和职业素养的发展。企业的参与使得教育更加贴近实际工作需求，有助于学生获得与就业密切相关的技能和经验。对于学生而言，在工学交替式人才培养模式中，他们既是学习者也是实习员工。学生通过在企业中的实践活动将课堂上学到的理论知识应用于实际工作中，增强其解决实际问题的能力。这种双重

身份加深了学生对专业知识的理解,使得学生能够更好地理解行业需求,提高他们的工作适应性和职业竞争力。学生可以直接从工作经验中学习,这会为他们将来的职业生涯积累宝贵的经验和技能,增强其职业发展潜力。

二、工学交替式人才培养模式的注意事项

工学交替式人才培养模式为教育与产业界的融合提供了新的思路和方法。在推进这一模式时,需谨慎考虑几个关键因素以确保其成功实施,如图5-3所示。

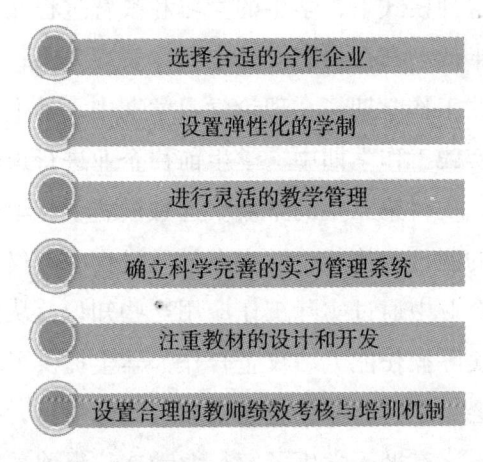

- 选择合适的合作企业
- 设置弹性化的学制
- 进行灵活的教学管理
- 确立科学完善的实习管理系统
- 注重教材的设计和开发
- 设置合理的教师绩效考核与培训机制

图5-3 工学交替式人才培养模式的注意事项

(一)选择合适的合作企业

在工学交替式人才培养模式中,选择合适的合作企业是实施的关键环节,关系到整个培养计划的成功。选择合作企业时,需要综合考虑多个方面,以确保教学质量和实习效果能够促进学生的职业发展和技能提升。首先,对合作企业的合法性和规模进行细致的审核是确保成功合作的前提。企业必须是依法注册并具有合法经营资格的,这是判断其稳定性和可靠性的基础。除此之外,企业的规模和在行业内的影响力也是重要考量因素。规模较大的企业往往有更完备的组织结构、更强的财务实

第五章　职业能力培养导向下的高职英语实践教学模式创新

力和更广泛的业务领域，能够提供更多样化和专业化的实习机会。这些企业通常具备较为先进的技术设备和研发能力，能够让学生在实习过程中接触行业前沿技术和操作流程，从而更好地理解和应用专业知识，加深对所学领域的认识和理解。其次，考察企业提供的实习岗位是否与学生的专业紧密相关是极为关键的。这关乎学生能否在实习中有效地将所学理论知识与实践操作相结合，进而提高其职业技能和就业竞争力。合作企业应提供与学生专业对口的实习岗位，确保实习内容与学生的学习课程相匹配，使其能够在实践中深化对专业知识的理解，并应用这些知识解决实际问题。此外，企业还应承担起培养学生的责任，不仅为了满足短期的劳动力需求，还应视学生为潜在的长期人才，积极为其职业发展提供支持和指导。这样，学生在实习期间不仅能够获得宝贵的工作经验，还能够在专业技能和职业素养上得到全面的提升。再次，企业提供的专业培训和设施支持的质量对于学生的技能提升至关重要。企业不仅需要具备专业的技能培训能力，还应提供相应的实践操作平台。这涉及能否为学生提供实际操作的机会，如使用行业内的先进设备和技术进行实操练习，以及通过实际工作情景模拟等方式增强其实践经验。专业技能培训应全面覆盖学生所需掌握的核心技能，包括但不限于操作技巧、问题解决能力、项目管理等。同时，企业应能提供完善的实践指导，由经验丰富的专业人士进行面对面的辅导，确保学生能够在实践中学习到行业标准和操作规范，加速其从理论到实践的转换过程。最后，考察企业的管理与保障制度是确保实习效果的重要一环。企业应建立一套完善的实习生管理体系，包括明确的工作职责、绩效考核标准和职业发展路径，以及制订有效的监督和反馈机制，确保学生能够在实习期间获得系统的学习和成长。此外，企业还需提供良好的工作和生活环境，如安全的工作场所、适宜的居住条件和便捷的生活服务，以保障学生的健康和福利，避免因生活条件不佳影响实习体验。同时，组织各类文化和团队建设活动，不仅可以丰富学生的社会经验，还有助于增强其团队协作和社会交往能力，为其未来的职业生涯打下坚实的基础。

（二）设置弹性化的学制

在工学交替式人才培养模式中，第二个关键步骤是实行弹性化的学制调整。鉴于学生将近一半的时间需要在企业进行顶岗实习，学校应通过灵活调整学习和实习时间的分配，或适当延长整体学习周期来应对这一需求。具体而言，学校可以在保持原有学制结构的基础上，通过整合和优化学生的寒暑假期，安排更为紧凑的学习和实习计划。这样做确保学生既有足够的时间完成必要的理论学习和文化课程，又能深入企业进行实践工作，获取宝贵的实践经验。这种调整的好处在于，它保留了学校的学籍管理和传统教学班级制度，同时增加了对企业季节性和周期性用工需求的适应性，从而提高了人才培养的效率。虽然使用假期时间进行实习存在时间上的局限性，并可能在满足企业的生产高峰期需求方面有所不足，但此方法提供了一种在不延长学制年限下，最大化利用现有时间资源进行实践学习的解决方案。

此外，学校可以考虑在必要时适当延长学制和毕业年限，以确保学生有充足的时间完成理论学习和实践操作。通过延长学习周期，学校可以更从容地安排教学内容，逐步推进教学计划，这有利于学生对知识和实践的深入掌握，尽管这可能会增加教学管理难度和培养成本。长期看来，这种方法更有利于学生的职业发展，能够为他们未来的工作生涯打下坚实的基础。在实施弹性化学制调整时，学校应细致规划学生的学习和实习时间分配。充分利用学生的寒暑假期，可以灵活地安排更加紧凑和实效的学习与实习计划。学校可以将某些理论课程集中在学期内进行，而将实习或实践课程主要安排在假期，从而使学生能够在不减少理论学习的前提下，获得更加充分和深入的实习体验。这种安排不仅有助于学生更好地理解和吸收理论知识，还可以增强他们的实践能力和职业适应性。利用假期进行实习虽然有效，但也存在一定的挑战和局限性。例如，假期时间本身有限，可能无法满足一些需要长期实习或深度参与的项目要求。此外，企业的用工需求往往具有季节性和周期性特征，仅依靠学生的假期实习可能难以完全匹配企业的人才需求高峰。因此，学校需要在保证教学质量和完成教学计划的前提下，与合作企业密切沟通，共同制订更加灵活和实际的实习安排。考虑到不同学生的学习和职业规划差异，学校还可以提供更为灵活的学制延长方案。例如，对于那些追求深度学习或需要更多实习经验的学生，学校可以提供延长学习周期的选项，使他们有更多时间来完成更为复杂和深入的课题研究或长期实习项目。这样的安排旨在提供足够的理论和实践时间，使学生能够更全面地掌握专业知识和技能，为其未来的职业发展奠定坚实基础。

在高职英语课程设计和教学管理方面，学校需要采取更加灵活和开放的策略，以适应工学交替人才培养模式的特殊要求。这包括设计更加灵活的课程体系，允许学生根据自己的职业规划和实习经历选择相应的课程和实习项目。同时，高职教学管理也应注重对学生个性化发展路径的支持和引导，为学生提供更多自主选择的空间，以促进其全面发展。

学校还应考虑学生的个性化和选择性发展需求，鼓励他们根据自己的实习经历和职业规划灵活选择实习时间和学习内容。学校要在课程设计和教学管理上采用更灵活和开放的策略，以满足工学交替式人才培养模式下学生特有的学习和实习需求。

（三）进行灵活的教学管理

在工学交替式人才培养模式中，采纳灵活多变的教育策略是适应企业生产任务不连续性和对学生实践能力高要求的关键。这种策略的实施依赖教学模块化以及灵活的学籍管理和教学组织等措施的综合运用，旨在为学生构建更加个性化和灵活的学习路径，并满足企业对人才的灵活需求。首先，关于教学模块化设计，这种方法将传统的课程内容细分为多个独立的学习单元或模块，每个模块集中讲授特定的知识点或技能，并为其分配相应的学分。这样的课程设置允许学校根据实习安排和学生的学习进度，灵活选择和调整所需的教学模块，而非遵循一成不变的课程计划。模块的时长可根据实际需要从一周至一个月不等，便于学生在校园学习和企业实习之间灵活转换。这种模块化的教学设计，不仅增强了课程内容的针对性和实用性，还使得学生能够依据自身的职业规划和实习体验，有选择性地强化特定领域的知识与技能。同时，模块化的课程体系还能使学校及时响应企业的最新需求，快速更新或调整教学内容，确保教学内容具有时效性和前瞻性。其次，在灵活的学籍管理和教学组织方面，这种教育策略的实施同样至关重要。随着学生学习路径的多样化和学习周期的个性化，学校需要在学籍管理上提供更大的灵活性，以适应不同学生的学习需求和实习安排。通过实施学分制和采用累积学分系统，学校可以允许学生在规定的学制年限内，根据个人实习经历和学习进度，自主安排课程和学习。此外，教学班级的组织应更加灵活，可以按照学生选择的模块进行分组，而非遵循传统的按年级或专业固定编班方式。这样的学籍管理和教学组织模式，不仅使学生能够根据个人情况和市场需求灵活调整学习计划，还有助于学校更高效地利用教育资源，提升教育服务的个性化和适应性。

（四）确立科学完善的实习管理系统

在工学交替式人才培养模式下，确立一个科学、完善的顶岗实习学生的管理及考核系统，是保障实习效果和质量，以及实现人才培养目标的关键。这种系统的建立，需考虑到学生在顶岗实习期间所处的特殊位置——他们既是学校的学生，也是企业的员工。这一双重身份带来了管理和考核上的复杂性和挑战，因此需要通过科学的方法来确保实习的有效性和实践目标的达成。首先，明确管理和考核的目标是建立系统的前提。管理系统的主要目标是确保学生能够在实习过程中安全、有效地完成既定的学习任务和工作任务，而考核系统则旨在评估学生的学习成果和实习表现，确保他们能够达到预定的教育和职业发展目标。这些目标需要校企双方共同确定，并结合各自的需求和条件来具体化。其次，为了实现这些目标，学校和企业需要共同建立联合管理机构或协作框架，以便于对实习生进行有效的日常管理和监督。这种机构或框架可以作为双方沟通和解决问题的平台，确保实习活动能够顺利进行，并及时解决

第五章 职业能力培养导向下的高职英语实践教学模式创新

实习过程中可能出现的各种问题。在这个基础上，学校和企业应制订详尽的管理和考核规程，涵盖实习生的选派、培训、日常管理、安全保障、表现评估和奖惩制度等方面。管理规程需要包含对实习生的日常行为、工作态度、职业道德和技能应用等方面的明确要求。同时，学校和企业应建立完善的安全教育和操作培训机制，确保实习生能够了解并遵守相关的安全规定和操作流程，降低实习过程中的安全风险。此外，学校和企业还需要设立专门的辅导和支持服务部门，帮助实习生解决和克服在实习过程中遇到的专业问题和个人困难，促进其顺利完成实习任务。考核规程则应设计为能够全面评价实习生的工作表现和学习成效。这包括制订具体、公正的考核标准和方法，如实习日志、项目报告、现场表现评估、导师评价等。考核过程应注重实践能力和职业技能的培养成果，同时评估学生的学习态度、问题解决能力、团队协作和创新能力。学校和企业应根据考核结果，实施奖惩制度，对表现优秀的学生给予表彰和奖励，对表现不佳或违反规定的学生进行必要的惩戒和指导。最后，将实习表现与学生的毕业资格和学位授予紧密关联，可以有效激励学生认真对待实习，主动学习和提高。这种做法有助于提升学生的责任感和主动性，使他们更加重视实习机会，积极参与到实习工作中，从而在实践中深化理论知识，提升职业技能。综合来看，在工学交替式人才培养模式中，建立一个科学、完善的顶岗实习学生的管理及考核系统，对于保障实习质量、实现教育目标具有重要意义。这不仅需要学校和企业之间的紧密合作和协调，也需要明确的管理目标、全面的规程制订、有效的日常监督，以及科学合理的考核评价机制。这样的系统可以为实习生创造一个安全、有序且富有成效的实习环境，促进其专业能力和职业素质的全面提升，为他们未来的职业发展打下坚实的基础。

(五) 注重教材的设计和开发

在工学交替式人才培养模式下，教材的设计和开发应综合考虑理论与实践的结合、行业需求的对接、教学内容的灵活性和时效性，以及教材的持续更新和改进。首先，教材设计需紧密结合行业和企业的实际需求。在工学交替式模式中，教材不仅要提供必要的理论知识基础，还要深入介绍与实际工作相关的操作技能和流程。这要求教材开发者与企业进行深入沟通，了解其具体的岗位要求、技术规范和工作流程，确保教材内容能够反映行业的最新发展趋势和企业的实际需要。因此，教材应包含充足的案例研究、实际操作指南和技术分析，以提高学生的实践操作能力和问题解决能力。其次，教材的设计应具有高度的灵活性和模块化结构。灵活性体现在能够根据教学进度和学生的实习经历调整教学内容和顺序，使教材能够适应不同学生的学习节奏和实习安排。模块化则意味着教材被分割成独立的单元，每个单元专注某一特定主题或技能，便于根据实际需要进行选用和组合。这种结构不仅方便教师根据课程要求和学生的进度进行教学安排，也便于根据行业变化及时更新或调整相关模块。再次，保持教材内容的时效性和前瞻性至关重要。随着技术进步和行业发展，教材应定期更新，以反映最新的技术标准、工作方法和市场需求。这需要教材开发团队与企业保持密切合作，定期收集和分析行业动态及技术发展，确保教材内容能够及时反映这些变化。此外，教材的更新不应仅限于内容的添加，还应包括对现有内容的修订和优化，以确保信息的准确性和教学的连贯性。此外，教材的开发应是一个包容性的过程，涵盖教师、行业专家、学生和其他利益相关者的意见和反馈。教师的实践经验和对学生学习需求的深入理解是设计高效教材的重要资源。同时，学生的反馈可以提供关于教材实用性和可理解性的直接信息，有助于不断调整和改进教材。行业专家的参与则可以确保教材内容的专业性和实用性，使之能够真正符合职业培养的要求。最后，教材的设计和开发过程应注重质量保障和持续改进。这包括建立严格的质量控制体系，对教材的每个环节进行审核和评估，确保其内容的准确性、适宜性和教学效果。同时，应建立有效的反馈和改进机制，鼓励教师和学生积极参与教材评价，及时调整和优化教材内容和结构，以满足不断变化的教学和学习需求。

第五章 职业能力培养导向下的高职英语实践教学模式创新

(六) 设置合理的教师绩效考核与培训机制

在工学交替式人才培养模式下，合理的教师绩效考核与培训机制对于提升教师的专业技能、保障教学质量和实现人才培养目标至关重要。这要求学校制订全面的培训计划，建立科学的绩效考核体系，并提供持续的专业发展支持，确保教师能够适应工学交替式人才培养模式下的教学要求，有效地指导学生的实践学习，从而促进该模式的成功实施和人才培养目标的实现。首先，学校应开展针对教师的专业发展和培训的活动。这可以通过引入具有实际行业经验的企业专家和技师来充实教学团队，使他们成为兼职教师或导师，直接参与专业课程的教学。这样不仅能够把最新的行业技术和实践经验引入课堂，还能为学生提供更加贴近实际的学习体验。同时，学校应组织专职教师到合作企业进行实地观摩和培训，让他们直接了解并掌握岗位的具体操作和技术要求，从而提升他们的实践教学能力。其次，教师的绩效考核机制应全面而科学，覆盖教学效果、实践指导能力、学生反馈、与企业的合作效果等多个维度。绩效考核的结果应用于指导教师的个人发展，包括提供进一步的培训机会、职业晋升以及薪酬调整。此外，学校应设立清晰的奖励机制，以激励教师积极参与培训和实践教学，提高教学质量和学生实习的指导效果。同时，学校需要建立一个连续的教师专业发展体系，不局限于单次培训活动，而是提供持续的学习和发展机会。这包括定期的研讨会、学术会议以及行业交流活动，鼓励教师持续更新自己的专业知识和技能。教师应被鼓励参与相关的研究和项目工作，以促进其理论与实践的深入结合，增强教学内容的实际应用性。进一步，学校应与企业共同制订教师培训内容，确保培训计划与企业的实际需求紧密结合，加强教师对行业发展趋势的理解。通过企业实地培训、实习指导和项目合作等方式，教师能够获得宝贵的实践经验，更好地将企业的实际需求和最新技术应用到教学中。最后，教师绩效考核与培训机制的成功实施，需依赖明确的政策支持和足够的资源投入。学校管理层应确保这一机制得到有效执行，为教师提供必要的资源和支持，包括时间、资金和技术资源，以实现教师专业成长和教学质量的持续提升。

在工学交替式人才培养模式下，建立合理的教师绩效考核与培训机制是关键，这不仅有助于提高教师的教学与实践指导能力，还是确保该模式成功实施的重要保障。这一模式对教师提出了更高的专业要求，需要他们既有扎实的理论知识又具备实际操作技能和工作经验。因此，教师需要成为理论与实践兼备的双师型人才。

三、工学交替式人才培养模式的特征

工学交替式人才培养模式的特征如图 5-4 所示。

图 5-4 工学交替式人才培养模式的特征

（一）实践导向性

实践导向是工学交替式人才培养模式的特征，学生的教育过程不仅包括课堂内的理论学习，还包括在企业中参与实际工作流程，处理真实的职业任务。学校和企业双学习场所的交替教育将理论学习与实际工作经验结合起来，确保学生可以将在学校获得的理论知识有效地应用于工作实践中，提高了学生的职业技能和操作能力，具有明显的实践导向性。此外，在此模式下，学生能够在学习初期就接触行业实践，学习适应未来的工作环境，明确未来从事的职业要求，这会大幅提升他们的就业能力，为其职业生涯奠定坚实的基础。在未来面对实际工作中的挑战和问题时，他们能够运用在学校学到的理论知识来寻找解决方案，表现出更强的实践能力和解决问题的技能。

（二）经济性

在工学交替式人才培养模式下，学生在企业实习期间可以赚取实习工资，这部分工资可以用来支付下一学期的学费。对于许多家庭来说，教育费用是一个重大负担，这种机制显然降低了学生对家庭经济的依赖，也减轻了家庭的经济负担，并且该模式通常以政府的初始经济支持为起点，尤其是针对贫困地区的学生，政府往往提供第一个学期的经费援助。随后，通过学校与企业的合作关系，学生可以依靠自己在实习期间的劳动收入来解决学习期间的学杂费、生活费及其他相关费用。这种模式不仅创造了一种自我资助的经济模式，使学生能够通过实习劳动收入实现经济独立，培养学生的独立性和自主性，还促进了教育公平，使得更多经济条件有限的学生能够接受高职教育。可以看到，此模式提供了一种教育和职业训练的整合方案，减轻了学生经济负担，同时积累了实际工作经验，加强了学生与未来职场的联系，具有很强的经济性。

此外，该模式的经济性还表现在企业层面。通过工学交替式人才培养模式，企业直接参与学生的实践教育，直接对学生进行培训和实践指导，可以在学习阶段就开始培养学生的岗位所需的专业技能和企业文化认同。企业可以早期介入以及通过实习期间对学生的观察和指导，更有效地评估和培养他们的职业技能和工作态度，减少后期招聘和培训的不确定性和风险，同时减少企业在毕业后对新员工进行大量基础培训的需要，降低人才引进和培养的总成本。

（三）双重性

工学交替式人才培养模式的双重性体现在多个维度。首先，在工学交替式人才培养模式中，学生身份具有拥有双重性。一方面，他们是学校中的学生，专注理论知识的学习和学术技能的发展；另一方面，他们是企业的实习员工,参与实际工作,获得职业经验。这种双重身份使学生能够在理论与实践之间建立桥梁,不仅加深了对学术知识的理解,还提升了将知识应用于实际工作的能力。通过这种身份的结合,学生能够更全面地发展自己的能力,为未来的职业生涯做好准备。工学交替式人才培养模式下的学习场所具有双重性:传统的教室学习和企业的工作环境。学校为学生提供了一个理论学习的环境,这里强调知识的系统性和学术性;而企业则提供了一个实践学习的场所,这里强调知识的应用性和实用性。在这种模式下,学生可以在不同的学习环境中转换,体验不同的学习方式,这种转换使得学生能够从不同角度和层面理解和掌握知识。学习场所的双重性不仅丰富了学生的学习经验,还增强了他们适应不同工作环境的能力。在工学交替式人才培养模式中,企业角色具有双重性。企业不仅是提供实习机会的场所,还是参与教育过程的合作伙伴。这种企业角色的双重性意味着企业在学生的教育和培养过程中扮演着重要的角色。一方面,企业通过提供实习岗位,让学生能够在真实的工作环境中学习和应用知识;另一方面,企业参与到教育课程的设计和实施中,确保教育内容与行业需求相匹配,促进学生技能的发展与市场需求的对接。企业的这种双重角色不仅有助于学生获取实践经验,还促进了教育内容的实时更新和优化,确保了人才培养的质量和效率。

(四)互动性

在工学交替式人才培养模式中的互动性涉及教育体系中多个层面的互动与反馈。在这种模式中,学校与企业不再是各自独立的实体,而是通过紧密的合作关系实现资源共享和信息互通。学校提供理论知识的教育,而企业则提供实践操作的场所,这样的结合促进了理论与实践的无缝对接。互动性还表现在教师与学生之间的互动机制中。教师不仅传授知识,还通过与学生的互动,了解学生的学习进度和实践经验,进而调整教学内容和方法以适应学生的需求。这种互动确保了教育过程的个性化和针对性,帮助学生更好地理解和吸收知识。在学生的实习过程中,互动性的体现更为显著。学生将在企业实践中遇到的问题带回学校，与教师和同学共同探讨，形成了理论学习与实践应用的双向流动。这种机制不仅加深了学生对专业知识的理解，还锻炼了他们的问题解决能力和实际操作技能。

第三节 项目驱动式人才培养模式

一、项目驱动式人才培养模式的内涵

随着中国科技的飞速发展和市场经济的不断壮大，企业的职能和作用经历了翻天覆地的变化，由过去的生产导向型企业转型为注重创新和多样化发展的开创型企业。这一转型促使对具备实操能力、技术能力和操作技能的人才需求急剧增加。在此环境下，传统的以理论教育为主的人才培养方式已不足以满足企业对人才的实际需要，故项目驱动式人才培养模式随之诞生并迅速发展。

项目驱动式人才培养模式是一种创新的教学策略，它以实际项目和问题解决为中心，通过学生参与的实践活动来推动学习进程。这种模式源于建构主义教育理论，该理论认为学习是通过主动探索来构建个人知识体系的过程。项目驱动式人才培养模式重视将理论学习与实际应用相结合，强调在类似真实的工作环境中进行学习，以促进学生的主动学习、团队合作和实际操作技能的发展。在这个过程中，学生需要完成具体的项目任务，从而逐步掌握关键的专业技能，同时提升其实用技能、综合素质以及问题解决、团队协作和创新等的能力。该模式不但要求学生在项目中实践理论知识，而且通过项目的设计、执行和评估过程，培养学生深入理解和掌握专业技能的能力。通过这种方式，学生能够在实践中学习和应用专业知识，更有效地准备自己未来的职业生涯和应对工作环境的变化。同时，项目驱动式人才培养模式也要求教师从传统的知识传

授者转变为学习引导者和协助者,他们需要设计与职业培养目标相一致的项目,并在学生的学习探索过程中提供必要的指导和支持。此外,项目驱动式人才培养模式强调校企合作,通过企业技术人员参与教学项目设计和实施,确保教学内容既符合科学前沿,又贴近行业实际需求。在这种模式下,学生的自主探索和团队合作成为学习的关键,他们不但能够通过参与项目来锻炼自己的实操能力和团队协作技能,而且能够激发创新思维和解决问题的能力。通过成功地完成项目,学生不仅获得成就感,还能增强他们的求知欲和自主学习能力,从而形成积极的学习循环,真正实现"授之以渔"的教育目标。

二、项目驱动式人才培养模式的实施步骤

探究项目驱动式人才培养模式阐述了其深刻的教育理念和实践价值,这一模式通过明确的实施步骤来确保教育活动的有效性和针对性。从项目的呈现到完成,再到评价过程,如图5-5所示,每一步骤都是精心设计和实施的,以通过实际项目的执行,培养学生的专业能力和实践技能。

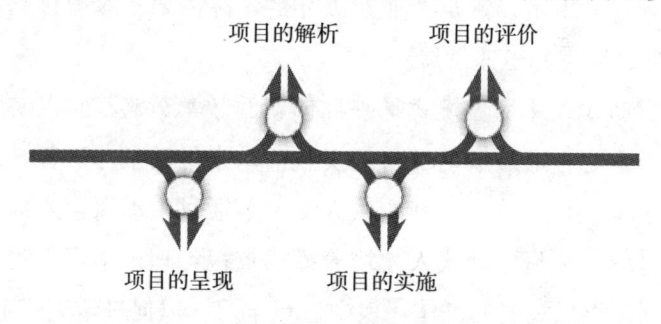

图5-5 项目驱动式人才培养模式的实施步骤

(一)项目的呈现

在高职英语实践或实习教学中,项目的呈现是一个复杂而细致的过程,它需要教师深刻理解学生的学习水平、心理发展和教学目标,以设计一个既富有挑战性又能激发学习兴趣的项目。以"国际贸易展示会商品推介"为例,这是高职英语学生未来职业生涯常会碰到的项目。教师

第五章　职业能力培养导向下的高职英语实践教学模式创新

在呈现项目时，不但要引入实际的商业场景，而且要考虑如何将项目内容划分并融入这个场景中，以促进学生的认知发展和知识构建。首先，教师需要根据学生的学习水平和心理特点，将复杂的课程内容分解为多个小块，并将这些内容巧妙地嵌入项目中。这种方法有助于降低学生的认知负荷，使他们能够逐步掌握知识并成功应用。例如，在"国际贸易展示会商品推广"项目中，教师可以将产品分析、市场调研、商务沟通、产品推介等知识点分解，并在项目中逐一引入。教师在项目呈现时，可以创造一个国际商务环境，让学生扮演公司代表的角色，并向潜在的国际客户介绍自己的公司和产品。这个过程不仅需要学生运用英语沟通技能，还需要他们综合运用所学的理论知识和策略。通过这种实践活动，学生能够在一个接近真实的商业环境中学习和应用知识，从而增强学习的实践性和相关性。

教师在呈现项目时也应激发学生的认知冲突和学习动机。通过引入与学生现有知识结构不同的新知识或问题，教师可以刺激学生的好奇心和探索欲，促使他们主动寻找解决方案。例如，在介绍公司和产品时，教师可以提出一些尚未涉及但对商务交流至关重要的新概念或策略，引导学生思考并寻求理解和解决这些新问题的方法。另外，教师要引导学生拟订完成项目的可行计划和实施方案。这不仅包括项目的具体步骤和目标，还包括如何利用所学知识解决实际问题。在这个过程中，教师应提供必要的指导和支持，帮助学生建立起新的知识结构体系，并在实际操作中不断调整和完善自己的计划。通过这样综合考虑学生的学习水平、心理发展和教学目标，教师能够有效地呈现项目，不仅能激发学生的学习兴趣，还能促进他们的认知发展和知识构建，为后续的项目实施奠定坚实的基础。

（二）项目的解析

教师需要在创设具有挑战性的项目情境的同时，确保学生对项目的目标、范围和预期成果有清晰的认识。这意味着教师应详细阐述项目的具体任务，比如在"国际贸易展示会"中，学生不仅要介绍自己的公司和产品，还要展示如何在国际市场中定位自己的公司，如何分析竞争对手，以及如何制订市场进入策略。为了帮助学生在特定情境下构建意义并获得知识，教师应当引导学生查找和丰富学习资源和参考资料。这包括相关的文献、案例研究、行业报告、市场分析模板以及访问这些资料的在线资源链接。通过这些材料，学生可以深入了解国际商务的实际操作，掌握必要的商务沟通技巧，同时对全球市场环境有更全面的认识。此外，教师应引导学生如何有效利用这些资源来分析问题和制订解决方案。这可能涉及如何读懂市场数据，如何识别潜在客户的需求，以及如何根据公司的优势制订营销策略。在这个过程中，教师不仅提供知识指导，还应鼓励学生进行批判性思维和创造性思考，促使他们主动探索解决商务问题的新方法。教师还应明确评价标准和期望成果，让学生知道他们的表现将如何被评价。这包括对演讲内容的准确性、演讲技巧的流畅性、问题分析的深度以及解决方案的创新性和实用性的评估。通过明确这些标准，学生可以更有目标和方向地准备他们的项目，从而提高完成项目的质量和效率。通过这样细致的步骤，教师不但帮助学生明确了项目的目标和范围，而且给他们提供了必要的资源和工具，使他们能够有效地分析问题并寻找解决方案，从而在实践中学习和成长。这样的过程不仅提高了学生的专业能力，还培养了他们的自主学习能力和问题解决能力。

（三）项目的实施

在项目驱动式人才培养模式中，项目实施的这一步骤是实践环节的核心，它强调学生通过合作交流来充实和完善自己的知识结构，并发展解决问题的技能。以"国际商务模拟"中的"请你向我介绍你的公司和公司的产品"为例，教师会组织学生分成小组进行协作，每个小组负责收集和研究其代表公司的详细信息及产品特点。这种方法促进了学生之间的互动和信息共享，有助于他们从多角度理解和掌握国际商务的复杂

第五章　职业能力培养导向下的高职英语实践教学模式创新

性。在这个过程中，学生首先需要确定合作的具体方式和分工，确保每个成员都有责任和机会参与项目。他们可能需要通过网络搜索、访问图书馆或咨询行业专家来获取必要的信息。通过这种集体努力，小组成员不仅能够共同解决遇到的问题，还能够互补各自的知识空缺，从而形成一个更全面、更深入的项目理解。在项目实施阶段，教师扮演着至关重要的角色。他们需要定期检查学生的进度，提供必要的指导和反馈，帮助学生调整和优化他们的工作计划。教师还需要创造一个具有支持性的学习环境，鼓励学生开展批判性思维和创造性讨论，促进他们的独立思考和自主学习。此外，教师应鼓励学生反思和总结他们的学习过程，识别成功的经验和需要改进的地方。完成项目的最后阶段是展示和评估。学生需要在班上或在更大的论坛上，如学校的商务展览会或在线会议上，展示他们的工作成果。在这个环节中，每个学生都有机会成为主讲人，向同学和教师展示他们对公司和产品的深入了解。这种公开展示不仅可以增强学生的自信心，还能提高他们的公众演讲技能、英语沟通能力和专业知识。通过展示，学生能够接受来自同伴和教师的评价和建议，这对他们未来改进工作和进一步发展职业技能是非常有益的。最终，完成项目的这一步骤不但让学生得以应用和实践他们在教学过程中学到的知识和技能，而且通过合作、交流和公开展示，极大增强了他们的团队合作能力、问题解决技能以及自我表达和评估的能力。这种实践经验不仅加深了他们对国际商务的理解，还为他们将来在全球商务环境中的成功奠定了坚实的基础。

（四）项目的评价

在项目驱动式人才培养模式中，项目的评价是关键的最后一步，它旨在通过多维度的评估来完善学习过程并确认学生的成果。此阶段的评价不仅包括学生自我评价和同伴评价，还涉及专家的专业评价，以确保全面而深入的反馈。首先，学生在以幻灯片或其他形式展示他们的项目成果后，应进行自我评价。这个过程使学生能够反思自己的工作，识别自己在项目准备和执行过程中的强项和弱点。通过这种自我评估，学生可以更加清晰地了解自己的学习进步和需要进一步提升的领域。接着进行小组互评，这一环节促进学生之间的交流和反馈，帮助他们从同伴的角度获取对自己工作的看法。同伴评价不仅增强了学生的批判性思维能力，还促使他们学会如何以建设性的方式提供和接受反馈。在内部评价完成后，教师可以组织一个成果展示会，邀请外部专家对学生的项目进行评价。这些专家可能来自相关的行业，他们的经验和知识可以为学生的工作提供宝贵的专业视角。专家评价通常会更加关注学生工作的实用性、创新性以及是否符合行业标准和趋势，从而为学生提供指导和建议，帮助他们更好地理解和适应未来的职业要求。通过这样全面的评价过程，学生不仅能获得对自己学习成果的深刻洞察，还能在实践中形成和完善自己的学习方法和思维模式，建立更加坚实的知识结构。此外，这种评价机制也有助于教育者和教育机构评估和提升教学策略的有效性，确保教学内容与职业实践紧密相连。最终，通过项目驱动式教学模式的实施，学生能够不断提高自己的职业能力和职业素养，教学质量也能得到稳步提升。社会的广泛认可和企业的积极反馈表明，这种教学模式有效地缩小了学校教育与行业需求之间的差距，使学生能够快速适应工作环境，提高工作效率。

三、项目驱动式人才培养模式实施的注意事项

（一）确立明确的人才培养目标与职业需求导向

在项目驱动式人才培养模式中，明确的人才培养目标和紧密结合职业需求的教学内容是至关重要的。这要求教育者深入分析行业领域专家对专业人才的具体要求，并依据相应的职业资格标准，明确本专业学生应具备的核心能力。基于这些核心能力，精心选择和设计教学内容和项目，以确保课程标准突出职业能力的培养。在确定具体项目时，应注意以下几个关键因素：首先，项目的涵盖范围必须广泛，应覆盖职业岗位

第五章 职业能力培养导向下的高职英语实践教学模式创新

所需的相关知识、技能和个人素质。这种全面性确保学生在完成项目的过程中能够系统地掌握知识，培养职业能力，并提升个人的职业素养。例如，如果项目涉及国际贸易，它应包含市场分析、贸易谈判、跨文化沟通等多方面的知识和技能，从而为学生提供一个全面的学习和实践平台。其次，项目应具有明确性和可操作性。这意味着项目的目标、任务和期望结果需要清晰界定，让学生能够有具体的目标和方向。同时，项目应设计得既具挑战性又可实施，确保学生能够利用所学的知识和技能进行实践操作。这样的设置有助于学生在实践中深化和巩固知识，同时提高他们的学习能力、知识综合应用能力和实际操作能力。最后，项目必须体现科学性，即反映行业的最新发展趋势和技术进步。通过参与这些项目，学生能够学习到行业的最新技术和方法，促进他们的知识迁移能力和创新思维。同时，项目设计应遵循循序渐进的原则，符合学生的认知规律和专业技能形成的过程。这样的设计不仅帮助学生从基础到高级逐步掌握复杂的概念和技能，还能从单一知识点到综合应用层面逐步扩展，确保学生能够在各个层次上获得均衡发展。通过这样细致入微的项目设计和实施，项目驱动式人才培养模式能够有效地结合学生的学习需求和职业发展目标，为他们提供一个实用、全面和动态发展的学习环境。

（二）注重实践能力与职业技能的系统培养

在项目驱动式人才培养模式下，第二个重要的注意事项是注重实践能力与职业技能的系统培养。这一点要求教育内容和活动设计必须与学生将来的职业实践紧密相关，确保"教、学、做"能够有效融合。这种模式强调技术、技能、技巧和技艺的传授，以及其在实际工作中的应用，从而有别于传统的以理论知识传授为主的教学方式。为实现这一目标，教学内容需要按照"必需、够用"的原则进行模块化设计，构建包含基本素质课程模块、专业基本能力课程模块、职业核心能力课程模块、可持续发展能力课程模块等多个方面的课程体系。这种模块化的设计使得每个课程模块都具有明确的功能和目标,能够系统性地培养学生的各项技能和素质。在具体实施中,项目的选择应以职业技能为导向,以确保教学内容能够有效服务于学生职业能力的形成和职业素养的提高。项目应精心设计,既要反映职业岗位的实际需求,也要符合学生的认知规律和职业技能形成的过程。此外,项目的实施还应遵循从单项演练到模拟仿真,再到综合训练的递进路径。这种分阶段、由易到难的实践训练能够有效地帮助学生逐步建立和巩固所学知识,提升实践操作能力。此外,项目的实施应紧密围绕岗位能力和岗位素养的形成。通过将理论教学与实践教学相互交融,学生可以在实际操作中理解和应用理论知识,从而实现知识与技能的有效转化。例如,在一个关于机械工程的项目中,学生不仅需要了解机械设计的理论基础,还要通过制作模型或参与实际机械装配工作来实践这些知识。通过这种项目驱动式的实践教学,学生能够在真实或模拟的职业环境中进行学习和锻炼,不仅促进了他们技术技能的提升,还有助于培养他们解决复杂问题的能力、团队合作精神和职业素养。最终,这种教育模式能够为学生的职业生涯提供坚实的基础,增强他们适应未来职场挑战的能力。

(三)构建全面的综合评价体系

在项目驱动式人才培养模式中,评价体系的构建非常重要。评价体系的建立应当遵循全面、多维度的原则,以确保教育过程的质量和成果得到科学的反馈,这种评价体系不仅关注学生的最终成果,还注重学习过程中的各个环节,从而形成了包括过程评价与结果评价、个体评价与团队评价、学院评价与社会企业评价的复合评价模式。过程与结果相结合的评价方式突出了学习过程的重要性,强调在整个学习旅程中对学生的态度、参与度和进步给予充分的认可。这种评价机制能够促使学生在学习过程中持续投入,积极探索,同时确保他们在项目最终完成时能展示出高质量的成果。在实施中,教师需要细致记录学生在项目中的每一步表现,从而使评价更加全面和客观。个体与团队评价的结合则旨在培

第五章　职业能力培养导向下的高职英语实践教学模式创新

养学生的个人能力及团队协作精神。在个体评价中，教师需关注每位学生的专业知识掌握、技能应用和个人发展。在团队评价中，教师则需考量学生在团队中的互动、协作和共同目标达成的能力。这种评价不仅可以促进学生个人能力的增长，也能够激励他们在团队合作中发挥积极作用，共同完成项目目标。学院与社会企业评价则更加强调教育与行业之间的紧密联系。学院评价侧重于学生在学术领域和技术技能上的成就，通过项目设计、实验操作等环节，检验学生的理论知识和实践技能。社会和企业评价则更侧重学生在实际工作环境中的表现，评估他们如何将学校所学应用于职业实践中，包括职业态度、工作效率、团队协作和问题解决能力等。这种评价方式有助于学校教育与行业实际需求之间建立桥梁，确保学生的教育训练与市场需求相匹配，从而提高他们的就业竞争力和职业发展潜力。通过这种全面且多维度的评价体系，项目驱动式人才培养模式能够有效地监测和促进学生的全面发展，确保教育活动不仅满足学术要求，还符合行业标准和社会需求。这种评价模式对于实现教育目标、提升教育质量具有重要的促进作用。

（四）加强校企合作，实现教育与岗位的高效对接

项目驱动式人才培养模式在高职教育中的应用，是基于高职教育职业导向的本质，核心目的在于通过项目的锻炼提升他们的实践能力，来满足职业岗位的需求，而最终目的在于服务学生的就业。为了实现这一目标，教育过程必须与实际工作岗位紧密对接，做好职位对接是职业教育的最后但至关重要的一环，对确保学生在校期间获得的技能和知识能够直接转化为职场的竞争力具有良好的保障和促进作用。此外，在与企业进行岗位对接的过程中，或与企业进行合作项目教学的过程中，学校能够直接获取企业的需求信息，了解具体职位所需要的专业技能和工作能力。这种信息的直接交流和反馈会使得教育内容更具针对性和实用性，更加定向地培养出符合岗位需求的人才，从而为学生未来的职业生涯打下坚实的基础。同时，企业参与教学过程，不仅可以提供实践的平台，

还能对教学内容和学生的能力进行及时反馈，帮助教育机构优化课程设计，使其更加符合岗位需求，这是一个双赢的过程。

在具体实施岗位对接的过程中，企业可以参与学校教学，共同开发项目课程，设计符合工作实际的学习项目。这些项目可以是模拟工作场景的项目任务，也可以是企业真实工作环境中的实习机会。通过这样的项目和实习经历，学生能够在真实的工作环境中应用他们在课堂上学到的理论知识和技能，从而更好地理解职业角色，加深对专业领域的认识。而教育机构应建立持续的反馈机制，定期从企业获取对学生能力的评价，以及对教育内容和项目实施的建议。这种反馈可以为教育机构提供宝贵的第一手资料，使之能够及时调整和改进教育计划，确保教学内容不仅符合当前的行业标准，也能适应未来的市场变化。总起来说，项目驱动式人才培养模式通过与企业的紧密合作和岗位对接，实现了教育的"供"与企业的"需"之间的快速对接，不仅提升了学生的实践能力和职业适应性，还加强了教育内容的实用性和前瞻性，确保高职教育能够有效地服务于学生的就业和职业发展。

第四节 "课证赛岗创五位一体"人才培养模式

一、"课证赛岗创五位一体"人才培养模式的内涵

在应用型人才培养的框架下，高职英语教育的"课证赛岗创五位一体"模式深入整合了课程教学、资格认证、学科竞赛、岗位实践和创新创业五个方面，如图5-6所示。其中，"课"代表以课程教学为基础，涵盖高职英语的语言知识、人文知识等，确保学生掌握必要的理论和知识体系。"证"指通过职业资格认证的过程，引导学生将所学知识应用于实践，达到行业标准。"赛"即学科竞赛，不仅激励学生提升专业技能，还培养他们的竞争意识和团队协作能力。"岗"则强调岗位实践，通过实际

第五章 职业能力培养导向下的高职英语实践教学模式创新

工作经验，学生能够深入理解职业角色，提升自己的职业技能和工作适应性。"创"代表创新创业，鼓励学生发挥创新思维，将创意转化为实际项目或企业。这一模式不仅关注学生知识层面的学习，还重视能力和情感目标的培养，强化他们的综合人文素质和职业道德观念。

"课证赛岗创五位一体"的人才培养模式能够更全面地满足社会和行业对应用型人才的需求，同时为学生提供一个系统的、实践性强的学习和发展平台，帮助他们更好地准备进入未来的职场，实现职业发展和个人成长。

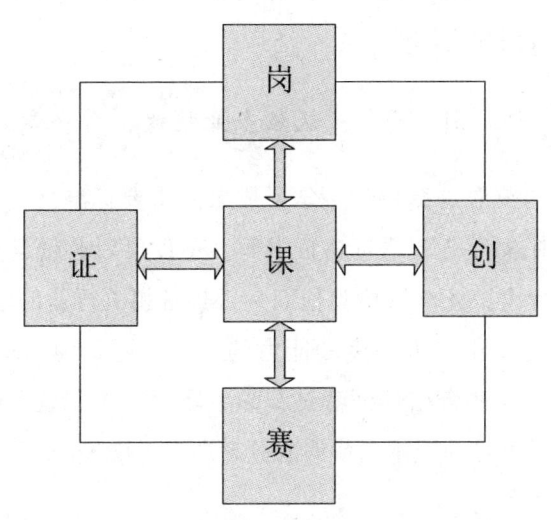

图 5-6 "课证赛岗创五位一体"人才培养模式

（一）以"课"教学：构建知识框架，夯实学习基础

在高职英语教育模式中，以"课"带"学"为学生提供一个全面的知识体系，这不仅包括英语语言技能的培养，还涵盖了跨文化交际、职业技能以及文化通识教育等方面。这种综合的课程设置有助于学生形成一个综合的学科知识结构，为他们未来的职业生涯打下坚实的知识基础。课程的设置通常遵循由基础到专业的递进结构，从通识教育课程逐步过渡到专业核心课程，然后再到专业方向课程，最终达到专业实践课程。在高职教育中，特别强调专业实践课程的比重，这些课程应在整个学习

周期内占据较大的比例，以确保学生能够将理论知识与实际工作技能有效结合。

通过这样的课程体系，学生不仅可以学习到英语语言和跨文化交流的必要技能，还能够获得对相关行业的深入了解。例如，在高职教育商务英语专业学习过程中，学生会接触到与贸易、市场营销、国际商法等商务相关的课程内容，这些都是他们未来在商务英语职场中不可或缺的知识和技能。此外，以"课"带"学"的课程设置还应考虑到地域和学校的特色，通过引入具有地方经济特色和行业需求的课程内容，人才培养能够更具针对性和实用性。

（二）以"证"引"学"：认证专业技能，引导学习方向

资格认证的获取是衡量学生学习成果的重要标准之一。这些资格认证，如雅思、托福商务英语资格证书等，不仅可以验证学生对语言和商务知识的掌握程度，还能够检验他们是否具备相关行业的基本工作能力。这些证书不仅是学生个人态度和能力的证明，还是他们求职的敲门砖。通过准备和参加这些资格认证考试，学生能够在求职就业时展示自己的专业能力，获得更好的职位和待遇的概率会大大增加。

（三）以"赛"促"学"：提升竞技技能，激发学习热情

学科竞赛是激发学生学习热情、提升学生综合能力的重要手段。对于高职英语而言，语言技能类的竞赛，如全国大学生英语竞赛、英语翻译大赛、外研社演讲、写作、阅读、辩论杯竞赛等为学生提供了一个实战的平台，不仅测试学生包括听、说、读、写、译等方面的语言知识，还考查他们的实际运用能力，锻炼他们多维度综合技能，让学生能够在具有挑战性的环境中应用和提升能力。具体来说，首先，这类比赛能够激发学生的学习兴趣和动力。竞赛的目标明确，能够让学生有更具体的学习目标和动力，迫使他们主动学习、积极准备。在比赛准备过程中，学生往往会进行更深入和系统的学习，从而加深对语言的理解和掌握。

第五章 职业能力培养导向下的高职英语实践教学模式创新

其次,参与比赛可以提升学生的实际运用能力,比赛让学生有机会在类似真实环境中使用英语,如演讲和辩论让学生练习口语表达和公众演讲技能,翻译大赛则锻炼学生的阅读和写作能力。这种实践性强的活动有助于学生将书本知识转化为实际应用能力。此外,参加比赛还能培养学生的压力管理能力和团队合作精神等多方面的软实力。比赛通常有严格的时间限制,参赛者需要在有限的时间内完成既定的任务。这要求学生有效地安排和利用时间,培养了他们的时间管理技能。通过比赛的经历,学生能够学习到如何优先排序任务、设定目标和计划,以及如何在截止日期前高效完成工作,这对于未来职场中面临的多任务处理和项目管理非常有益。在竞赛中,学生需要在有限的时间内完成任务,这种经历能够让学生学会如何在压力下工作和决策。团队类比赛则需要学生与他人合作,提升团队协作和沟通能力。比赛往往伴随着紧张的氛围和高压的情境,这有助于锻炼学生的心理素质。通过参与比赛,学生学会如何在压力下保持冷静和清晰的思维,处理复杂和紧急的问题。这种经历使他们能够在面对工作中的突发情况时,展现出良好的应对能力和心理调适能力。

对于学生的未来职业生涯,参加比赛能够带来诸多帮助。首先,比赛经历是学生简历上的亮点,有助于提升求职时的竞争力。企业倾向于招聘那些有比赛经验和优秀成绩的学生,因为这表明他们具有较好的语言能力和实际应用技能。其次,通过比赛,学生能够建立起广泛的人际网络,这对于他们的职业发展和资源获取有很大的帮助。最后,比赛中培养的各项技能,如公共演讲、团队合作、时间管理等,都是职场上的必备技能,能够让学生在未来的工作中更加出色和自信。时间管理能力、抗压能力等这些软实力为学生的职业生涯和个人发展奠定了坚实的素质基础,在未来的职业生涯中,良好的软实力是个人职业成功与否的关键因素。比赛的成功也能够给学生带来更强的自信心和积极向上的人生态度,为他们将来的职业生涯和个人发展打下坚实的基础。

(四)以"岗"验"学":锻炼实践技能,砥砺职业意识

在高职英语教育中,以"岗"验"学"环节是"课证赛岗创五位一体"模式中的关键部分,以"岗"验"学"着重于通过实际的工作经验,验证和增强学生的英语应用能力及其职业技能。这一环节通过提供广泛的实习和工作机会,让学生直接参与到与他们专业相关的各种工作中,让学生所学的英语知识和技能直接应用到职场实践中,使学生能够在实际的工作环境里体验和深化对英语专业知识的理解,并且提升其适应职场的能力。在这个过程中,学生将有机会参与到与其专业学习相关的各种工作岗位,这些岗位根据专业方向的不同,可能涵盖了商务英语、国际客户服务、市场调研、医学英语等多个领域。这些经历使学生能够在复杂多变的工作环境中快速适应和成长,强化他们的语言沟通技能,同时能够提升他们的专业素养和职业技能等综合能力,为其未来的职业生涯做好准备。

校企合作在这一环节发挥着至关重要的作用,它不仅为学生提供了实践的平台,还使教育内容与企业需求紧密结合,增强了教育的针对性和实用性。学校通过与企业合作,能够为学生提供丰富的实习岗位,包括与英语应用直接相关的岗位和跨文化交流环境,使学生能够在实习过程中获得宝贵的工作经验,这对于学习英语尤为重要。

(五)以"创"展"学":激发创新动力,延展学习视野

在高职英语教育的以"创"展"学"环节中,创新创业不仅是教学内容的一部分,还是一种激发学生学习动力和拓宽视野的重要手段。通过将创新创业融入教育体系,学生被鼓励将所学的语言和商务知识应用于创新实践中,从而实现学以致用,促进终身学习。在这个过程中,实践教学和社会实践活动提供了学习和应用的舞台,让学生能够在现实的商业环境中测试和发展自己的创意。校企合作为学生提供了接触真实工作环境的机会,使他们能够参与到具体的项目中,如参与企业的市场推

广计划或新产品开发，这些经历不仅可以增强学生对专业知识的理解，还能激发他们的创新思维和创业意识。以"创"展"学"也意味着创新创业教育不应该局限于传授知识和技能，而应该更多地关注培养学生的创新精神和创业能力。这包括鼓励学生思考如何将新的商业模式或技术应用于英语相关领域，以及如何解决实际工作中遇到的问题。例如，学生可以通过参与"全国跨境电子商务技能竞赛"等活动，不仅学习到跨境电商的操作技能，还可以体验从策划到执行的全过程，增强自主创业的能力。此外，将创新创业教育纳入高职英语教育体系，可以帮助学生树立起正确的职业观和价值观，认识到创新创业不仅是个人职业发展的需要，还是推动社会经济发展的重要力量。通过这种教育，学生能够更好地理解创新创业的重要性，为自己的未来职业生涯和终身学习打下坚实的基础。

二、"课证赛岗创五位一体"人才培养模式的特色

"课证赛岗创五位一体"人才培养模式展现了教育的综合性和实践性特征，特别在于其整合和融通的教育策略。这种模式超越了传统的教育模式，通过将课程教学、资格认证、技能竞赛、岗位实践与创新创业紧密结合，构建了一个多维度的教育体系。这种综合性的培养方式不仅关注学生的理论学习，还强调实践技能和创新能力的培养，从而更好地适应社会和行业的需求。在这个模式下，教育内容和培养过程不再是单向传递或线性进展，而是实现了课程与实践、理论与应用之间的双向融通和多向互动。通过这样的结构安排，学生能够在学习的各个阶段不断地将所学知识应用于实践，加深理解，同时能在实践中发现新的学习需求，促进知识的不断更新和技能的提升。这种互动和反馈机制有助于学生构建更加完整和动态的知识体系，提升其解决复杂问题的能力。校企协同是"课证赛岗创五位一体"人才培养模式的另一大特色，它遵循"引企入校、促校进企"的原则，通过校企合作为学生提供实习、实训机会，让学生在真实的工作环境中学习和成长。这种协同机制不仅能够提供更

加贴近职场的学习环境，还能确保教育内容和培养方向与行业需求保持一致。同时，校企合作有助于教师了解最新的行业动态和技术发展，从而指导学生进行更加实用和前瞻性的学习。此外，通过结合地方的社会经济特色和文化背景，学校可以开展更有针对性和特色化的教育项目，既服务于地方社会经济的发展，又能够根据地方需求定制人才培养方案，实现教育资源的优化配置和地方经济文化的协同发展。总之，"课证赛岗创五位一体"人才培养模式通过实现教学内容、教育方式和培养目标的综合性融合，不仅为学生提供了全面、实践性强的学习体验，还为地方社会经济的发展贡献了应用型人才，展现了现代职业教育的创新和发展方向。

三、"课证赛岗创五位一体"人才培养模式的价值

"课证赛岗创五位一体"人才培养模式的价值如图5-7所示，体现在以下几个方面。

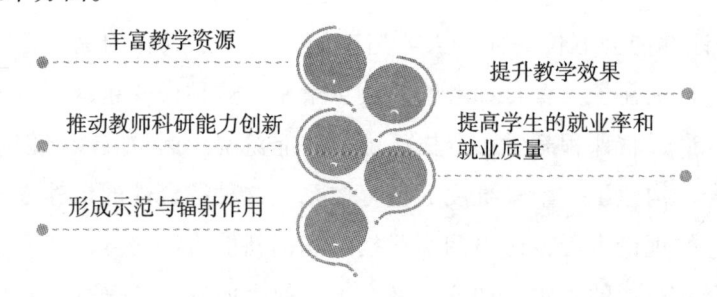

图5-7 "课证赛岗创五位一体"人才培养模式的价值

（一）丰富教学资源

"课证赛岗创五位一体"人才培养模式通过整合课程教学、资格认证、技能竞赛、岗位实践和创新创业等多元化教学活动，显著丰富了高职英语的教学资源。在这种模式下，学生不仅可以接触到传统的课堂教学内容，还能够通过参与竞赛、实习和创业项目等，获取更广泛的知识和技能。例如，通过与企业的合作，学校可以引入实际工作中的案例和

第五章　职业能力培养导向下的高职英语实践教学模式创新

项目，使学生在学习过程中接触最新的行业动态和实际应用场景。这种教学资源的拓展有助于提高学生的学习兴趣和动力，使他们能够更好地理解和掌握专业知识。此外，参与技能竞赛和创新创业活动也为教学资源的丰富提供了新的途径。学生可以通过竞赛来测试和提升自己的专业技能，通过创业活动来实践和深化自己的商业理念和运营能力。这些活动不仅能够为学生提供实践和探索的机会，还能够帮助他们建立起更加完整和多元的知识体系。

（二）提升教学效果

"课证赛岗创五位一体"模式通过实现教学内容和方法的多元化和实践化，极大地提升了教学效果。在这种模式下，学生的学习不再局限于课堂讲授，而是涵盖了从理论学习到实践应用、从个人发展到团队合作的全方位培养。

在高职英语教育中，通过实际的岗位实践和社会实践活动，学生可以将课堂上学到的知识直接应用到工作中，这种应用性学习有助于提高学生对专业知识的理解和掌握。同时，通过参与资格认证和技能竞赛，学生可以不断测试和提升自己的语言技能和专业技能，这种过程中的不断挑战和反馈有助于提高学生的学习效率和成效。此外，这种教育模式也促进了学生的自主学习和终身学习能力的发展。在以"创"展"学"的环节中，学生通过参与创新创业活动，可以自主探索和解决问题，这不仅有助于他们在学习中积累经验，还能够培养他们面对未来职业挑战的能力。

（三）推动教师科研能力创新

在"课证赛岗创五位一体"的高职英语人才培养模式中，教师的角色不仅是知识的传授者，还是科研和实践活动的引领者。这种模式要求教师与时俱进，不断更新自己的教学方法和内容，以适应多元化的教学需求。因此，教师需要参与科研和实践活动，以提升自己的科研能力和实践经验。

通过参与校企合作项目和行业实践，教师可以直接接触行业前沿技术和市场动态，这不仅能够丰富他们的教学内容，还能够激发他们的科研灵感。例如，高职英语教师通过参与国际贸易、跨境电商等领域的实际项目，可以深入了解行业需求，从而开展相关的科研工作，创新教学方法，提高教学质量。此外，教师参与的学科竞赛和创新创业活动也能够促进其科研能力的提升。在指导学生参加竞赛和创业项目的过程中，教师不仅能够帮助学生解决专业问题，还能在互动中发现新的研究领域和问题，进而开展相关的科研工作。这些科研活动不仅能够提升教师的专业水平和学术地位，还能够为高职英语教育注入新的活力。

（四）提高学生的就业率和就业质量

"课证赛岗创五位一体"模式为高职英语学生提供了全面的职业技能培养，有助于提升学生的就业率和就业质量。通过参与各种实践活动和项目，学生可以充分了解职场环境和行业要求，提前适应职业角色，从而在就业市场上具有更强的竞争力。

岗位实践和社会实践活动使学生能够将所学知识应用于实际工作中，提升了他们的职业技能和实际工作能力。这种实践经验不仅丰富了学生的简历内容，还使他们在求职面试中能够展示自己的实际能力和工作经验，从而增加就业机会和提升就业质量。

资格认证和技能竞赛的参与也是提高学生就业竞争力的重要途径。通过获取相关证书和获得竞赛奖项，学生可以证明自己的专业能力和技能水平，增加在职场中的议价能力和职业发展潜力。

（五）形成示范与辐射作用

"课证赛岗创五位一体"的人才培养模式在高职英语教育中的成功实践，具有显著的示范和辐射作用。这种模式的成功实施，可以作为其他专业或学校人才培养改革的范例，促进整个职业教育体系的创新和发展。此外，通过校企合作和社会实践活动，学校可以与地方企业和社区建立

第五章 职业能力培养导向下的高职英语实践教学模式创新

紧密的联系，对地方经济和社会发展产生积极影响。学生在实践活动中所展示的专业能力和创新精神，可以促进企业的技术创新和管理改进，提升地区的经济活力和竞争力。通过这种模式的实施，高职英语教育能够更好地服务于地方社会经济的发展，培养出更多符合市场需求的高素质人才，从而在更广泛的范围内推动职业教育的质量提升和社会服务能力增强。

第六章　职业能力培养导向下的师资队伍建设创新

第一节　英语职业教育教师的能力与素质要求

一、英语职业教育教师的能力要求

(一) 教学能力

高职英语教师的教学能力是多方面的，既包括专业知识的深厚积累，也包括多样化的教学方法运用，更需要教师具备良好的课堂把控和调节能力。通过这些综合能力的发挥，教师能够有效提升教学质量，帮助学生达成学习目标，为学生的职业生涯发展奠定坚实的语言基础。具体而言，高职英语教师的全面教学能力首先要求教师具备广泛的知识体系，包括英语听、说、读、写各方面的教学技巧，以及对语法、词汇、发音等基础知识的深入理解。此外，教师还应熟悉业界的实际需求，能将英语教学与专业内容相结合，设计出既符合语言学习规律又贴合学生专业发展的教学计划。在教学方法上，高职英语教师应灵活运用各种教学策略，如任务驱动法、情境教学法、合作学习等，创造真实的语言应用场景，增强学生的语言实际运用能力。教师应根据学生的学习特点和需求，采取个性化教学，调动学生的学习积极性，培养其自主学习能力。此外，

职业能力培养导向下的高职英语教学模式创新探究

教师的课堂管理能力也是全面教学能力的重要组成部分。这包括制订合理的教学计划，合理分配课堂时间，有效管理课堂纪律和学生行为，以及组织和协调各种教学资源和活动。教师应能够在确保教学质量的同时，灵活应对教学过程中出现的各种情况，保证教学活动的有序进行。高职英语教师应能有效管理课堂秩序，创造积极、和谐的学习氛围，使学生能够在轻松愉快的环境中学习。高职英语教师的组织管理能力是指有效组织和管理教学活动、课程计划和学生事务的能力。此外，高职英语教师还应具备一定的项目管理能力，能够负责或参与学校的教学改革和发展项目，有效推进项目的实施和完成。同时，教师还需具备良好的沟通能力和情感交流能力，能够理解和关心学生，及时发现并解决学生在学习过程中遇到的问题，从而提高教学效果。高职英语教师的心理辅导能力对于学生的学习和个人发展同样重要。教师需要具备基本的心理辅导知识和技能，能够识别和理解学生在学习过程中可能遇到的心理问题，如学习压力、自我价值感低下、人际关系问题等。通过建立良好的师生关系，教师可以为学生提供必要的心理支持和指导，帮助他们建立自信，培养积极的学习态度和应对挑战的能力。此外，高职英语教师还应具备一定的危机干预能力，能在学生遇到严重心理问题时提供及时的帮助，指导他们寻求专业的心理辅导服务。教学能力是一个多维度的观念，不仅体现在对英语语言教学的全面掌握上，还体现在如何将这些知识与高职学生的实际需求相结合等方面。

（二）研究能力

高职英语教师的研究能力主要体现在对教育教学问题的深入探究以及通过研究改进教学实践的能力。教师应具备扎实的理论基础和严谨的科研态度，能够运用科学的研究方法，如实证研究、案例分析、行动研究等，对教学中的问题进行系统分析和解决。这要求教师不仅有能力独立进行课题研究，还需具备合作研究的意识和能力，与同行共同探讨教育教学的新理念、新方法。

高职英语教师的研究领域应广泛涵盖语言学习理论、教学法、课程开发、评估方法等，通过不断的研究实践，教师可以更好地理解学生的学习需求，掌握更有效的教学策略，提高教学的针对性和有效性。例如，通过对学生英语学习动机的研究，教师可以开发出更具吸引力的教学内容和方法，激发学生的学习兴趣。

研究能力还意味着教师需要不断追踪英语教学领域的最新发展，如国际上流行的教学法、教学技术的更新等，将这些新的理论和技术应用到自己的教学实践中。通过参加学术会议、阅读专业期刊、撰写研究论文等方式，教师不仅能提升自己的研究能力，还能为学术界贡献自己的力量，推动英语教学领域的发展。

此外，高职英语教师进行研究还应关注研究的实用性和创新性，研究成果应能直接反馈到教学实践中，促进教学方法和内容的创新与改进。通过不断的研究，教师可以建立起持续学习和自我提升的机制，实现教学与研究的良性互动，最终提升教育教学的整体水平。

（三）创新能力

在高职英语教育领域，创新能力是教师不可或缺的素质之一。这种能力不仅表现为在教学方法和手段上的创新，也体现在对教学内容和课程体系的刷新与改革上。高职英语教师应积极探索与时俱进的教学理念，将新的教育技术和教学方法融入日常教学中，如利用虚拟现实（VR）、增强现实（AR）技术提高语言学习的互动性和实景模拟的真实感，或采用翻转课堂、混合式学习等教学模式增加学生的学习主动性和参与度。

创新能力还要求教师具有跨界的思维方式，能够将英语教学与其他学科如信息技术、商务管理等相结合，开发出跨学科的课程内容，满足高职学生的职业发展需求。这种跨界整合不仅可以拓宽学生的知识视野，还能提高他们将英语知识应用于实际工作中的能力。此外，高职英语教师的创新能力还体现在对教学过程和学习方法的持续改进上。教师应根据教学反馈和学生的学习效果，不断调整教学策略和内容，寻找最适合学生的教学方法。这种以学生为中心的创新教学模式，能够更好地激发学生的学习兴趣和主动性，促进其全面发展。

创新不仅包括采用新技术或新方法，还包括创造性地解决教学中遇到的问题，如设计创新的课堂活动、开发具有挑战性的项目任务等，这些都能有效提升学生的英语实践能力和解决问题的能力。教师的这种创新精神和实践能力，能够为学生提供丰富多彩的学习体验，也能不断提升自身的职业素养和教学水平。

（四）终身学习能力

高职英语教师的终身学习能力是其职业生涯中持续成长的核心。这种能力要求教师具有持续获取新知识、新技能的渴望并进行实践，以及不断适应教育变革和技术发展的能力。在英语教学领域，这意味着教师需要不断更新自己的语言知识，掌握最新的教学方法和技术，也要关注全球化和本地化趋势对英语教育的影响。

终身学习能力促使教师主动参与各种形式的专业发展活动，如研讨会、工作坊、在线课程等，以及自我反思和同行评议等。这些活动不仅有助于教师获得新的教学策略和方法，还能促进教师之间的经验交流和互相学习，形成良好的学习共同体。此外，终身学习能力还意味着教师需要具有适应性和灵活性，能够在不断变化的教育环境中找到自己的定位，调整教学策略以满足学生多样化的学习需求。随着科技的发展和社会需求的变化，高职英语教师应能够利用新技术和资源优化教学过程，提高教学效率和质量。

终身学习还包括教师对自己教学实践的持续反思，通过分析教学成果和学生反馈，教师可以识别教学中的不足，不断改进和创新教学方法和内容，以实现个人和职业的持续成长。这种自我驱动和自我完善的精神是教师专业发展的重要动力，也是高职英语教师能够高效应对教育挑战、满足学生需求的关键。

第六章 职业能力培养导向下的师资队伍建设创新

(五)技术手段运用能力

在当今信息技术迅猛发展的背景下,高职英语教师的信息技术应用能力显得尤为重要。这种能力不仅涉及教师在教学过程中有效利用信息技术工具,如多媒体设备、网络资源、教育软件等,以提高教学效果,还包括教师能够指导学生正确使用这些技术,培养他们的信息素养和自主学习能力。

信息技术的应用能力使得教学活动不再局限于传统的课堂环境。高职英语教师可以利用网络平台进行在线教学,扩大教学时空的界限,提供更加灵活多样的学习方式。例如,通过在线视频、互动教学软件和虚拟语言实验室,教师可以创造更加生动、真实的语言学习环境,提高学生的学习兴趣和参与度。

同时,高职英语教师需要具备良好的信息技术应用能力来进行教学资源的开发和管理。这包括能够有效地搜集、筛选和整合各种教学资源,利用教育技术工具自主开发适合学生需求的教学内容和活动,以及能够管理和维护教学平台,确保教学活动的顺利进行。

信息技术的快速发展也为教师提供了丰富的专业发展资源。高职英语教师可以通过网络参与国内外的教育培训项目,了解最新的教育理念和教学方法,不断提升自己的教育教学水平。此外,教师还可以利用信息技术进行教学研究,通过网络调查、在线问卷等方式收集数据,为教学改进和科学研究提供支持。

二、英语职业教育教师的素质要求

(一)职业道德素养

高职英语教师的职业道德素养是他们职业能力中不可或缺的一部分,对于提高教育质量和人才培养效果具有决定性影响。职业道德素养不仅体现在遵循教育法律法规和学校规章制度上,还深入地蕴含在教师的日常行为和具体的教学活动中。这种素养包含多个方面，如诚信可靠、公平公正、尊重学生以及敬业精神等。具体而言，第一，诚实守信是高职英语教师的重要职业道德标准之一。在高职英语的教学和实践中，这一点显得尤为重要。教师需要在学术研究和教学活动中坚守诚信原则，将其内化于心，外化于行，通过自身的榜样行为来教育和影响学生。这种做法不仅有助于在学术和专业领域内树立诚信的形象，还能够在学生心中种下诚实守信的种子，为他们未来的职业生涯奠定基础。第二，公正无私是另一项高职英语教师应遵循的职业道德准则。在教学评估、学生指导及资源分配等方面，教师必须保持公平性，确保每位学生都在平等的环境中学习和成长。这种公正态度有助于培养学生的职业道德观念和公平竞争意识，是促进教育公平和学术诚信的基石。第三，尊重学生是高职英语教育的核心要素。这不仅意味着尊重学生的人格和权利，还包括认可学生的多样性和差异性，鼓励他们发展个性化的学习路径。在高职英语的教学过程中，教师应鼓励学生表达自己的观点，培养他们的批判性思维和人格主权。这种尊重和支持有助于学生建立自信，发展成为能够适应全球化挑战的有主见的国际化人才。第四，爱岗敬业是高职英语教师的重要品质。这不仅体现了对教育事业的热爱，还反映了一种专业精神。教师需要不断更新自己的高职英语知识和教学方法，以适应全球化背景下不断变化的高职环境和行业需求。教师应通过自身的不懈努力和深入钻研为学生提供更加丰富和实用的教学内容，帮助他们建立起实际工作中所需的专业技能和专业素养。

在高职英语教育中，职业道德素养的培养和强化不但对构建健康和谐的师生关系有重要意义，而且对提升教育质量和教学效果具有显著影响。加强高职英语教师的职业道德素养培训，不仅能够促进学生的全面发展，还能助力培养更多具有良好职业道德观念和专业能力的英语人才。这对于满足社会发展的需求，促进教育事业的长远发展具有重要的战略意义。因此，高职院校和教育管理部门应当重视并持续优化教师职业道德素养的培训机制，确保教育质量的持续提升和教学实践的不断完善。

第六章 职业能力培养导向下的师资队伍建设创新

(二) 专业认同素养

专业认同素养在高职英语教师的职业生涯中扮演着至关重要的角色，它涉及教师对自身职业角色及其价值的深刻理解和接纳。对于高职英语教师来说，这种认同不单是对教师职业本身的认可，还包括对所教授的高职英语领域的深度认同。这种认同感激发教师积极投入高职英语的教学和研究中，促使他们主动掌握行业最新动态和学术发展，不断革新教学方法和内容，以保证教育活动的时代性和有效性。进一步而言，专业认同素养使教师能够更好地理解并传递高职英语的实际应用和重要性，他们通过自己的专业行为和教学实践，为学生树立正确的职业观和价值观。这种素养不仅体现在教师对教育质量的不懈追求上，还体现在他们对学术诚信的坚守上。通过自己的示范行为，教师能够有效地培养学生的专业技能和道德标准，为学生未来进入复杂的商务环境和职场生活打下坚实的基础。

因此，专业认同素养不仅是高职英语教师职业发展的重要组成部分，还是提高教学质量和学生培养效果的关键因素。教师的这种素养对于促进学生的职业发展、实现教育目标，以及满足社会对高素质高职英语人才的需求具有重大意义。因此，高职院校应当重视并支持教师在专业认同感方面的发展，通过提供持续的学术和职业发展机会，帮助教师增强对自己职业角色和所教学领域的认同，从而更有效地履行其教育和培养职责。

(三) 科学的人才观素养

科学的人才观素养是高职英语教师必须具备的关键素养之一，尤其在以职业为导向的应用型高职英语教育中占据重要位置。这种人才观强调教师需要具备全面发展的教育理念，注重学生个性化发展和创新能力的培养等多方面的综合素质的培育，以适应多元化和全球化的教育需求。并且科学的人才观不只是一个理念、一个观念，它要求教师实践以学生为中心的教学方法。这意味着教师需要识别并发展每个学生的独特潜能和兴趣,而非单一地传递知识。这种方法强调教师与学生之间的互动和沟通,鼓励学生主动学习,发掘个人潜力和兴趣点。

为了实现这一目标,高职英语教师应采用多样化的教学方法和策略,如项目式学习、问题解决学习、合作学习和案例研究等。这些方法能够激发学生的学习热情,促进他们的批判性思维和创新能力发展,使学习过程更加贴近实际,更具有实用价值。科学的人才观也强调理论与实践的结合。高职英语教师应鼓励学生将理论知识应用于实际情境,通过实践活动增强其解决问题的能力。这不仅有助于学生更好地理解理论知识,还能够提升其实际操作能力和创新思维。在全球化和信息化时代背景下,科学的人才观还要求教师具备前瞻性,能够洞察未来社会和职场的需求变化。教师需要及时调整教育内容和目标,培养学生的跨文化交流能力、数字技能和团队合作能力,为他们的终身学习和职业发展打下坚实的基础。这些技能对于学生未来在全球化商务环境中的成功至关重要。

除了上述技能的培养,科学的人才观还涵盖了对学生道德品质、社会责任感的培养。高职英语教师应致力培养学生的整体素质,包括诚信、责任感、合作精神和领导能力。这些非智力因素的培养对于学生形成完善的人格和适应社会发展具有重要意义。为此,高职院校需要为教师提供持续的专业发展机会,鼓励他们学习先进的教学理念和方法,不断提升自身的教育教学能力。通过这样的努力,高职院校可以更好地实现教育目标,培养出适应时代发展需求的高素质商务英语人才。

(四)国际化视野素养

国际化视野素养对于高职英语教师而言,是培养学生适应全球化经济环境的关键因素。它要求教师不仅在语言教学中具备国际视野,还要能通过语言教学来帮助学生理解和适应不同的文化,进行有效的跨文化沟通和国际交流。第一,国际化视野素养要求教师能够深刻理解跨文化交流的重要性,并将这一理解融入高职英语教学。教师不仅需要传授语

第六章 职业能力培养导向下的师资队伍建设创新

言知识，还要帮助学生理解不同文化背景下的交流习惯、文化礼仪和工作方式的差异。教师应引导学生学习如何与来自不同文化背景的人有效沟通和合作，培养他们的文化敏感性和适应性。为了实现这一目标，教师可以利用国际案例、角色扮演和模拟交流等教学方法，使学生在实践活动中学习并掌握跨文化沟通技巧。第二，国际化视野素养还要求教师具备全球视角下的教育思维。这意味着教师应了解全球化对教育领域的影响，包括教学内容、方法和目标的国际化需求。教师应能够根据全球经济、文化和政治变化调整教学策略，将国际化元素融入课程设计，如引入国际新闻、全球案例分析、国际组织研究等内容，以增强学生的国际理解和全球视野。第三，国际化视野素养强调教师自身的国际交流和合作能力。高职英语教师应积极参与国际学术交流和合作项目，通过与国外教育机构和专家的合作，了解国际教育动态，引进先进的教育理念和教学方法。通过这些活动，教师不仅能够提升自身的国际化水平，还能为学生创造更多接触国际社会的机会，如组织国际文化节、参与国际合作项目等。第四，国际化视野素养还涉及对学生国际竞争能力的培养。教师应教授学生如何在全球化背景下进行自我定位和发展，包括国际职业规划、跨文化职业技能培训等。教师可以通过案例分析、职业规划研讨会和国际职场文化课程，帮助学生理解不同国家和地区的工作文化，培养他们的国际职业视野和跨文化工作能力。第五，高职英语教师的国际化视野素养也体现在能够使用现代信息技术手段进行国际化教学。利用网络资源和技术工具，如在线学习平台、虚拟交流会议、电子教学资源等，可以有效地突破地域限制，为学生提供丰富的国际学习资源和交流机会，从而促进其国际化能力的发展。总之，国际化视野素养是高职英语教师必须具备的重要素养，它要求教师在教学理念、方法和内容上都具有国际化视角，能够帮助学生适应和发展在全球化经济环境中的跨文化交流和国际合作能力。通过这种素养的培养，高职英语教师能够为学生的国际化职业生涯奠定坚实的基础。

（五）产学研结合素养

产学研结合素养在高职英语教育中同样占据重要地位，它要求教师不仅拥有扎实的学术知识，还需具备与企业和科研机构紧密联系与合作的能力。这种能力使教师能够将理论知识与实际应用紧密结合，从而促进学生能力的全面发展。第一，产学研结合素养使高职英语教师能够及时更新教学内容和方法，以适应英语应用领域的快速变化。通过与企业和科研机构的合作，教师可以获取行业的最新发展趋势、技术革新和市场需求等第一手资料，将这些信息转化为教学内容，帮助学生将学习内容与实际应用结合，增强其就业竞争力。例如，通过企业访问、实习实训和项目合作等方式，学生能够学习到最新的职业英语应用知识，同时提升自身的实践操作能力和解决问题的能力。第二，产学研结合素养有助于教师的专业成长和科研能力提升。在与企业和科研机构合作的过程中，教师有机会参与实际的英语应用研究和项目开发，这不仅有利于教师实践理论知识，还可以促进其创新思维和科研能力的提升。这种跨界合作为教师提供了丰富的资源和平台，在英语领域进行深入研究，提高教学和科研水平。第三，产学研结合素养有助于构建高职教育与社会需求之间的桥梁。高职英语教育的核心目标是培养符合社会经济发展需求的高素质应用型人才。英语作为一门高度应用性的学科，其教学和人才培养应紧密结合产业需求。通过产学研的结合，教师可以引导学生参与真实的英语项目，让学生在实践中学习和成长，更好地理解和掌握英语在实际工作中的应用，为他们的职业生涯做好充分准备。这种教育模式能够有效地将学生的学习与未来的职业发展相结合，提高教育的实用性和针对性。

第二节　英语职业教育教师的专业化发展途径

一、学校层面

（一）提供全方位的培训

在高职英语专业化发展方面，学校应建立一个支持性强、覆盖面广泛的专业发展环境，通过系统的培训计划、有效的校企合作为高职英语教师的专业化发展的理论和实践培训，为他们的专业成长提供坚实的基础和持续的动力。具体而言，首先，培训体系的构建是基础，这要求学校提供多样化的培训内容，如先进的教学方法、课程设计、教学技术以及学科最新进展等。培训内容不但要全面，而且要具有实用性和针对性，确保培训内容符合教师专业化发展的需求，确保培训之后，教师将所学知识直接应用于实际教学中，而不是培训一些教师应用不到的内容。例如，在高职商务英语教学中，培训应涵盖商务沟通技巧、行业术语以及国际商务文化等，使教师能够更有效地结合专业内容和语言教学。其次，培训的实施需考虑连续性和系统性，连续性能确保培训活动不是零星的、一次性的，而是形成一个持续的、长期的发展过程。这意味着学校应为教师提供定期和阶段性的培训项目，使他们能够持续地学习和更新其教学方法和专业知识。系统性则强调培训内容的结构化和层次化，要求培训项目能够覆盖教师职业发展的各个方面，从基本教学技能到高级研究方法，从学科知识到教育心理学，形成一个全面、有序的培训体系。这样的系统性不仅能帮助教师建立起完整的专业知识体系，还能促使他们在实践中更好地应用这些知识和技能，从而有效提高教学质量和学术研究水平。再次，交流借鉴不可缺少，通过定期的研讨会、工作坊等形式，教师可以进行多方面的交流和经验借鉴，向同伴学习经验，持续更新自己的知识和技能。最后，校企合作是连接教育与行业实践的重要桥梁，良好的校企合作可以为教师提供最直接的实践经验，学校应鼓励并且为高职英语教师提供途径，让教师们参与企业的实际项目中，获取第一手的行业经验，这不仅丰富了教师的职业技能，还能够使其将真实的业界案例带入课堂，增强教学的实践性和针对性。例如，通过定期的企业实习、参观和专业培训，教师能更深入地理解企业运作流程、英语实际应用场景以及行业发展趋势。通过与企业建立合作关系，学校可以为教师提供实地学习和研究的机会，使其直接接触行业前沿动态和工作实践。这种合作模式应促进教师深入了解企业文化、工作流程和行业需求，从而将这些实际经验整合到教学内容和方法中。例如，教师可以通过参与企业项目、实习指导或行业研讨会等，获取实时的行业信息，提升教学的实践性和针对性。

（二）优化资源配置

在资源配置方面，为了促进高职英语校教师的专业化发展，学校要为高职英语教师提供全面且高质量的教育资源，这样的资源支持是教师专业化发展的基础，能够有效提升教师的教学能力和研究水平，进而提高整个教育体系的质量和效果。具体来说，首先，现代化的教学设施是必需的，这包括良好的教室环境、多媒体教学设备、实验室和语音室等。这些设施不仅可以为教学活动提供必要的物理环境，还能增强学生的学习体验，提高教学效果。例如，配备先进的音频和视频设备的语音室可以帮助英语教师更有效地进行听说教学，模拟真实的语言使用环境，提升学生的语言实践能力。其次，充足的教学材料和学习工具对于教师的教学准备和执行同样重要。这些材料和工具包括教科书、参考书、教学软件和在线资源等。学校应确保这些资源的及时更新和丰富性，以满足教师和学生的需求。特别是在英语教学中，大量的实时更新的在线资源可以帮助教师提供与实际应用相结合的教学内容，如通过在线新闻网站、专业论坛和多媒体平台，让学生接触最新的语言使用环境和文化背景。

第六章 职业能力培养导向下的师资队伍建设创新

此外，访问专业文献和研究资料的途径对于教师的学术研究和专业成长同样至关重要。学校可以通过建立数字图书馆，订阅国内外重要的教育和语言学术期刊，为教师提供广泛的研究资源。这不仅能帮助教师跟踪最新的学术发展，还能促进他们在教学和研究中的深入探索。通过这些资源的支持，教师可以更加深入地参与学术交流和研究项目，提升自己的学术水平和教学质量。

（三）构建人性化激励和晋升途径

为了促进高职英语教师的专业化发展，学校必须构建一个综合性的人性化激励和晋升体系，这需要从教师的个体需求出发，实施多元化的激励措施，并提供清晰、公正的职业晋升路径。

在激励机制方面，学校应提供具有竞争力的薪资待遇，确保教师的经济收入与其工作投入和成果相匹配。除了基本薪酬，学校可以设置绩效奖金、项目津贴等，以奖励教师在教学、研究或社会服务等方面的杰出表现。除物质激励外，精神层面的激励也十分重要。学校应通过建立正面的认可机制，如定期举行教学成果展示、创新教学方法比赛、优秀教学案例分享会等活动，公开表彰教师的成绩和努力，鼓励他们继续探索和创新，从而增强教师的职业自豪感和归属感。除了这些生活保障性福利方面，学校还应关注教师的职业发展和生活质量，如提供灵活的工作安排、职业发展规划支持、心理健康服务等，以满足教师的多样化需求。此外，保障教师的休息时间，允许和鼓励教师利用假期和休息时间，充分休息和养精蓄锐，丰富个人生活，让教师有机会从紧张的工作中解脱出来，重获活力。这样，教师不仅能以更加饱满的热情投入教育工作，还能在职业生涯中持续保持高效的教学表现和心理健康。

晋升途径的建立应基于公正和透明的评价标准，全面考量教师在教学、科研、社会贡献等多方面的成绩，晋升标准应明确，评价过程应公开透明，确保每位有能力的教师都能得到成长。学校应为教师提供多样化的职业发展路径，包括学术研究、教学质量、社会服务及行业合作等不同领域的晋升通道,除了传统的学术研究晋升通道,还可以设立以教学优秀、社会服务突出或行业合作成效显著为晋升依据的路径,这样,教师可以根据自身的兴趣和专长选择最适合自己的发展方向。同时,学校应定期评审和调整晋升机制,确保其公平性、合理性,并与教育发展趋势保持一致。

(四)建立多维度的评估体系

为了促进高职英语教师的专业化发展,学校必须建立一个全面的多维度评估体系,这不仅涉及教学质量、学生反馈、同行评审和个人自评等多个方面,还需要通过这些评估为教师提供有建设性的反馈,帮助他们持续地调整和优化自己的教学策略和研究方法。具体而言,这种评估体系的建立,应基于以下几个关键的组成部分:第一,教学质量评估。教学质量评估是评估体系的核心,应包括对教师授课内容的深度和广度、教学方法的创新性、课堂管理的效果以及学生的学习成效等方面的考察。学校可以通过课堂观察、学生的成绩和进步情况、教学材料的更新与完善等多种方式来评估教师的教学质量。此外,定期的教学演示或开放课堂也可以作为教学质量评估的一部分,允许其他教师和教育专家参与评审,提供专业的反馈和建议。第二,学生反馈系统。学生是教学过程中的直接受益者,其反馈对于教师的教学改进至关重要。学校应建立一个系统化的学生反馈机制,定期收集学生对教师的教学方法、课程内容、互动参与度等方面的意见和建议。这可以通过匿名问卷调查、面对面的访谈、小组讨论等多种形式进行。通过分析学生的反馈,教师可以更清楚地了解到自己在教学中的优势和需要改进的地方。第三,同行评审。同行评审是提升教学质量和学术水平的重要手段。通过让教师之间互相评审教学和研究工作,不仅可以促进教师之间的学习和交流,还可以增强评估的客观性和公正性。学校应鼓励教师参与学院内部及跨学院的教学评审活动,如同行听课、研究论文评审等。这种互评机制应包括对教学计划的评估、对教学实践的观察以及对教学成果的批评与建议。

第六章 职业能力培养导向下的师资队伍建设创新

第四，个人自评。鼓励教师进行自我评估也是评估体系的一个重要组成部分。教师应定期进行自我反思，评估自己的教学方法、学生互动、专业发展等方面的表现。学校可以提供一个指导性的框架帮助教师进行自评，包括自我评估的工具和方法，以及如何根据评估结果制订个人发展计划。第五，定期的培训与专业发展支持。评估体系的建立不仅是为了发现问题，还是为了促进教师的成长和提升。因此，学校应将评估结果与教师的专业发展计划相结合，提供必要的培训和支持。这包括定制化的教学法培训、课程设计研讨、学科知识更新、评估技能提升等。通过这些培训，教师能够不断提升自己的教学和研究能力，实现专业化发展。

通过这样一个多维度的评估体系，学校不仅能够全面了解教师的教学和学生表现，还能通过及时、具有建设性的反馈促进教师的专业成长，最终实现高职英语教师的专业化发展，提高教学质量和学生的学习效果。

二、教师层面

（一）加强职业认同

对高职英语教师而言，加强专业认同是其专业化发展的基石。专业认同不仅涉及教师对自己角色的认知，还关乎对职业价值和意义的深入理解。

第一，教师需要深刻了解和意识到自己作为教育者的社会责任和职业价值，明白自己为什么选择这个职业，增强对于这份职业的热爱之情，深化对职业角色的理解和认同。这可以通过参与教育研讨会、阅读教育相关的文献和与行业内的专家交流来实现，从身边例子以及榜样中汲取力量，这些活动有助于教师深化对教育职业使命和目标的理解，从而增强对自己工作的认同感。

第二，高职英语教师可以通过积极参与学校建设、教育团体和专业组织来加强专业认同。加入这些组织不仅提供了与同行交流的机会，还能让教师参与教育政策的讨论和制订过程，从而感受到自己对教育界的贡献和影响。此外，这种参与还能帮助教师保持对教育动态的了解，增强其职业生涯的连续性和稳定性。

第三，建立积极的教师社群对于增强归属感和认同感同样重要，教师可以通过与同行分享经验和讨论问题，解决教学中的实际问题，增进相互理解和支持。积极的反馈和社会认可可以让教师感受到自己职业活动的价值和意义。提供和接受同行评价也是加强专业认同的有效途径。通过同行观课和反馈，教师不仅可以获得宝贵的建议，还可以从中看到同行对自己教学的认可和支持。这种正向反馈能显著增强教师的职业自信和归属感。

第四，高职英语教师应该定期参与职业发展培训。这种培训有助于教师更新和扩展其教学技能，也是教师职业身份确认的过程。当教师感知到自己的能力和知识与行业标准保持一致时，他们的专业认同感将得到加强。

第五，规划明确的职业发展路径对于加强专业认同同样重要。高职英语教师应明确自己的职业发展目标，清晰地制订一份个人职业发展计划，包括职业目标、晋升途径和必要的培训需求。通过实现阶段性职业目标，教师可以逐步提升自己的职业地位和影响力，通过这种方式，教师可以看到自己在职业生涯中的成长和进步，这种规划的目标性和导向性会增强教师对职业的投入和热情，进而增强职业认同感，实现个人和职业的双重成长。

第六，教师还应注重个人心理健康的维护，合理应对职业压力，保持良好的心态，这对于职业生涯有更积极的看待是非常重要的。在教师的职业生涯中，面对学生多样的需求、教学成果的压力以及日常工作的挑战，心理健康常常受到考验。因此，教师应采取有效措施来缓解这些压力，教师可以通过自己喜欢的放松方式，如旅行、阅读或参与个人兴趣活动、练习冥想、瑜伽或其他放松技巧来减轻工作压力，提高他们的情绪状态，增强应对教学挑战的内在动力。同时，保持与家人和朋友的良好社交活动，也可以提供必要的情感支持，帮助教师保持积极的生活态度。

第六章 职业能力培养导向下的师资队伍建设创新

通过这些综合策略的实施，高职英语教师不仅能提升教学技能和专业水平，还能有效地加强其专业认同，这不仅有助于个人的职业成长，还促进了整体教育质量的提升，从而促进教师职业化发展目标的实现。

（二）主动提升教学技能

高职英语教师主动提升教学技能是提高教学效果和满足职业发展需求的重要途径。

首先，高职英语教师可以通过参加专业培训和研讨会来提升教学技能。这些活动通常涵盖最新的教育理念、教学方法以及评估技术，帮助教师保持与教育前沿同步。例如，教师可以学习如何有效地利用信息技术工具进行互动教学，或者掌握面向非英语母语学生的特定教学策略。通过系统的学习和实践，教师能够将这些新技能应用到日常教学中，提高教学的互动性和学生的学习动机。

其次，参与教学研究项目是提升教学技能的有效方式。教师可以通过研究来探索和验证不同的教学方法在实际教学中的应用效果。通过设计和实施课堂教学实验，教师不仅可以获得关于教学方法有效性的第一手数据，还可以根据研究结果调整和优化自己的教学策略。这种基于证据的教学实践有助于教师更精准地满足学生的学习需求。

再次，建立教学社群是提升教学技能的另一个重要途径。在教学社群中，教师可以与同行交流最佳教学实践、共享资源和经验。这种职业交流不仅可以拓宽教师的视野，还能激发新的教学想法。通过定期的工作坊、研讨会或在线论坛，教师可以持续获得新知识，并将这些知识转化为教学中的实际应用。

最后，利用科技工具进行教学创新是提升教学技能的关键。随着教育技术的快速发展，多样的教学软件和平台为教学提供了广泛的资源和工具。教师可以利用这些工具进行课程设计、学生管理以及互动教学，使课堂更加生动有趣。例如，使用教学管理系统可以有效管理教学活动，而多媒体和虚拟现实技术则能提升学生的学习体验和参与度。

通过上述方法，高职英语教师能够有效地提升自己的教学技能，更好地适应教育的发展需求，提高教学质量，从而实现职业发展的目标。

(三)树立终身学习观念

对于高职英语教师而言，树立终身学习的观念是其专业化发展的关键。终身学习不仅包括不断更新专业知识和教学方法，还包括对教育理念和技术的持续探索。

具体而言，首先，高职英语教师需要认识到终身学习的重要性，并将其作为职业生涯的一部分。这包括理解在教育和技术快速变化的环境中不断学习的必要性。教师可以通过阅读最新的教育期刊、参加教育相关的研讨会和讲座，以及关注教育技术的发展，来不断拓展自己的专业知识和技能。

其次，高职英语教师应该积极参与专业发展活动。这些活动不仅能够提供学习新知识的机会，还能帮助教师与其他教育工作者建立联系，共享经验和资源。例如，教师可以参加由教育部门或专业组织举办的在线或面对面的工作坊和课程，这些平台提供了学习新教学法和评估技术的机会，也是教师展示自己研究成果的场所。

再次，高职英语教师应该培养自主学习的习惯。这意味着教师不仅在组织的培训中学习，还应通过自我驱动的方式进行学习。这可以通过设定个人学习目标、制订学习计划，以及使用各种在线资源和课程来实现。自主学习使教师能够根据个人的兴趣和职业需求选择最合适的学习内容和节奏。此外，应用所学知识于实践也是终身学习的重要组成部分。高职英语教师应将理论与实践相结合，不断试验和优化教学方法。例如，教师可以在课堂上实施新学的互动技术或教学策略，观察学生的反应，并根据反馈调整教学方法。这种实践中的应用和反思有助于教师深化理解并完善技能。

最后，建立一个支持性的学习网络也对终身学习至关重要。高职英语教师可以与同事、行业专家和教育研究者建立联系，共同探讨教学问题和分享解决方案。通过这种网络，教师不仅可以获得宝贵的建议和支持，还可以接触到不同的观点和方法，进一步促进自己的专业成长。通过上述方法，高职英语教师可以有效地树立并实践终身学习的观念，不断提升自己的教育理念和教学技能，从而推动自己的专业化发展。

（四）定期自我反思与评估

首先，定期自我反思与评估对于高职英语教师的专业化发展至关重要。这一过程帮助教师识别和理解自己教学实践中的优点和不足，从而持续改进教学方法和提升教学质量。为了达到有效的评估，教师在平时需要养成良好的教学记录习惯，如记录教学日志、课堂复盘等，记录课堂上的教学方法、学生互动情况以及教学结果。在课后，教师要定期分析哪些教学策略有效，哪些需要改进，哪些经验比较成功。定期进行自我观察和教学活动分析，可以让教师更加有针对性地发现问题，从而实现个人职业的有效发展。随着新媒体技术的产生，云计算、智能人脸识别等视频处理技术为教学分析过程提供了有力的工具帮助，教师可以积极使用这些新兴技术更客观、高效地评估自己的教学效果。

其次，实施同行评价是提升教师自我反思的一个重要环节。邀请同事进入课堂进行观察和反馈，或者请他们观看自己的课堂实录视频，可以为个人专业化的提升提供新的视角和建议，帮助教师发现自己可能忽视的问题。同行评价不仅增加了反思的深度，还构建了一种专业支持和合作的教育环境。教师要虚心接受并且积极面对，与其他教师进行经验交流，实现个人的快速成长。

再次，高职英语教师应定期与学生进行交流，收集学生的反馈。学生的意见是评估教学效果的重要指标，他们的反馈可以直接指向教学方法的优势和劣势。通过问卷调查、访谈或开放式讨论，教师可以从学生视角获取教学过程的实际影响信息。此外，教师应该参与专业发展研讨会，这些研讨会通常提供评估工具和反思技巧的培训。通过这些培训，教师可以学习如何更有效地使用反思日志、自评表格或反思会议等工具，这些工具都是提升个人教学实践的手段。

三、社会层面

社会层面上的支持对于高职英语教师的专业化发展极为关键。这些支持来自多个方面,包括企业、行业协会、教育基金会和政府部门等。它们通过提供培训机会、资源支持和政策倡导等多种方式,不仅能够显著提升教师的教学能力和专业知识,还有助于增强教师的职业认同感和社会地位。

(一)企业

在企业合作方面,许多前瞻性的公司已经意识到与教育机构合作的重要性。通过与高职院校建立伙伴关系,企业不仅能为教师提供实际的工作环境作为教学实习的场所,还能通过具体的业务案例使教学内容与实际需求紧密结合。例如,一家国际贸易公司可能会邀请高职英语教师参观其运营部门,让教师直接了解如何在真实的商务环境中使用英语进行沟通。此外,企业也可以定期为教师提供专业的在职培训,这些培训旨在更新教师关于市场最新动态的知识,或是提供新的教学工具和技术,使教师能够将最新的业界标准和技能带回课堂。

(二)行业协会

行业协会在提升教师专业化水平方面也发挥着重要作用。这些协会通常会举办定期的教育研讨会、专业发展工作坊及认证课程,覆盖从教学方法到学习技术的广泛主题。通过这些活动,教师不仅能够学习最先进的教学策略和评估技术,还可以与其他教育工作者交流心得,从而扩展自己的教育视野。例如,一个专注于语言教育的行业协会可能会提供针对高职英语教师的特定工作坊,讨论如何利用新兴技术,如人工智能和机器学习,来辅助语言学习。

（三）教育基金会

教育基金会在提供资金和资源支持方面也起到了关键作用。许多基金会致力教育创新和教师专业发展项目的资助，这些基金可以用于更新教学设备、引进新的教学方法或开发专业课程。基金会的支持使得教师有机会尝试在教学中实施新的概念和技术，无论是通过引入智能化教学设备，还是通过实施基于云的学习管理系统，这些工具都有助于提升教学互动性和效率。

四、政府层面

（一）制订专业发展政策

政府应制订具体的政策支持高职英语教师的专业发展，确保所有教师均按照国家教育标准进行教学活动。这些政策应包括教师资格认证的标准、教师继续教育的要求，以及教师职业道德的规范。例如，政府可以设立教师资格更新制度，要求教师每五年至少完成一定数量的专业发展课程和工作坊研修活动，以保持其教学资格的有效性。

此外，政府应通过政策鼓励教师参与国家或地区教育改革的实施过程。通过这种方式，教师不仅可以直接参与到教育政策的制订和执行中，还能从中获得职业成长和发展的机会。政府还可以设立专门的教育创新基金，支持教师在教学和课程设计上的创新实践，提高教学方法的多样性和有效性。

这些政策的制订需要广泛的社会参与和反馈。政府应定期邀请教育专家、学校管理层及教师代表参与政策的讨论和修订过程，确保政策的实施能够真正满足教师和教育行业的需求。这种包容性的政策制订过程，可以增强教师对政策的认同感和执行的积极性，从而有效推动政策的成功实施和教师专业发展的目标达成。

(二)资金投入和资源支持

政府在财政上对高职英语教师的专业化发展提供的支持是推动教育质量提升的关键因素。这包括直接资助教师培训计划、更新教学设施、引入先进的教学技术,以及支持教学研究和创新项目。政府应确保这些资金的投入是充足和持续的,从而为教师的长期专业发展提供坚实的基础。

为了有效实施这些支持,政府可以设立特定的教育发展基金,专门用于资助高职英语教师的专业发展活动。这些基金可以用来组织国内外的教师研修、专业工作坊活动,以及与教育技术相关的培训课程。例如,政府可以利用这些基金资助教师学习如何利用虚拟现实(VR)和增强现实(AR)技术来提升语言教学的互动性和实效性。此外,政府可以通过资金支持建立教师专业发展中心或者创新实验室,这些机构不仅提供日常的教师培训和支持,还可以进行教学法和教育技术的研究与开发。通过这些中心,教师可以获得最新的教学资源,也能够参与到教学方法和工具的创新过程中。

政府的资金支持还应扩展到支持教师参与教育政策研讨、学术会议以及教育论坛。这不仅能够增加教师的专业知识和视野,还有助于建立教师之间的专业网络,促进经验和知识的共享。

(三)建立国家级教师发展体系

为了系统地推进高职英语教师的专业化发展,政府可以考虑建立国家级的教师发展机构。这样的机构将作为教师专业成长的中心,不仅提供培训和资格认证,还负责教育研究和政策制订的咨询服务。通过这种机构的建立,政府能够更有效地统筹和优化教师发展资源,确保教师培训的质量和连贯性。国家级教师发展机构的主要职能包括以下几方面。

培训与认证:提供标准化和定制化的培训课程,涵盖教学法、课程设计、学生评估等多个方面。此外,该机构还应负责实施教师资格认证和专业级别评定，确保所有教师都符合国家教育部门的标准。

研究与开发：进行教育方法和教育技术的研究，探索新的教学模式和工具，以适应教育的快速变化和新的学习需求。这些研究可以帮助形成科学的教育政策，并指导教育实践。

政策咨询与评估：为政府提供教育政策的咨询和评估服务，确保教育政策的实施能够有效促进教师和学校的发展。机构应定期发布教育发展报告，评估现行政策的成效并提出改进建议。

国际交流与合作：建立与国际教师发展机构的合作关系，引入国际先进的教育理念和教学方法。通过国际研讨会、访问学者项目等形式，促进教师的国际视野和专业交流。

这种机构的建立需要跨部门合作，包括教育部、财政部和科技部等相关部门的协调。政府应确保该机构具有足够的权威性和资源，以便能够在全国范围内推广其成果和服务。通过国家级教师发展机构的建立和运营，政府不仅能够为教师提供持续的职业发展支持，还能通过机构的研究和政策咨询功能，不断优化教育体系，提升教育质量。

（四）构建全国性的教师评估和认证系统

为确保高职英语教师持续满足教育质量标准，政府可以构建一个全国性的教师评估和认证系统。该系统的核心目标是定期评估教师的教学能力、专业知识和职业道德，以监控教师的专业发展并确保其教学水平符合国家教育部门的要求。系统的评估可以采用多种形式，包括课堂教学观察、学生学习成果的分析以及教师提交的自我评估报告。通过评估合格的教师将获得官方认证，这种认证是对其专业资格的正式确认，应该与教师的职业发展、晋升和薪酬等直接相关，以提升认证的实际意义。

此外，该系统还需要为评估中表现不足的教师提供专业发展的指导和支持，包括制订专业发展计划和提供定制化的培训课程，帮助他们改进教学方法和提升专业能力。系统还应建立一个全国性的数据管理和分析平台，收集和分析教师评估的数据，以此监测教育质量的变化趋势，评估教育政策的有效性，并确定教育资源配置的优先方向。

实施这一系统的关键步骤包括政策制订、技术支持平台建设、评估员的专业培训，以及和教师进行沟通，确保评估系统的透明性、公正性和公信力。通过这一综合评估和认证系统，政府不仅可以有效提升教师的教学质量，还能通过持续的专业发展支持促进教师职业的长期成长，从而提升整体的教育质量和国家教育水平。

（五）完善相关法规和立法

政府在推动高职英语教师专业化发展的过程中，发挥着至关重要的作用，特别是在法规和立法方面。确立法律框架不仅为教师的专业发展提供了正式的规范和保障，还有助于确保所有教师都能在一个公平和有序的环境中进行教育活动。具体而言，第一，政府应制订专门针对教师专业发展的法律，确保教师接受必要的培训和评估，以维持其教学资格。这些法律应涵盖教师培训的标准、教师职业道德、工作条件和教师权益保护等方面。此外，政府还应定期检视和修订现有的教育法律，以适应教育行业的变化和新的教育需求。第二，法律的制订只是第一步，确保这些法律得到有效实施和执行同样重要。政府应建立相应的监督机构，负责监督教育法律的执行情况，确保各教育机构遵守法律规定。这可能包括定期的检查和评估，以及对违规行为的处罚措施。第三，政府需要通过教育和宣传活动，提高教师对教育法律的意识。这包括在教师培训课程中增加法律教育模块，教育教师了解他们的权利和义务，以及如何在法律框架内进行教育活动。此外，通过媒体和公共论坛等渠道广泛传播教育法律的知识，可以增强社会对教育政策的支持和理解。第四，教育是一个不断发展变化的领域，法律和政策也需要不断地更新以适应新的挑战和需求。政府应设立专门的法律评估委员会，定期收集反馈，评估现行教育法律的效果，并根据需要进行调整。这个过程应该让广泛的利益相关者参与，如教师、学校管理者、家长及专家等，以确保法律的全面性和适宜性。

第六章 职业能力培养导向下的师资队伍建设创新

通过这些措施，政府能够为高职英语教师的专业化发展提供坚实的法律基础，确保教育活动在一个规范和支持的环境中进行，从而推动教育质量的整体提升和教师专业成长的持续发展。这不仅提升了教育系统的公平性和透明度，还有助于建立社会对教育制度的信任和尊重。

（六）促进行业与教育部门之间的合作

为了更有效地促进高职英语教师的专业化发展，政府可以积极推动行业与教育部门之间的合作。这种合作能够确保教育内容和教学方法与行业需求保持一致，同时为教师提供实际应用他们教学技能的机会。

第一，政府可以搭建一个平台，让行业领袖和企业直接向教育部门反馈他们对技能和知识的具体需求。这种反馈机制可以帮助教育机构调整和优化课程内容，确保教学与实际工作市场的需求紧密对接。例如，如果通信行业需要更多具备高级英语沟通能力的技术人员，教育部门可以相应增设相关课程或模块，强化这一领域的教学重点。

第二，促进行业参与课程设计。政府可以鼓励企业和行业专家直接参与教育课程的设计和实施中。这可以通过组织工作坊、研讨会或者定期的策略会议来实现，让教师和行业代表共同探讨如何将最新的行业知识和技能融入课程中。这种直接的合作不仅能提升课程的相关性和实用性，还能增强教师对行业动态的理解和适应性。

第三，支持教师实地实习和行业交流。政府可以设立专门的基金支持教师在相关行业进行短期实习或交流。这些实地体验机会使教师能够直接了解行业的工作环境和技能需求，同时能够将行业经验带回课堂，提高教学的实际应用性。此外，这也有助于建立教师与行业之间的长期合作关系。

第四，创建行业—教育合作网络。政府可以倡导并支持创建一个行业—教育合作网络，包括线上和线下的交流平台。这个网络不仅为教育者和行业领袖提供一个持续对话和共享资源的空间，还可以定期举办联合活动，如职业讲座、实习招聘会和技能培训班。这样的网络有助于持续推动教育内容的更新和教师教学方法的创新。

通过这些步骤,政府能够有效促进行业与教育部门之间的合作,从而确保高职英语教师的教学更加贴合实际应用,增强教师的行业相关性和职业发展潜力。这种紧密的合作关系不仅有助于教师的专业成长,还为学生提供了更加实用和前瞻性的学习内容,最终提升整体的教育质量和社会的竞争力。

第七章 职业能力培养导向下的高职英语教学评价创新

第一节 职业能力培养导向下高职英语教学评价的原则

高等职业教育是连接学校教育、企业和社会需求的重要桥梁，随着国际化进程的加快，英语作为国际通用语言，在各行各业中也扮演着越来越关键的角色，基于职业导向的高职英语教学评价体系的改革对于提升教育质量和学生就业竞争力具有显著的正向效应。并且随着行业需求的不断演变和分化，不同行业对学生的职业技能和应用能力提出了更高的要求。例如，服务业和涉外行业对英语的需求较高，通过改革评价体系可以确保教学内容和评价方式更加贴近实际工作环境，使学生的英语能力更加符合行业特定的需求。这不仅有助于学生在未来的职场中更好地应用英语，还有助于提高他们的职业竞争力。

改革现有评价体系，构建基于职业导向的高职英语教学评价体系也与学生实际发展需求相匹配。高职教育的核心在于促进学生的全面发展，这就要求教学评价不仅应关注学生的学术成绩，还应关注其综合素质的提升。当前，许多高职学生在英语学习上可能存在基础较弱、自学能力不强的问题，这可能导致学习焦虑和情感障碍。因此，教学评价体系的改革需要更多地考虑到学生的具体情况，通过多样化的评价方法来激励学生，增强其学习的自信心，从而提升他们的英语学科素养。

改革高职英语教学评价体系，还有助于促进教育方法的创新。通过引入基于实际职业情景的评价方法，如项目驱动学习、案例分析等，可以使教学更加贴近实际工作需求，提高教学的实用性和有效性。这种教学方式的变革不仅可以提高学生的学习兴趣，还可以帮助他们更好地理解和掌握英语在职业领域中的应用。

这种变化迫使人们重新思考并改革现有的英语教学评价体系，以确保它能够更好地符合行业标准并满足企业的实际用人需求。正因为如此，改革评价体系不但是一个必要的步骤，而且是提升教育质量和学生职业技能的关键措施。在这个过程中，改革不仅是对现有系统的简单调整，还是全面的优化和升级，这要遵循一定的原则，如图 7-1 所示。这些原则包括确保评价方法的职业相关性，增强评价的实用性、多样性和灵活性，以及提高评价结果的反馈效率。通过这样的原则，职业能力培养导向下高职英语教学评价体系不仅反映学生的学术成绩，还能够全面评估和促进学生在未来职场中所需的关键职业能力，进一步推动高职教育的发展与进步。

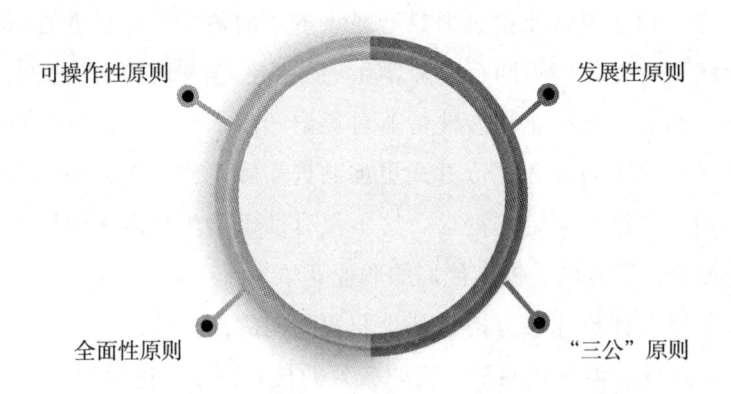

图 7-1 职业能力培养导向下高职英语教学评价的原则

第七章 职业能力培养导向下的高职英语教学评价创新

一、可操作性原则

在基于职业导向的高职英语教学评价体系中，秉承可操作性原则是至关重要的，因为这一原则确保了评价体系的实用性和有效性，从而更好地服务于教学目标和学生的职业发展需求。

第一，可操作性原则确保评价体系与高职院校的实际教学环境相适应。高职院校的资源、设施和师资力量各不相同，评价系统如果不能充分考虑这些因素，就可能导致实施困难，无法达到预期的教育效果。例如，一个设计良好但复杂难以操作的评价体系可能在资源不足的环境中难以得到有效实施，从而影响其科学性和公正性。遵循可操作性原则，可以确保评价体系既符合教育的科学标准，又能在各种教学条件下顺利实施，这对于提高教学质量和学生学习效果至关重要。

第二，可操作性原则强调评价过程的简便性和实用性，这直接影响到教师和学生的参与度。在高职教育中，教师和学生往往面临来自多方面的压力和挑战，一个过于复杂或耗时的评价体系可能会增加他们的负担，从而降低其执行的意愿和效果。简明易懂的评价方法可以提高教师的教学效率和学生的学习动力，使评价成为推动学习进步的工具而非负担。

第三，基于职业导向的教学评价，其核心目的是提升学生的职业技能和实际应用能力。因此，评价体系必须能够有效地测量学生在实际职业环境中可能遇到的具体技能和能力。可操作性原则通过确保评价活动的实用性和相关性，使得评价结果能够真实反映学生的职业准备情况。这种实际应用能力的准确评估对于学生了解自身强弱项、教师调整教学策略、院校改进课程设计都有着不可替代的作用。

第四，可操作性原则还有助于评价体系的持续优化和发展。在实际操作中，易于实施的系统更容易被接受和维护，也更容易根据反馈进行调整和改进。这种灵活性是教育评价持续改进的重要条件，尤其是在快速变化的职业市场环境中，教育评价体系需要不断适应新的教育目标和职业技能要求。

因此，可操作性原则在基于职业导向的高职英语教学评价体系中的重要性不仅体现在其确保评价方法的实用性和有效性上，还在于它促进了教学和评价的积极互动，确保了教育活动能够真正满足学生的职业发展需求。这种原则的实施是实现教育目标、提升教育质量和促进学生全面发展的关键。

二、全面性原则

在基于职业导向的高职英语教学评价体系中，全面性原则至关重要，因为它确保评价体系全方位地覆盖学生的学习需求，并且能够全面衡量学生的英语能力及其职业应用技能。这一原则的实施有助于提升教学质量，确保学生能够在未来的职业生涯中有效使用英语。

第一，全面性原则强调在评价过程中必须涉及学生英语能力的各个方面，包括基础的语言知识、聆听、说话、阅读、写作和翻译技能，以及更为高级的批判性思维、解决问题的能力和跨文化交际技能。这种全方位的评估可以确保教学内容和评价标准真实地反映职业场景的需求，从而使学生的英语学习不仅停留在理论知识的掌握上，还延伸至实际应用的能力培养上。

第二，全面性原则还意味着教育评价需要关注学生的职业发展。通过评价体系，教师能够识别学生在特定职业技能上的强项和弱点，据此调整教学策略，以更好地满足学生的个性化学习需求。例如，针对那些将来希望在国际贸易领域工作的学生，教学评价可以特别强调商务英语的应用能力，包括行业专业术语的使用、商务谈判的语言技巧等。此外，全面性原则支持教育的持续改进。通过全面收集和分析关于学生英语能力的数据，教师可以获得关于教学效果的详尽反馈，进而优化课程设计，改进教学方法。这种持续的改进过程不仅提升了教学质量，还使教育更加适应快速变化的职业市场需求。

第三，全面性原则有助于构建一个公平和包容的教学环境。通过考虑不同学生的背景和需求，教学评价可以更公正地衡量每个学生的表现，从而促进教育机会的平等。这种考虑到学生多样性的评价体系能激励所有学生积极参与学习，增强他们的自信和动力。因此，全面性原则在基于职业导向的高职英语教学评价体系中的核心地位是不可替代的。它确保教育评价不仅全面、深入地反映学生的学习成果，还能够有效地支持学生的职业发展，为他们将来在复杂多变的工作环境中使用英语打下坚实的基础。这种原则的实施对于提高教育质量、满足行业需求及促进学生全面发展具有决定性的影响。

三、"三公"原则

在构建基于职业导向的高职英语教学评价体系中，"三公"原则——公正、公开和公平，扮演着核心的角色。这一原则的重要性不但体现在它能确保教学评价的客观性和透明性上，而且在于它直接影响到教育公平和学生的信任感，进一步影响教学质量和学生的整体发展。

首先，公正性是"三公"原则的基石，意味着教学评价必须基于客观和一致的标准进行。这些标准是通过与教育目标、行业需求以及企业对人才的具体期待相结合，经过严格验证和实践总结得出的。在此基础上制订出的评价标准应当对所有学生一视同仁，确保每个学生在评价过程中的权益不受偏见影响，无论其背景或先天条件如何。这种做法不但有助于维护评价的科学性和权威性，而且对于培养学生对教学评价系统的信任感至关重要。

其次，公开性要求评价标准和过程对所有利益相关方，包括学生、教师、学校管理层以及企业合作伙伴透明。这种透明度保证了评价过程的每一个环节都能被监督和评估，学生和教师都能清晰地理解评价的方法、目的及其对学生未来职业生涯的潜在影响。公开性的实践有助于提升整个评价体系的接受度和有效性，同时促进了教育资源的公正分配。

最后，公平性确保所有学生能够在平等的竞争环境中展示自己的能力和才华。教育评价体系的设计必须确保学生不会因为其个人的社会经济背景、性别、种族或任何其他非能力相关因素而获得不同的待遇。公平性的确保不仅提高了学生的积极性,增强了他们的学习动力,还对形成健康的学习环境和学校文化具有深远的影响。

通过严格执行这一"三公"原则,高职院校能够确保其教学评价体系既公正又高效,真正反映学生的学习成果和职业能力。这不仅增强了教育系统的整体公信力,还为学生提供了一个公平的学习和竞争环境,使他们能够在未来的职场中以其真正的能力脱颖而出。这种原则的贯彻对于提升教育质量、满足行业需求及促进学生全面发展具有重大的影响,是高职英语教学评价体系不可或缺的一部分。

四、发展性原则

在基于职业导向的高职英语教学评价体系中,发展性原则扮演着至关重要的角色。这一原则的核心在于,教学评价不仅是对学生当前学习成果的衡量,还是对其长期学习和职业发展潜力的促进。

具体来说,第一,发展性原则强调评价应该超越传统的优劣和对错的简单判断,转而关注评价对学生长期发展的促进作用。在这种框架下,评价不再是一种终结性的判定,而是一个持续的过程,它旨在识别和培养学生的潜能与兴趣,帮助他们在未来的学习和职业生涯中实现自我优化。这种评价方式鼓励学生了解自己在学习过程中的进步,认识到自己的强项和改进的领域,从而激发他们的学习动力和自我发展意识。

第二,发展性原则认为教学评价应该是形成性的,即评价应该在教学过程中发生,以形成性反馈的方式帮助学生及时调整学习策略和方法。通过这种方式,学生可以在学习过程中不断反思和改进,而不是仅在课程结束时才了解自己的表现。形成性评价支持学生在实际的学习活动中测试和应用新知识,使学习过程本身成为一个不断试探和修正的循环,极大地增强了学习的有效性和实用性。

第三,发展性原则促进评价的个性化和差异化处理。认识到每个学生的学习需求、背景和未来职业目标各不相同,教学评价应当根据个体差异来设计,以支持每位学生的个性化发展路径。这种个性化的评价方法能够更精确地识别和培养学生的特定技能,特别是那些直接关联到他们未来职业成功的技能,如与职业相关的语言运用能力、跨文化交际技巧等。

第四,发展性原则强调评价结果的透明性和反馈的及时性。有效的反馈机制不仅可以提供给学生关于他们学习进展的即时信息,还能为教师提供关于教学方法有效性的反馈,从而使教师能够根据学生的反应调整教学策略。这种双向的、动态的评价过程有助于构建一个互动和自适应的学习环境,其中教师和学生共同参与到教学和学习的优化过程中。

通过秉承发展性原则,高职院校的英语教学评价体系不仅能够评估学生的当前表现,还能够促进学生的持续学习和职业成长,为他们在未来复杂多变的职业世界中培养必要的技能和自信心。这种原则的贯彻对于提高教育质量、满足行业需求及促进学生全面发展具有决定性的影响,是教学评价体系改革不可或缺的一部分。

第二节 职业能力培养导向下高职英语教学评价体系的构建途径

目前,多数高职院校依赖国家教育系统的英语应用能力 AB 等级测试来评估其教学质量。虽然这种做法在一定程度上有效,但它评价维度单一,在全面反映教学质量和问题方面存在一定的片面性。在高等职业教育体系中,不只教学要以职业能力培养为导向,评估也应以职业能力为核心导向。因此,高职院校需要根据自身的实际情况开发一套综合评估机制,不仅能够系统地反映教师的教学成果,还能够综合反映学生的英语学习效果,更能够诊断和解决教学中的具体问题。这种评估机制不应限于测试教师的教学水平、学生的基础英语技能,更应强调英语的实际应用能力,从而直接提升学生的职业技能。通过这种方式高职英语教育才能真正实现培养学生实际工作能力的教育目标。

一、建立以职业能力为目标的教学成果评价体系

(一) 档案袋评价法

在以职业能力为目标的教学评价体系中,档案袋评价法是一个有效的工具,用于评估教师的教学效果。特别是在高等职业教育中,通过这种方法,可以全面收集和分析教师在教学过程中的表现、策略,以及对学生职业技能发展的影响,从而提供一个多维度的教学效果评估。

具体而言,档案袋评价法主要目的是通过系统地收集教师在教学活动中产生的各类教学材料,来评估教师的教学策略和教学成效。这些材料包括教学计划、课堂演示资料、学生作业的反馈、课堂互动记录,以及学生评价等。这种评价方式要求教师有目的性地积累和整理这些资料,以便进行深入的分析和反思。在实施档案袋评价法时,在评价过程中需要收集多种类型的教学相关材料,这不仅包括传统的书面材料,如教案和学生作业,还包括多媒体材料如课堂录像、音频记录,以及电子反馈表格等。这些材料的多样性能够全面展示教师的教学方法和学生的学习反应,为评价提供更丰富的信息源。档案袋评价法特别强调对教师教学过程的关注。详细记录教师在不同教学环节中的表现,如课堂管理、教学互动、问题解决及创新教学策略的应用等,可以评估教师对教学内容的掌握及教学策略的有效性。例如,记录教师如何引导学生参与职业技能相关的项目,或者如何通过实践活动提高学生的职业技能。档案袋评价法还要求教师及时反思并根据收集到的材料进行教学调整。教师可以根据档案袋中的资料进行自我评价,评估自己的教学方法是否有效,学生的反应如何,以及哪些教学策略需要改进。此外,教师的自我反思报告和同行评审也是档案袋中重要的组成部分,它们帮助教师持续优化教学方法。通过档案袋评价法所提供的综合材料,教育管理者和同行评审者可以更加准确地评估教师的教学效果,尤其是在培养学生职业能力方面的表现。这种评价方式不仅有助于提升教师的教学质量,还促进了教

师专业成长和教学方法的创新。

(二)基于项目的教学成果评价法

基于项目的教学成果评价法是一种评估方法,主要用于评价教师在实际或模拟职业环境项目中是否教授了学生面对真实职业挑战的技能。此方法不仅测试学生的职业技能,还具针对性地对教师的教学方法和内容的适应性进行综合评价。

第一,评价教师教学内容的相关性和实用性。项目设计的适应性要评价教师是否能够根据行业需求和职业标准设计项目。这包括教师选择的项目主题、项目要求和预期成果能否反映当前行业的实际工作需求和技能要求。这种评估可以通过与行业专家的讨论和反馈来进行,专家评估项目是否符合行业实际,教师设计的项目是否具有前瞻性和实用性。评价教学材料的实际应用度要通过项目成果展示,观察学生能否运用教师在课程中提供的理论知识解决实际问题。这直接反映了教师准备教学材料的能力,能否将理论与实践有效结合,以及教学内容的深度和广度。

第二,评价教师教学方法的有效性。评价学生项目执行过程中的指导要观察教师如何在项目执行过程中指导学生,包括教师如何解答学生的疑问、提供技术支持、鼓励创新思维以及如何帮助学生克服遇到的难题。这不仅反映了教师的专业知识和技能,还涉及教师的沟通能力和解决问题的能力。评价学生在项目中的表现与进步要通过学生的项目表现来间接评估教师的教学效果。这包括学生项目的创新性、完成质量、技能展示以及团队协作能力。这些都是评估教师教学方法是否有效的重要指标。

第三,评价教师对学生职业技能发展的贡献。要评价学生的技能掌握和应用水平,可以在项目展示中,评价学生能否展示出教师所教授的核心职业技能。这包括技术技能、问题解决能力、创新能力及团队合作等。这些指标可用来评价教师在培养学生职业技能方面的成效。

第四，评价是否建立反馈机制。要评价教师是否建立了有效的反馈机制，让学生能够在项目中及时获得改进意见，并据此调整学习策略。这种机制的有效运作是教师教学策略成功与否的重要体现。

通过基于项目的教学成果展示来评价教师的教学效果，不仅要基于特定的项目全面了解教师的教学质量，还要确保教学项目的实用性和前瞻性，为教师教学提供一个实际操作的平台。这样能够保证这个项目直观展示教师教学方法的效果，从而对教师教学进行有效的评价。

（三）建立360度多源反馈系统

360度多源反馈系统是一种综合评价教师教学效果的方法，它通过汇集来自学生、同事、行业专家以及校外合作伙伴的反馈，为教师提供了一个全面的评价视图。这种方法不局限于传统的自上而下的评审方式，而是包括了从教师同行的教学评审、校外实习监督者的实际反馈，到行业专家对教学内容相关性的深入评价。通过学生提供的反馈，评价者可以直接了解教师的教学互动、课堂管理及学习成效的情况；同事或同行教师的评审则侧重于教师的专业行为、教学创新及教学策略的应用效果；行业专家通过审查课程大纲和学生的项目成果，评估课程内容是否与最新的行业标准和需求保持一致；校外合作伙伴，特别是那些监督学生实习的专业人士，提供的反馈则能够体现学生的职场表现如何直接受教师的教学影响。这种全面的反馈机制不仅帮助教师从多个角度了解自己的教学效果，还鼓励他们进行自我反省和专业成长，通过不断地接收和整合各方反馈来提高教学质量。此外，360度多源反馈系统还能激励教师探索新的教学方法和技术，增强教学的适应性和创新性，从而更好地满足学生和行业的需求，最终制订更有效的教学策略，提升学生的学习体验和成就感。

二、建立以职业能力为目标的多元化学生评价体系

在当前的高职英语教学实践中，依赖单一的国家规定英语AB级测

第七章 职业能力培养导向下的高职英语教学评价创新

试已逐渐不足以全面评估学生的实际英语能力。该测试虽旨在评价实用英语技能，却常被视为应试教育的一部分，这与高职教育培养实用技能的宗旨不符。为了真正确保人才培养的质量，建立一个科学且合理的考核评价体系成为必然，其中实施多元化的英语能力测评机制尤为关键。

（一）课前+课中+课后全过程评价

教学评价要关注教学过程，对学习者在教学环节中的行为表现和能力发展进行考查和记录，对学习态度、学习过程、学习行为表现以及学生能力素养的渐进性进行评价。一方面，"课前+课中+课后"的全过程评价从教与学两方面实施，在学生出勤情况、课堂表现、学习成果、期末考核等教学评价中强化价值引领，通过言语表现行为考查语言应用中的语言能力、发展潜力与职业素养；通过语言知识学习考查语言语用素养；通过思政教育综合评价学生世界观、人生观、价值观塑造情况，以及跨文化交流素养形成情况；通过学生的成长值、获得感、满意度，考量高职英语教育的成效。例如，在课前，可借助线上教学平台考查教师教学方案设计的合理性；在课中，可针对教师的教学内容安排是否体现新文科建设要求、各教学环节之间的衔接是否合理、教学方法是否得当、是否促进学生的知识能力素养的提升进行客观评价；在课后，检验教师对课堂内容的总结情况、随堂测试的设置情况以及作业的布置与批改情况。另一方面，针对"学生学习过程"开展的一体化评价同样要贯通课前、课中、课后的过程考核。在课前，对学生的课前预习和查找资料情况进行数据统计；在课中，针对学生的课堂参与情况、学生思维状态、学习达成状态进行质性评价；在课后，检验学生学习任务的完成情况，即考查是否能用得体的英语完成特定情境任务。

（二）知识体系评价与职业能力评价相结合

为了构建多元化的高职英语教学评价体系，重要的一环是将知识体系评价与职业能力评价有效结合。这种结合意味着教学评价不仅关注学生对语言知识的掌握,还强调其职业实用技能的发展。评价体系应超越传统的笔试方式,引入更多与职业相关的实际操作考核。例如,可以通过模拟职场中的真实场景来测试学生的听力和口语能力,如面试模拟、客户接待、电话应答等。这些测试不只是检验学生的语言技能,更是评估其在实际工作环境中应用这些技能的能力。课程中应融入更多职业技能训练,如在学前教育专业中,加强双语教学的实践,让学生通过角色扮演和小组讨论等方式,提升使用英语进行教学的能力。例如,对于旅游专业学生,应通过模拟导游讲解、旅游咨询等活动,强化其职业交际口语。此外,将过程性评价与终结性评价相结合也是关键。过程性评价关注学生在整个学习周期内的表现,如平时的参与度、项目作业的完成情况及小组互动等,而终结性评价则着重于课程结束时的总体表现。通过这样的评价体系,既能够全面评估学生的语言知识掌握情况,也能有效检验其职业能力的培养,从而实现高职英语教育的目标——培养学生在职场环境中有效使用英语的能力。

（三）学校、企业与行业三维评价相结合

在高职英语教学中,构建一个有效的多元化评价体系是提高教育质量和学生职业能力的关键。这一评价体系应深入整合学校、企业和行业的评价,以形成一个全面、互补的教育评价模式。高职院校通常采用"2+1"的教学管理模式,"2"即两年的在校学习,"1"即一年的在企业实训实习。这种整合不仅帮助学生更好地适应未来的职业环境,还能确保教学内容与职业实践的紧密对接。因为,学校考核只是教学效果的检验手段,任何教育的最终检验都要交于社会、市场、用人单位。

学校评价是高职英语教学评价体系的基础,它关注学生的语言知识掌握和基本英语应用能力。在传统的课程成绩评价基础上,应加入大学生英语应用能力测试等标准化测试,以全面评估学生的语言实际运用能力。此外,学校还应通过模拟实际工作场景的考核（如模拟接待、电话应答、商务谈判等）,来测试学生的职业英语应用能力。这种评价方式可

第七章　职业能力培养导向下的高职英语教学评价创新

以帮助学生及早识别自己的强项和弱点，从而更有针对性地改进和提升自己的职业英语应用能力。

行业评价则更侧重于职业资格和专业标准的达成。通过获得如BEC商务英语证书、英语口语证、英语导游证、英语教师证、公共英语三级等职业资格证书，学生可以得到行业认可的能力证明。这不仅有助于学生的就业，还是学生专业能力的一个重要展示。高职院校应与行业机构合作，定期更新教学内容和评价标准，确保教学与行业需求保持一致，同时为学生提供获取这些证书的机会和资源。

企业评价主要针对学生在实训实习期间的表现。通过实习企业提供的直接反馈，如实习报告、工作评估表，以及人力资源部门的综合评价，学校可以获得关于学生在实际工作环境中表现的第一手资料。这种来自企业的评价是检验学生实际工作能力的重要方式。例如，企业可以通过调查问卷、回访或直接的工作表现评估等方式来进行评价，这些反馈将直接影响学生的综合成绩和能力评估。

通过这种三位一体的评价体系，高职英语教育可以更全面地评估和提升学生的语言能力、专业技能和实际工作能力。这不仅使教育内容与市场需求更加契合，也促进了学生的个人职业发展和持续学习能力提升。实践证明，这种综合评价机制能够显著提高教学质量，培养出更多适应未来市场变化的实用型人才。

（四）以"证"促"学"评价

在高等职业教育中，教学改革要求高职英语课程以适应职业实践的需求为导向，确保教学内容的实用性。公共英语课程的主要目的是辅助专业课程的学习并为学生的未来就业提供支持。目前，在多数高等职业教育机构中，AB等级证书考试仍然是一种普遍采用的评估方法。根据学生的专业和需求，初级阶段的学生可以选择参加A级或B级考试，并以此作为评价其英语学习成果的标准。对于那些专业英语需求较高的专业，如国际贸易，考虑到这些专业对写作和交流技能的高要求，可以设立剑桥商务英语（BEC）职业等级证书制度。同样，对于国际观光、驻外助理和国际宾馆等行业，这些通常需要较强的英语口语能力和社交英语技能，可以考虑引入剑桥通用五级考试体系。修订教育方针和规范职业等级证书的制度，不仅可以有效评估学生的英语能力，还可以激发学生对英语学习的热情和积极性。最终，以"证"促"学"的策略旨在为学生的未来就业创造有利条件，提升其职业竞争力，确保英语教学与职业需求紧密结合。

第八章　职业能力培养导向下高职英语教材建设创新

第一节　职业能力培养导向下高职英语的教材需求

教材是教育活动中用于辅助教学、传递知识、技能和思想的重要材料。作为知识的传递介质，它们在教育过程中扮演着至关重要的角色。随着教育理念的演进、科技的发展及学习需求的变化，教材的定义及其范围也在不断地扩展和深化。

从广义看，教材包括了传统的教科书和练习册，以及各种辅助教学和学习的资源。这些资源既包括传统的纸质材料，如活动手册、故事书和参考资料等，也包括数字化资源，如电脑软件、在线课程和多媒体内容。此外，广播、电视节目、幻灯片以及教学视频等形式的教学材料也都被纳入教材的范畴。在这个层面上，任何能够支持学生学习、促进知识和技能掌握的材料都被视为教材，这种广泛的视角强调了教材的多样性和包容性，反映了教材跟随前沿教育技术以及学习环境和方式的转变。

从狭义看，教材通常指代教科书，它是教学活动中最核心的资源之一。教科书是根据特定课程的要求精心编写的，系统地组织了课程所需的关键知识和信息，其主要目的是帮助学生深入理解并掌握课程内容。除了教科书本身，配套的练习册、教师指导手册、学习卡片及配套的音视频材料等都是为了优化教学过程和提高学习效果而设计的，属于教材的配套产品，也属于教材。

　　教材在教育过程中起着至关重要的作用，它们不仅是传递知识和信息的工具，还是激发学生学习兴趣、培养其探索精神和创新能力的关键资源和素材。首先，教材作为学习基础，为学生提供了一个系统化的基础知识结构，这有助于学生构建清晰的知识框架。当学生通过教材学习新的概念和理论时，他们不仅接触信息的表层，还被引导去理解这些信息背后的原理和联系。例如，一个教材单元可能围绕"贸易产品推介"这一主题，介绍相关的词汇和表达方式，如何礼貌地接听电话、解答客户疑问或处理投诉。在这个单元中，学生首先学习相关的基础词汇和句型，这是他们接触信息的表层。随后，教材会通过模拟对话、角色扮演或案例分析等方式，引导学生探究这些表达在实际工作中如何应用，如在接待国际客户时如何使用这些表达来建立良好的第一印象，处理文化差异带来的沟通挑战等。通过这样的学习活动，学生不仅了解到单词和句型的使用场景，还能够理解为什么某些表达在特定情境下更加合适，如何根据客户的反应灵活调整用语。其次，教材通过包含的案例研究、实际应用题和问题解决任务等，能直接促进学生的实践和应用能力提升。例如，高职英语教材中通常提供实际语言使用场景，可能包含针对酒店管理、国际贸易等专业领域的对话练习和角色扮演，这些内容不仅使学生能将理论知识与实际问题联系起来，还直接关联学生未来的职业需求，帮助学生形成实用的语言应用能力。此外，教材常设有专门的探究和讨论环节，鼓励学生主动思考并参与学习过程。这些互动环节不仅提供了复习和深化知识的机会，还通过引导学生表达自己的见解、与同伴交流和辩论，增强了他们的沟通能力和团队协作精神。从上面的论述可以看到，教材不仅是教师教学的信息的载体，更是培养学生综合能力的媒介。它通过系统化的知识结构和内容设计，在教育过程中发挥了至关重要的作用。

　　然而，随着时代背景以及行业需求的不断变化和教育目标的进一步发展，当前教材虽然取得了显著的成就，但在某些方面仍有提升的空间。

这种持续的改进将有助于教材更好地服务于学生和教育机构，从而进一步提高教育的整体质量和效果。具体而言，目前高职英语教材有以下几个方面的需求。

一、实践性教材的需求

在当前的教育体系中，职业导向的高职英语教学旨在培养学生在专业领域中有效的沟通和操作能力，因此教材的选择和使用变得极其重要，它直接影响学生实际应用能力的提升。高职英语的教材体系在过去多年的发展中已取得显著进步，尤其是在提供理论知识和专业英语技能的教学方面。然而，与这些成就相比，针对实际操作和实训方面的教材则相对匮乏，实践性教材的不足已成为学生实际应用能力提升的瓶颈之一。

实践性教材的重要性在于它们能够为学生提供接近真实职业环境的学习材料，指导学生进行专业实践。这类教材的缺乏意味着学生在学习过程中难以获得充分模拟真实职业环境的机会，无法通过案例分析、项目操作等贴近实际的教学方法深入理解职业操作的实际逻辑和策略。这种情况直接导致学生虽然在理论知识的学习上可能表现出色，但在面对真实职业场景时可能表现不佳，因为他们缺乏将理论知识应用于实际工作的经验和技能。

经过多年的学科发展，尽管教育界已经认识到这一问题并着手进行优化，但职业实践类教材的开发和供应仍远未满足需求。分析其原因，可以发现，编写高质量的实践性教材需要编者不仅深入了解特定行业的专业实践，还必须具备将这些知识转化为教学内容的能力，但这种跨领域的专业人才相对稀缺。例如，拥有丰富商务实践经验的专家可能缺乏教学设计的经验，难以把握学生的学习难点和需求，这种情况下设计出来的教材会显著缺乏针对性和实用性；而具有教育背景的编者可能对行业实践不够熟悉，难以准确地将实际业务操作转化为教学内容。此外，实践性教材的制作涉及复杂的案例收集、整理和可能的模拟软件开发等高成本活动。这些活动不但初期投入大，而且随着技术的变化，教材需要定期更新以保持其相关性和前沿性，这些情况进一步增加了维护成本。例如，最新的市场数据、改变的法规或新兴的业务模式都可能要求教材内容进行大幅更新，这些都需要额外的资源投入。考虑到效益问题，在资源分配上，高校和教育机构可能往往更倾向于投入成本相对较低、使用和维护更为简便的理论教材。这种倾向性减少了对实践性教材的投资和更新，进而导致实践性教材的短缺。缺乏足够的实践性教材不仅减少了学生将理论知识转化为实际操作能力的机会，也影响了学生的综合职业技能培养。

实践性教材的不足会减少学生在真实或模拟的环境中应用学到的知识的机会，影响了学生解决实际问题的能力的培养。并且，缺乏足够的实践训练可能使学生在毕业后面对职场的挑战时感到不足，影响其就业竞争力及职业发展潜力。此外，从教育机构的角度看，如果不能提供充足的实践资源，其专业的吸引力和竞争力将大打折扣，间接影响学校的声誉及学生的就业质量。因此，加强这方面教材的开发和完善，对于提高学生的职业技能和实际操作能力，尤为关键和迫切。这不仅需要教育政策的支持，还需要教育者和行业专家共同努力，确保教材内容的实用性和时效性，以更好地满足学生的实际需求，实现职业教育的目标。

二、时效性教材的需求

在高职英语教材的制作过程中，内容更新往往存在滞后的问题。原因是多方面的。

第一，教材从编写、审批、出版到最终投入使用，需要经历一个长时间的流程，这个过程往往需要数年之久。在这段时间内，国内外的环境可能已经发生了翻天覆地的变化，尤其是在国际贸易政策、市场动态、技术创新等关键领域，如果教材在编写期间未能及时纳入最新的国际贸易协定或市场趋势，那么学生在学习这些教材时，接收到的信息可能已经过时，无法有效应对当前的商务挑战。这种滞后不仅影响学生对新环境的适应能力，还可能导致他们在未来职场中缺乏竞争力，而以职业为

第八章　职业能力培养导向下高职英语教材建设创新

导向的高职院校学生更需实用、更新速度快的教材来应对职场的即时需求，这种更新滞后对他们的职业发展尤为不利。

第二，当前高职英语教材在理论与实际应用之间的比例有待调整。虽然教材可能详细介绍了英语的相关理论知识，但在如何将这些知识应用到实际操作中去的训练大大不足。在英语的实际应用中，学生不仅需要理解专业术语，还要学会如何在真实的场合中有效沟通。然而，目前很多教材侧重于传授书面语言和标准对话，忽视了对学生进行实战技能的培养，如国际贸易方向实际商务谈判、报告撰写、项目推介等能力的培养。这种教学方法导致学生虽理论知识丰富，却难以将知识转化为解决实际问题的能力，影响了他们的职业发展和在职场上的表现。

第三，教材内容更新有待加速。教材开发者对当前环境和趋势的把握不够准确，在教材编写时没有考虑到教材的前瞻性和时效性，有效的教材更新需要开发者不仅关注学术研究，还要与业界保持紧密的联系，了解企业和行业的实际需求。然而，这种跨界合作在实践中往往难以实现，特别是在高职院校与企业之间的合作桥梁不够坚固时，教材内容很难及时反映领域的最新发展。例如，对最新的市场营销策略或消费者行为的研究可能未能及时纳入教材中，导致教材与当前商业实践存在偏差。

第四，忽视新兴领域和技术的问题。随着全球化和数字技术的飞速发展，新兴的交流方式和技术不断涌现，例如，社交媒体、电子商务、区块链等已成为现代信息交流不可或缺的一部分。但是，许多高职英语教材未能及时纳入这些新兴领域，未能涵盖这些领域的专业知识和技术应用。这导致学生在毕业进入职场后，可能会遇到知识和技能不匹配的问题，无法有效应对新兴模式的挑战。教材的这种时效性问题，不仅影响了教材的质量，还影响了学生对最新知识的掌握，也影响了学生对未来趋势的预见能力和创新思维的培养。

第二节　职业能力培养导向下高职英语教材的建设原则

在职业能力培养导向的大背景下，高职英语教材的建设需要遵守一系列的原则，如图8-1所示，以提升教材实用性和适应性。秉承这些原则可以助力教材更好地服务于学生职业能力的培养与教学质量的提升。

图8-1　职业能力培养导向下高职英语教材的建设原则

一、需求导向原则

在职业能力培养导向下，高职英语教材的构建必须考虑多方的实际需求，这一原则不仅是高职英语教材设计的基石，还是连接教育成果与社会需求的桥梁。第一，需求导向原则要求教材设计必须与学校的办学理念和教育目标紧密相连。每所学校都有其独特的教育理念，如强调创新思维、培养学生的全球视野或特定的行业技能。在设计高职英语教材时，需要融合这些教育理念，通过教材内容的选择和组织方式，不仅传授专业知识和必要的职业技能，还要强化与学校特色相符的软技能训练。例如，若学校强调国际商务能力，教材中应包含国际贸易的案例研究、跨文化交流技巧等内容，以支持学校的长远发展目标，同时提升学生的专业能力。第二，需求导向原则强调对学生需求的深入理解，这包括他们的知识背景、学习兴趣、学习风格以及未来职业规划。通过分析这些数据，教材可以更精确地设计出符合学生实际需求的学习内容和活动。例如，如果部分学生未来希望进入跨境电商领域，教材可以特别增加相关的业务流程讲解、外贸术语学习和实际交易情景模拟，以增强这些学生的职业竞争力。这样的教材设计不仅提高了学习的相关性和学生学习动机，也更好地为学生应对未来职业的挑战做好准备。第三，随着全球市场和技术的快速变化，新的行业需求和职业技能不断出现。需求导向原则要求教材建设必须快速响应这些变化，及时更新内容以反映最新的行业趋势和技术发展。这种敏感性和适应性确保学生通过学习能够掌握最前沿的知识和技能，满足未来雇主的高标准要求。例如，随着数字营销的兴起，相应的教材应包含数字营销工具的使用、网络广告的策略等内容，以确保学生毕业后能够迅速适应这一新兴领域的需求。

二、实践性原则

在职业能力培养导向下的高职英语教材建设中，实践性原则显得尤为重要。这种原则强调教材内容需要与学生的未来职业实际紧密结合，确保教学内容不再限于理论知识的传授，而是侧重于实际应用技能的培养。这种方法有助于学生将在课堂上学到的知识和技能，直接应用到将来的工作中，从而提高教育的针对性和有效性。具体来说，首先，实践性原则能够确保教材内容贴近行业实际。通过分析行业需求，教材可以包括那些对学生未来职业生涯真正有用的知识和技能。例如，在教材中加入专业术语的学习、行业内部的交流方式，以及实际工作中常见问题的处理办法等。这些内容的选取和设计，都需基于行业标准和实际工作环境，使学生能够更好地理解和适应未来的工作场景。其次，实践性原则能增强学生的学习动机。当学生意识到学习内容与他们将来要从事的职业直接相关时，他们的学习兴趣和动力会大大增强。为此，教材设计需要从真实的工作任务出发，设计与实际工作相仿的任务和活动，如模拟客户服务场景、编写商务文档等。这种方法不仅使学习过程更加生动有趣，还让学生能够在实践中不断提高自己的专业能力。再次，实践性原则促进了学生综合能力的发展。现代职场不仅需要专业技能，还重视团队协作、问题解决和创新能力。教材通过设置团队项目、案例分析等形式，可以有效地培养学生的这些能力。这样的教学活动不仅有助于学生在实际工作中应对各种挑战，还使他们在未来的职业生涯中更具竞争力。此外，现代教育技术的融入也是实践性原则的一个重要方面。利用网络平台、多媒体工具等技术手段，可以创建更多样化的学习资源和环境。这些技术不但能提供更加真实的模拟环境，让学生在虚拟空间中尝试和操作，而且能大大增加学习的互动性和趣味性。

总体来说，实践性原则是职业能力培养导向下高职英语教材建设的核心原则之一，在教材建设中秉承这一原则会极大地提高教材的实用性和有效性。通过实用性的教材设计和实施实践活动，学生在实际操作中深化理解、巩固和应用所学知识，不仅促进了学生的综合能力提升，还会激发他们的创新思维和提高解决问题的能力，让学生学会如何面对挑战、做出回应，从而确保高职英语教材能够有效地支持学生的职业发展和提高学生的市场适应性，是现代高职教育中不可或缺的一环。

三、多元主体原则

在职业能力培养导向下的高职英语教材建设中，多元主体原则是需要秉承的一个关键原则，这一原则强调在教材建设过程中进行多方的跨界合作，引入多方参与者，共同参与教材的开发、评审和使用等，以确保教材的全面性、实用性、前瞻性和丰富性。

具体来说，首先，多元主体原则认识到优质教材的开发不应仅依赖教师个人的专业知识和经验，而应包含学生、家长、行业专家等多方的见解和需求。这种多元主体的参与有助于教材内容更全面地覆盖学生的学习需求，反映社会职业需求的真实情况以及适应未来发展的趋势。例如，引入行业专家，可以确保教材中包含的行业知识和技能是最新的，

第八章 职业能力培养导向下高职英语教材建设创新

且符合职场实际需求；学生和家长的参与则可以让教材更具针对性、互动性和趣味性，符合学生需求和家长期望的教材更能提高学生的学习动力和效果。其次，遵循多元主体原则提倡并且能够促进跨学科和跨界别的合作。在高职英语教材的具体开发中，可以通过与商界、科技领域等其他行业的合作，引入创新的内容和方法。例如，商务英语教材的建设可以邀请商业界人士共同设计真实的商务沟通场景，或者与技术专家合作融入最新的科技应用，如人工智能和大数据分析等，这不仅丰富了教材的内容，还使教材更加符合未来职场的需求。此外，遵循多元主体原则还会极大促进教师的专业成长和学校文化的建设。在多元协作的过程中，教师可以与不同领域的专家进行深入交流和学习，这不仅提高了他们的专业技能，还拓宽了他们的视野。同时，通过校内外的广泛参与，还可以加强学校社区的凝聚力，促进一种基于合作和共享的文化氛围的形成。最后，多元主体原则有助于打破传统的教材开发模式，通过集合多方力量和智慧，提升校本教材的质量和适应性。这种原则下的教材不仅可以为学生提供更加丰富和多元化的学习体验，还能确保教材与职业实际需求的紧密对接，最大限度地提高教材的实用价值和教育效果，提高学校人才培养的质量。

从上面的论述可以看到，多元主体原则是高职英语教材建设中一个不可或缺的原则，它通过多元化的合作与共建，确保教材的实践性、前瞻性和全面性，为培养具备实际职业能力的学生提供了有力的教学支持。秉承这一原则，不仅多方受益，有助于提升教材内容的质量，还能确保教材更加符合职业市场的需求和学生的实际学习需要，也符合职业教育培养实用、复合型人才的根本要求。

四、特色整合原则

高职院校的办学方向和专业特色各异，每所学校的教学定位、特色专业和王牌专业都不同，特色整合原则通过充分考虑这些因素，用于指导教材编写。具体而言，这一原则要求在教材编写过程中深入分析学校的地理位置、教育资源及师资力量等独特优势，进而开发出能够反映学校特色的教材内容。例如，沿海地区的学校可能在海洋经济和国际贸易的教学内容有优势，而历史文化名城的学校则可能侧重于地方历史和文化的融入。这种做法使得教材不仅服务于学校的特定教学目标，还更加贴合学生的实际需求和未来职业发展，从而提升教材的实用性和教育的有效性。特色整合原则还要求教材建设考虑到教学理念和学校文化的融合。每所学校都有其独特的教学风格和文化传统，教材通过融入这些元素，不仅能够反映学校的教育理念，还有助于培养学生对学校文化的认同和归属感。这种教材的建设方式不仅挖掘了教材的教育深度，还使教材更加符合学校的长远发展目标，有助于形成独特的学校教育品牌和特色。

其次，特色整合原则强调利用地方的地理、文化和产业的优势，使教材内容更具地方特色和实际应用价值。每个地方都有自己的特色产业，这一做法不仅增强了教材与学生日常生活和社会实际的联系，还有助于学生更好地理解和吸收新知识。整合学校所在地的文化和产业资源，也能够为学生提供更丰富的学习案例和实践机会以及实习场所，使学生在学习英语的同时锻炼相关的英语应用能力，并且获得关于本地文化和产业的深入了解，这种学习方式能显著提高学生的学习兴趣和职业技能，并且促进本地文化的传承和发展。

通过这些层面的深入整合，特色整合原则不仅能够确保教材内容满足学校和学生的具体需求，还可以突出教育的地方性和文化性，进而增强教材的针对性和实用性。

五、动态更新原则

在职业能力培养导向下的高职英语教材建设中，动态更新原则强调教材内容的及时更新和调整，以确保教学资源能够紧跟学科发展、技术进步和社会变革的步伐，尤其在快速变化的教育环境和市场人才需求背景下，遵循动态更新原则的显得尤为重要。灵活更新原则意味着教材内容需要能够快速响应新的学科知识、理论和技术变革。在职业能力培养

第八章 职业能力培养导向下高职英语教材建设创新

导向下的高职英语教材建设中，这一点尤为关键，因为职业环境、技术工具以及工作流程都在不断发生变化。例如，随着全球化的深入以及信息技术的飞速发展，新的职业技能和工作方式不断出现，如远程协作、数字营销、跨文化交流等，这些都要求教材能够及时更新，包含这些最新的职业实践和英语应用技能。为了应对这些变化，高职英语教材需要整合最新的行业发展趋势和技术进步，如人工智能、机器学习在各行各业的应用，以及它们对商务交流和专业英语使用的影响。教材更新不仅是简单地增加新的词汇或读物，还要求在教学方法和内容上做出调整，以适应新的工作需求和技术要求。这可能包括增加模拟实际工作场景的交互式学习活动，或者是利用在线平台进行实时语言实践和沟通训练。

其次，动态更新原则鼓励教材的设计采用开放和灵活的结构，以便于教材内容的快速更新和扩展。现代教育技术的应用，如电子书籍、在线资源和互动软件的使用，不仅可以使教材更新变得更加便捷，还能为学生提供多样化的学习方式。这种多元化的学习资源可以满足不同学习风格和需求的学生，使他们能够更有效地吸收和掌握知识。

再次，动态更新原则还强调应用最新的教学方法和技术。随着教育技术的不断进步，新兴的工具如虚拟现实（VR）、增强现实（AR）、大数据和人工智能等开始被融入教学中。这些技术的应用不仅是更新教材的内容，还是革新教学方法和手段。利用这些先进的技术可以极大地提高教学的互动性和吸引力，进而增强学生的学习体验和效果。

最后，动态更新原则要求建立一个有效的反馈和评估机制，确保教材内容的及时性和相关性。这包括与行业专家合作，了解最新的行业需求和技术标准，以及定期收集来自学生和教师的反馈以评估教材的实用性和教学效果，确保教材的更新更加贴近用户的实际需要和社会发展的要求。通过这种方式，教材的更新不仅能够反映学科的最新发展，还能确保与职业实践紧密结合，使学生能够在真实的职业环境中有效地运用所学的英语技能，帮助教师了解教材的实际影响，及时调整和优化内容，确保教材的有效性和相关性，提升教材的实用性和前瞻性。

第三节 职业能力培养导向下高职英语教材建设的路径

一、建立教材多方合作开发机制

为了高效建设以职业能力培养为导向的高职英语教材,构建一个多方参与的教材开发机制至关重要,这种机制是教材顺利编写和投用的体系保障,它构成了一个全面的框架和组织结构,为各参与方提供了明确的角色定位和协作流程。这一框架的确立可以保障政府、高职院校、企业以及行业专家等各方能够紧密协作、有效合作,确保教材开发的各个环节能够顺利进行,从而编撰一套真正符合行业实际需求的教材。

(一)政府层面

政府在高职英语教材开发机制中扮演着枢纽和推动者的角色,起到指导和支持的作用。其责任不仅包括明确合作各方在高职教材开发中的角色、权利与义务以及操作框架,还包括制订政策和提供资金支持,更包括有效地联系、对接以及协调教育与企业各方面资源,确保高职英语教材的建设能够顺利进行,使得教材真正符合市场和教育的需求,真正把握职业导向的核心。第一,政府需要通过建立一个多方参与的平台来促进校企之间的沟通与合作。这个平台应该提供必要的信息交流、资源共享和合作项目对接服务,使高职院校能够直接了解行业的最新需求,企业也能够明确表达对人才和教育的期望。政府可以定期举办行业教育对接会、研讨会和工作坊,鼓励双方在教材开发和课程设计上进行深入交流和合作。第二,政府的资金支持对于激励各方积极参与教材开发至关重要。例如,有些企业可能对参与教育项目的积极性不高,可能对合作成效的不确定性感到担忧,除了直接的经费支持,政府还可以提供项

第八章　职业能力培养导向下高职英语教材建设创新

目资助、研发补贴和税收优惠等多种激励措施，支持企业深度参与教材开发建设，突出企业的主体地位，同时给予高校资金和政策激励，减轻高职院校和企业在教材开发中的财务压力，鼓励他们投入更多的资源和精力，提升教材的质量和实用性。例如，政府可以制订激励政策，如税收减免和资金补助，鼓励企业投入教材开发。可以设立专门的教材开发基金，为校企合作提供必要的经济支持。同时，政府可以通过认证和奖励机制，对那些在教材开发中表现突出的高职院校和企业给予表彰，对优质教材出版免书号费等，从而增强各方的参与热情和质量意识。第三，政府还应承担协调不同部门和地区政策的任务，确保教材开发政策的连贯性和实效性。例如，教育部门、工业和信息化部门、地方政府等可能需要协同工作，共同推动教育资源与行业需求的有效对接。政府还应通过法规来保障企业知识产权和投入成果的权益，确保企业愿意将其技术和案例纳入教材内容。第四，政府还应负责监督和评估教材开发的效果。设立专门的评审团队和反馈机制，定期检查教材使用情况和教学成效，确保教材能够不断更新，适应行业发展的变化。政府还可以通过发布教材开发的指导方针和标准，帮助高职院校和企业提高教材开发的专业性和前瞻性。

（二）高职院校层面

高职院校的主要任务是确保教材内容的教育适用性和学术规范性。随着经济的发展和科技的进步，各行各业的工作岗位要求正在发生深刻变化，这些变化直接影响到所需的职业技能和知识体系。因此，高职院校需要与企业进行紧密合作和对接，对企业的人才需求进行深入的分析，了解最新的行业需求和技能标准，并将这些信息反馈到教材内容中，确保教材开发标准能够精准反映当前最新的行业需求、行业信息和技术进展。例如，教材中应融入最新的行业技术、工艺、流程和规范，这不仅能够提升学生的实际操作能力，还能增强其未来走向职场解决实际职业问题的能力，真正做到以职业能力培养为导向。同时，高职院校应利用其教育资源优势，除了组织专业的教师团队参与教材编写，还应该邀请行业专家、企业精英等专业人员共同成立教材开发委员会，这个委员会不仅负责制订教材的编写，还负责监督教材的编写和实施过程，确保每一步都符合行业发展的实际需求。此外，编写团队需要深入企业、行业进行考察和学习，定期举行经验交流活动，这样不仅能促进教育链与人才链、产业链、创新链的有机衔接，在教材内容上做到精准对接，做到时刻以职业能力为导向进行教材的编写，避免教育内容与行业发展脱节，还能保证这个多元化团队能够从不同角度审视教材内容，确保教材良好的教育系统性和逻辑性，避免各方闭门造车，章节不成体系。教材的开发团队还应注重教材的更新频率和内容的实用性。在快速变化的行业环境中，教材需要定期更新，以保持与时俱进，因此教材内容和架构的设定要具有空间。这不仅要求高职院校和企业共同参与教材的定期评审和修订，确保教材内容能够及时反映技术进步和行业变革，还要求教材的设定具有一定的前瞻性。

（三）企业层面

企业是行业变化和技术发展的第一线见证者，能提供行业最新动态和技能需求，通过参与教材编写，企业能够提供最新的行业动态，包括新技术的应用、行业标准的更新，将市场对新技能的需求带入教材的建设中，这些信息对于高职英语与时俱进的教材编写至关重要。例如，如果某一技术在行业中被广泛采用，企业可以帮助教材编写团队理解这一技术的应用背景、操作方式和业务影响，确保教材内容真实反映职业实践的需要。此外，真实世界的案例研究是高职教育中不可或缺的教学资源。企业通过分享具体的业务案例、挑战和解决方案，使得学生可以通过教材直观了解理论知识在实际工作中的应用。这些案例不但增强了教材的针对性和实用性，而且有助于学生提高问题解决能力和批判性思维能力。企业提供的实训资源，如工作场所的实习机会、模拟环境、专业工具等，可以为编写团队提供实际操作的平台，这种企业的实践经验是

第八章　职业能力培养导向下高职英语教材建设创新

理论学习不可替代的部分，帮助编写团队得以根据实训效果调整教材内容，确保教材的框架、内容深度和宽度不但科学、全面，而且实用、有效。企业的反馈对于教材的持续改进至关重要。企业可以基于其员工的培训经验和新入职员工的表现，对教材的实用性和有效性进行评价。这种来自实际应用场景的反馈是优化教材的重要依据，帮助教材编写团队识别内容上的不足，调整和优化教材结构和内容。通过这些深入的参与，企业不仅成为信息和资源的供应者，还成为教育过程的积极合作者。这种合作模式不仅提升了教材的质量和实用性，使得高职英语教材的建设能更好地适应职业能力培养的需求，保证教材的实用性和前瞻性，为学生的职业发展打下坚实的基础，还促进教育资源的优化配置和高效利用，最终实现教育与行业的双赢。

二、遵照模块化编排策略

在职业能力导向的高职英语教材的编写中，遵照模块化编排策略具有显著的优势。这种方法侧重于构建一个灵活、可调整的教材结构，可以优化教学资源，提高教学效果。

模块化的核心优势在于其高度的适应性，这种模式允许教材内容根据行业趋势、教学目标和学生需求的变化进行灵活调整。而这种灵活性不仅保证了教学内容的时效性，还加强了其与职业实践的紧密结合，也给教材留下了更新的空间，保证了教材的与时俱进，以适应快速变化的环境和技术进步，从而确保教育内容始终保持前沿性和实用性。

在模块化设计中，教材被划分为多个独立但相互关联的模块，每个模块都专注于特定的知识点或技能培养，如高职英语的商务英语教材可以划分为商务会谈、国际贸易等模块。这样的分割使得每个模块都可以独立更新或调整，而不会影响到教材的整体框架。一个关于市场营销的模块可以进一步细分为消费者行为、市场分析和广告策略等子模块，子模块还可以再细分三级模块。这种结构不仅使教材更加条理化和易于学习，还极大地提升了教学的灵活性和效率。教师可以根据课程的具体需要，选择重点教授某些模块，或者根据学生的掌握情况调整教学进度和内容深度。

模块化教材设计的另一个关键优势是其快速响应能力。随着行业发展和市场需求的变化，教材可以通过简单的模块调整或更新来适应这些变化。这种策略极大地减少了需要进行全书修订的情况，不仅能够快速响应市场的变化，还节省了教材开发的费用和周期，使教材能够持续保持其相关性和实时性。例如，如果当数字营销领域出现了新的工具或平台，商务英语专业教材可以迅速引入一个专门的模块来涵盖这些新内容。这种灵活性不仅满足了教育机构的需求，还满足了学生对于最新知识的渴望，同时保证了教材与行业实践的同步更新，一举多得。

在实际应用中，模块化教材还可根据不同的教学需求和学习目标进行调整。例如，对于初学者，可以设计侧重基础知识和简单技能的模块，这有助于他们打下坚实的知识基础；而对于更高年级或专业水平较高的学生，则可以增加更多专业深入和技能复杂的模块。这种差异化的教学策略不仅使教材更加符合教育的个性化和差异化需求，还使学习过程更加高效，目标更加明确。此外，教材的模块化还可以灵活融入地方特色和实际案例，如在教材中加入当地的实践案例，这不仅增加了教材的吸引力，还提高了学生将理论知识应用于实践的能力。

总之，模块化教材编排为高职英语教学提供了一种高度灵活和适应性强的策略。这种策略不仅优化了教学资源的使用，提高了教学效果，还为教师和学生提供了更加个性化和目标导向的学习体验。通过这种方法，教材能够快速响应社会经济发展和行业变化的需求，为学生的商务英语学习和职业发展打下坚实的基础。

三、采取 TPSC 编排模式

TPSC 编排模式为高职英语专业教材的编写带来了一种创新且高效的方法。该模式围绕任务（task）、练习（practice）、示例（sample）和文化（culture）四个核心元素，构建了一个科学合理的教材结构，并且各个环节紧密相连，形成了一个完整的学习闭环。这不仅有助于高职英语教师构建一个综合性的教学框架，还促使学生的学习内容和学习活动更加系统化，更加符合当代高职英语教学的需求。

（一）任务环节

在 TPSC 编排模式中的任务环节教材精心设计模拟真实的职业环境并给出学习任务。学生不仅被要求完成与特定教学目标相关的任务，还需要在任务执行过程中分析问题、提出解决方案，并实际应用这些解决方案。这种学习方法使学生在完成任务的同时，能够深入理解和掌握所需的专业知识和技能，同时锻炼了他们的职业实践能力和决策制订技能。此外，任务环节的形式多样，包括个人项目、小组合作和案例研究等，以适应不同学习风格和能力的学生。通过这种多元化的教学策略，学生不仅可以在个人层面上发展专业技能，还可以在团队合作中提升沟通协调和领导能力，为将来进入复杂的职业环境做好全面准备。

（二）练习环节

练习环节针对高职英语的特点进行设计，旨在加强学生对于在任务环节中介绍的英语语言知识和技能的掌握。这一环节通过实践活动帮助学生巩固所学，并提升其实际应用能力。练习的内容不限于通用的语言技能，而是侧重于高职学生将来职业所需的具体英语应用。例如，如果学生的专业是旅游管理，那么练习环节可能包括用英语设计旅游宣传材料、处理客户咨询或模拟导游解说等。这些练习旨在提升学生在特定职业场景中使用英语的流利度和准确性。对于信息技术专业的学生，练习可能涉及编写技术支持文档、进行技术演示或解释复杂技术问题。通过这样的练习，学生不仅学习到如何用英语表达与技术相关的概念，还能提高他们将英语应用于专业技术交流的能力。

此外，练习环节还强调团队协作和项目管理能力的培养，这对高职学生未来的职业生涯尤为重要。例如，通过小组项目，学生需要用英语进行团队沟通、项目计划和执行反馈等，这种练习帮助学生提高在职业环境中英语的实际应用效率和团队工作能力。这些具有针对性的练习使得高职英语教学紧密结合学生将来的职业需求，确保学生可以将课堂上学到的英语知识有效地转化为职业技能。通过实践这些与未来职业直接相关的英语应用，学生不仅提升了语言技能，还增强了自己在专业领域内的竞争力，为步入职场做好了充分的准备。这种教学方法直接支持了高职教育的核心目标：培养学生的实际操作能力和专业英语应用能力。

（三）示例环节

在 TPSC 编排模式中，示例环节通过提供成功与不成功的案例，帮助学生理解和应用专业英语的正确与错误方式，加深学生对于专业场景中英语应用的理解，强化他们分析和解决问题的能力。

在高职英语教学中，示例不仅包括英语的场景，还包括了学生专业领域内的各种具体情境。例如，对于酒店管理专业的学生，示例可能包括客户服务交流中的优秀与不当语言使用，展示如何在处理投诉时使用恰当的英语表达来缓和情绪、解决问题。这些示例帮助学生识别和理解在特定职业情境下，英语如何有效地用于沟通和服务。而对于机械工程专业的学生，示例可能涵盖技术说明和操作手册的编写，显示如何清晰、准确地使用英语描述复杂的机械操作过程。通过分析这些技术文档的成功与失败案例，学生能够学习到专业英语在技术领域的应用，包括术语的正确使用和信息的组织方式。此外，示例环节也强调文化差异和策略选择的重要性。例如，涉及跨文化交际的案例可以教授学生如何在与不同文化背景的客户或同事交流时使用适当的英语表达和行为礼节。这不仅提升了学生的语言技能，还增加了他们的文化敏感性和适应多样文化环境的能力。

通过这些实际的案例分析，高职英语学生不仅能够见识到理论知识在实际职业场景中的应用，还能够在具体的案例中学习如何结合语言技能、专业知识与文化理解来解决具体问题，增强他们在未来职业生涯中应用英语的能力。

(四) 文化环节

文化环节扮演着关键的角色。尤其是在高职英语教学中，它不仅强化了任务环节中涉及的知识和技能，还加入了文化维度的教学。这对于学生掌握专业英语在实际应用中的文化敏感性和适应性至关重要。

在高职英语教学中，文化环节专注于介绍与专业相关的文化知识，这些知识可能涉及商务礼仪、职业行为规范，以及跨文化交际的技巧。例如，对于旅游和酒店管理专业的学生，文化环节可能会涉及在接待来自不同文化背景的游客时如何使用适当的语言和礼仪，教授学生在实际工作中如何应对文化差异、提供优质的服务。对于技术专业的学生，如信息技术或工程类，文化环节可能强调在国际团队合作中的沟通方式，介绍如何通过英语有效地与来自不同文化背景的同事合作，包括在技术文档和项目报告中使用的专业术语和表达方式。

此外，文化环节还教授学生如何在英语交流中识别并适应各种文化规范，如何使用合适的语言策略和行为礼节，以及如何处理可能由文化差异引起的误解或冲突。通过这些专业和文化的结合教学，文化环节不仅增强了学生的语言技能，还提升了他们的跨文化理解和适应能力。这样的教学安排使得学生能够在完成具体职业任务时，不仅语言表达得体，还能够在文化多样的职业环境中表现出高度的专业性和敏感性。这为学生未来在全球化的职业市场中成功竞争和有效交流奠定了坚实的基础。

四、创新教材形式

(一) "活页式"教材

活页式教材是一种新型的教材形式，与传统的精装或平装教材相比具有更高的灵活性和可调整性。这种教材的设计允许页面或章节轻松地添加、移除或重新排列，从而适应不同的教学需求和学习进度。每个单元通常通过标准化的接口（如打孔）进行连接，使得教材的整体结构可以根据需要灵活调整。活页式教材的核心特征是其形式的灵活性，这种灵活性不仅体现在物理结构上，能够随意抽取和重组单元，还反映在教材内容的动态更新上。相较于传统教材，活页教材能够迅速响应学科知识和技术的变化，通过简单的页面更换就可以实现内容的更新，保持教材的现代性和相关性。

此外，活页式教材的移动性和便携性也是其显著特点。使用者可以根据实际需要选择携带部分内容，而不必随身携带完整的书籍。这种特性尤其适合需要在多个地点进行教学活动的情况，大大减轻了使用者的物理负担。

活页式教材的另一个优势是支持个性化学习。教师可以根据学生的具体情况和学习进度调整教材内容，更好地满足不同学习者的需求。学生也可以根据个人兴趣和学习目标选择相关的学习单元进行深入学习，这种灵活性大幅提升了学习的主动性和有效性。这种教材特别适合应对快速变化的教育需求，如技术快速发展的职业培训或多样化的学习需求，为教师和学生带来更多的便利和效率。

活页式教材的灵活性使得教学内容能够快速适应行业发展和市场需求的变化。在高职英语教育中，与具体职业技能相关的语言教学尤为重要。例如，针对酒店管理、国际贸易等专业的英语教学，教材可以包含最新的行业术语、交流场景和专业文档。通过活页式的更新，教师可以迅速将最新的行业发展融入教材中进行教学，增强教材的实用性和时效性，这种时效性保证了学生的职业能力培养更加符合未来的职场要求，从而提升他们的职业竞争力。

（二）立体化教材

立体化教材通过融合纸质文本、视频、音频以及互动平台等多种教学资源形式，构成了一种立体化的教材体系，它不同于传统的只是平面形式的书面材料，包含多媒体内容和在线互动元素，是一种立体化教材，为学生提供一个全方位的学习环境，使学习过程更加丰富和吸引人，特别适合于现代教育的多样化和技术化趋势。在高职英语教学中，立体化

第八章 职业能力培养导向下高职英语教材建设创新

教材尤为重要，因为它能够紧密结合职业教育的特点，即强调实用性和应用性。例如，通过视频材料展示专业对话和工作场景，学生可以更直观地理解和模拟真实的职业环境中的英语使用。音频和听力练习增强了学生的听说能力，而互动模拟和在线讨论平台则提供了实时的语言实践机会，帮助学生在实际沟通中运用英语。结合新兴技术如虚拟现实（VR）技术，立体化教材为高职英语教学带来了革命性的变化。VR技术可以创建一个沉浸式的学习环境，学生能在虚拟的国际会议或客户交流中实际操作和练习英语。这种模拟环境不仅增强了学习的真实感，还允许学生在没有风险的情况下犯错并从中学习。通过VR，学生可以体验到在国际机场、酒店或全球企业中使用英语的场景，这些都是高职学生未来可能面临的真实工作环境。

通过这些先进技术的集成，立体化教材不仅为高职英语学生提供了丰富多彩的学习材料和互动环境，还提高了教学的适应性和有效性。这种教材的应用，确保了学生能够在快速变化的职业环境中保持竞争力，同时为他们的职业生涯打下坚实的语言和文化交流基础。

参考文献

[1] 赵盛. 高职英语教学方法与改革研究 [M]. 长春：吉林人民出版社，2020.

[2] 王九程. 信息化时代高职英语教学研究 [M]. 长春：吉林人民出版社，2020.

[3] 资灿. 高职英语教学的发展与创新研究 [M]. 成都：西南交通大学出版社，2020.

[4] 杨海霞，田志雄，王慧. 现代高职英语教学研究与实践探索 [M]. 长春：吉林人民出版社，2019.

[5] 杨桂华. 高职英语实用基础教程 [M]. 成都：西南交通大学出版社，2017.

[6] 汪洋. 新素能高职英语综合教程：第一册 [M]. 重庆：重庆大学出版社，2021.

[7] 高昆. 高职英语教学综合分析 [M]. 成都：电子科技大学出版社，2019.

[8] 张琼. 高职英语口语辅学教程 [M]. 南京：东南大学出版社，2020.

[9] 刘莉. 新思路高职英语：实践篇 [M]. 西安：西北大学出版社，2014.

[10] 魏炫璇，王娟，鲍秀娟. 高职英语实用教程：下册 [M]. 北京：人民邮电出版社，2018.

[11] 肖化移. 高职学生职业能力标准与测评 [M]. 长沙：湖南师范大学出版社，2018.

[12] 段晓青. 基于职业能力培养视角的高职英语教学模式改革研究 [M]. 长春：

吉林人民出版社，2020.

[13] 谢东华. 职业能力培养视域下高职语文教学策略研究 [M]. 长春：吉林人民出版社，2017.

[14] 高美云，罗春晖. 基于职业能力培养视角的高职英语教学模式改革研究 [M]. 长春：吉林人民出版社，2018.

[15] 胡建波. 高职院校教师职业能力研究 [M]. 成都：电子科技大学出版社，2012.

[16] 白玥婕，冯思宇. 高职学生生涯辅导教程 [M]. 重庆：重庆大学出版社，2022.

[17] 赵计平，刘渝，李敏. 职业院校教师职业能力标准 [M]. 重庆：重庆大学出版社，2012.

[18] 梁露，张自遵，王继梅. 高职生劳动教育教程 [M]. 北京：中国民主法制出版社，2021.

[19] 王楠. 高职高专英语快速阅读 [M]. 银川：宁夏人民教育出版社，2021.

[20] 朱建柳. 以职业能力为核心的中高职贯通人才培养模式探索与实践 [M]. 上海：上海科学技术出版社，2016.

[21] 段晓凯，徐月成. 高职英语 [M]. 成都：电子科技大学出版社，2014.

[22] 袁小利，刘焱. 新阶高职英语：1[M]. 重庆：重庆大学出版社，2018.

[23] 黄华. 大数据背景下高职英语教育教学创新研究 [M]. 长春：吉林人民出版社，2021.

[24] 欧阳玲珑，贺从军. 高职英语应用文写作 [M]. 广州：暨南大学出版社，2015.

[25] 陈海燕. 高职商务英语专业实践教学体系研究 [M]. 北京：北京理工大学出版社，2016.

[26] 吴迪. 英语教学评价 [M]. 延吉：延边大学出版社，2017.

[27] 刘广宇，王运华. 英语课程体系构建与教学改革研究 [M]. 长春：吉林人民出版社，2021.

[28] 赵艳芳. 基于课堂生态视角下的高校英语教学 [M]. 长春：吉林人民出版社，2020.

[29] 向晓. 高职院校专门用途英语教学与研究 [M]. 北京：对外经济贸易大学

出版社，2013.

[30] 张敏，王大平，杨桂秋. 英语教学改革与创新研究 [M]. 北京：九州出版社，2018.

[31] 刘洪文. 产出导向法在高职英语口语混合式教学中的应用研究 [D]. 济南：山东师范大学，2022.

[32] 马志欣. 产出导向法在高职英语写作教学中的应用研究 [D]. 沈阳：沈阳师范大学，2022.

[33] 王宇晨. 基于探究社区理论的高职院校基础英语课程混合式教学设计与实施研究 [D]. 长春：东北师范大学，2022.

[34] 神慧颖. 产出导向法在高职英语阅读教学中的应用研究 [D]. 兰州：西北师范大学，2022.

[35] 韩紫薇. 基于职业能力培养的高职公共英语教学改革研究 [D]. 海口：海南师范大学，2022.

[36] 李婷婷. 线上线下"混合式"教学模式在高职公共英语教学中的运用研究 [D]. 长春：吉林农业大学，2021.

[37] 平悦. 基于 SPOC 的任务型语言教学在高职英语教学中的应用研究 [D]. 呼和浩特：内蒙古师范大学，2020.

[38] 智文静. 高职院校英语教学质量评价现状与对策研究 [D]. 石家庄：河北师范大学，2020.

[39] 蒋小玲. 基于"互联网+"高职公共英语混合式教学研究 [D]. 长沙：湖南师范大学，2019.

[40] 黄娜. 混合式教学模式在高职英语中的应用研究：以杨凌职业技术学院为例 [D]. 兰州：西北农林科技大学，2018.

[41] 谢珺. 基于"产出导向法"的高职英语阅读教学模式研究 [D]. 昆明：云南师范大学，2018.

[42] 陈慧. 翻转课堂在高职英语教学中的应用研究 [D]. 长沙：湖南师范大学，2016.

[43] 宋枫. 基于 MOOC 的高职英语 O2O 教学模式研究 [D]. 漳州：闽南师范大学，2015.

[44] 桂杉杉. 信息化环境下高职英语教学现状及应用探析 [D]. 武汉：华中师

范大学，2015.

[45] 冯钧. 思维导图在五年制高职英语写作教学中的实践研究[D]. 武汉：华中师范大学，2014.

[46] 王亚珍. 以职业素质为导向的高职英语教学改革研究[D]. 兰州：西北农林科技大学，2014.

[47] 罗敏捷. 翻转课堂模式在高职院校英语教学中的应用研究[D]. 武汉：华中师范大学，2014.

[48] 张聪. 基于"基础+专业"的高职公共英语教学模式构建[D]. 秦皇岛：河北科技师范学院，2014.

[49] 蒙诗茜. 以自身为资源的外语教师专业发展研究[D]. 上海：上海外国语大学，2014.

[50] 刘娴. 多元智能理论在高职英语教学中的应用研究[D]. 武汉：华中师范大学，2014.

[51] 白杨. 基于职业能力培养视角的高职英语教学模式改革研究[D]. 武汉：华中师范大学，2013.

[52] 罗爱梅. 课程思政视域下高职公共英语教学评价体系的构建[J]. 现代商贸工业，2024，45（1）：224-226.

[53] 张玉双，刘颖. 高职英语课程思政实施的质量保障与评价体系研究[J]. 现代商贸工业，2023，44（21）：241-243.

[54] 王红玲. 高职英语教学多元评价体系构建[J]. 英语广场，2023（27）：102-105.

[55] 张晓青. 高职英语教学评价体系的构建：基于《高等职业教育专科英语课程标准（2021年版）》[J]. 江西电力职业技术学院学报，2023，36（8）：58-60.

[56] 任朗颖，李新. OBE理念下的高职公共英语"四化"课堂构建[J]. 岳阳职业技术学院学报，2023，38（4）：26-29.

[57] 梁惠慧. 基于"智慧职教云"平台的高职英语混合式教学策略探究[J]. 成才之路，2024（8）：17-20.

[58] 吕惠颖，郭玉洁. "双高"背景下高职公共英语教师专业发展问题研究[J]. 山西青年，2024（5）：9-11.

[59] 王爱支. 《高职英语》课程教学诊断与改进路径研究 [J]. 鄂州大学学报，2024，31（2）：29-31.

[60] 乔万俊，杨季行. 基于新文科建设的高职英语教师"双师"素质能力提升路径研究 [J]. 黑龙江教师发展学院学报，2024，43（4）：22-25.

[61] 余胜映. 外语类技能竞赛对职业院校英语教育教学改革的推进作用研究 [J]. 贵州开放大学学报，2024，32（1）：31-36.

[62] 赵小麒，刘雪. 新课标视域下的高职英语学科核心素养及其测评 [J]. 湖北开放职业学院学报，2024，37（6）：66-68，74.

[63] 陈跃华，田娟. 课程思政视域下高职公共英语教学策略研究 [J]. 湖北开放职业学院学报，2024，37（6）：94-96.

[64] 邵旦. 高职公共英语教学中"中国文化失语"现象探析 [J]. 湖北开放职业学院学报，2024，37（6）：174-176.

[65] 王小红，刘志强. SPOC混合式教学模式下高职英语课程思政教学策略 [J]. 牡丹江大学学报，2024，33（3）：76-81.

[66] 汪雅雪. 中高职衔接背景下英语教学现状研究综述 [J]. 内江科技，2024，45（3）：119-120，125.

[67] 谢倩. 基于"产出导向法"的高职院校大学英语课程思政教学设计：以《新编实用英语综合教程2》Food单元为例 [J]. 阜阳职业技术学院学报，2024，35（1）：48-51.

[68] 王姣. 高职英语教师职业认同感和自我效能感的个案研究 [J]. 现代商贸工业，2024，45（7）：132-135.

[69] 陈燕，牛颖. "讲好中国故事"视角下高职公共英语核心素养培养研究 [J]. 成都航空职业技术学院学报，2024，40（1）：72-75.

[70] 邱莉. 核心素养导向的高职英语智慧教学研究 [J]. 杨凌职业技术学院学报，2024，23（1）：99-102，112.

[71] 孔婧. 基于产出导向法的高职英语课程思政融入教学设计：以《新视野大学英语1》Unit1为例 [J]. 科教文汇，2024（5）：156-159.

[72] 张燕. 基于人工智能的高职英语教学发展思考 [J]. 湖北开放职业学院学报，2024，37（5）：172-173，176.

[73] 伍忠丽. 数字贸易视域下高职英语专业人才培养模式探究 [J]. 湖北开放职

业学院学报，2024，37（5）：153-155.

[74] 刘亚琴，赖国芳. AI 智能背景下综合职业能力培养的高职公共英语教学改革 [J]. 湖北开放职业学院学报，2024，37（5）：156-157，166.

[75] 胡佳. 基于微课的高职英语教师继续教育模式研究 [J]. 湖北开放职业学院学报，2024，37（5）：81-82，85.

[76] 叶春菊. 文化生态视域下高职英语教学现状审视与创新 [J]. 河北职业教育，2024，8（1）：97-99.

[77] 苏波，李爱华. 基于 POA 理论的农业高职英语教学模式研究 [J]. 辽宁农业职业技术学院学报，2024，26（2）：50-54.

[78] 严密，李娇. 高职英语课程思政混合式教学模式与路径探究 [J]. 武汉冶金管理干部学院学报，2024，34（1）：69-73，87.